OEUVRES

COMPLÈTES

DE GEORGE SAND

TOME XVI.

PARIS. IMPRIMÉ PAR BÉTHUNE ET PLON.

OEUVRES
COMPLÈTES
DE
GEORGE SAND

NOUVELLE ÉDITION

REVUE PAR L'AUTEUR

ET ACCOMPAGNÉE DE MORCEAUX INÉDITS

❈

MÉLANGES

❈

PARIS
PERROTIN, ÉDITEUR
41, RUE TRAVERSIÈRE-SAINT-HONORÉ

—

M DCCC XLIII

PRÉFACE

D'ALDO LE RIMEUR.

Comme cette bluette a paru long-temps avant le roman et le drame de *Chatterton*, personne ne pensera que j'aie eu la prétention d'imiter ce modèle, bien qu'une scène d'*Aldo le rimeur* présente quelques rapports de situation avec le beau et déchirant monologue que M. de Vigny a mis dans la bouche de son poète. Je ne me défendrais pas d'avoir été inspiré par ce sujet, d'abord si le fait était vrai, ensuite si ma pensée eût été la même. Mais elle était autre, et je ne songeais à peindre la misère du poète que comme un accident, un des malheurs passagers de sa fantasque et douloureuse existence. Je voulais peindre le poète en général; une âme de poète quelconque, mobile, généreuse, ardente, susceptible, inquiète, fière et jalouse. Le second acte de ce petit poème dialogué montre le même homme non transformé qu'on a vu lutter contre la faim et l'abandon au premier acte. De même qu'un nouvel amour a été le dénoûment de cette première phase, l'amour de la science, ou plutôt une soudaine et vague révélation de la science, arrache une seconde fois l'âme curieuse et *ondoyante* du poète au dégoût de la vie, à la lassitude du cœur, au suicide. Je comptais, lorsque je fis paraître ce fragment dans une Revue, compléter la série d'expériences et de déceptions par lesquelles, après avoir plusieurs fois rempli et vidé la coupe des illusions, Aldo devait arriver à briser sa vie ou à se réconcilier avec elle. De nouvelles préoccupations d'esprit m'emportèrent ailleurs, et j'oubliai Aldo, comme Aldo oubliait la reine Agandecca. Je n'ai jamais pensé que l'interruption de cette esquisse fût offensante ou préjudiciable pour aucun lecteur; mais, avant de la remettre sous les yeux du public, je devais l'avertir que ce n'est là qu'un fragment. Le finira qui voudra dans sa pensée, et beaucoup mieux sans doute que je ne l'ai commencé.

ALDO LE RIMEUR.

> « Il n'y a personne qui ne fasse son petit Faust,
> son petit Don Juan, son petit Manfred ou son
> petit Hamlet, le soir auprès de son feu, les pieds
> dans de très-bonnes pontoufles. »
>
> (*Esprit des Journaux.*)

PERSONNAGES.

ALDO LE RIMEUR.
MEG, sa mère.
JANE, jeune montagnarde.
LA REINE AGANDECCA.

TICKLE, nain de la reine.
MAITRE ACROCÉRONIUS, astrologue de la reine.

La scène est à Ithona.

ACTE PREMIER.

SCÈNE PREMIÈRE.

Dans le galetas du rimeur ; un escalier au fond conduit à une soupente ; au milieu, une mauvaise table, un escabeau, quelques livres. Il fait nuit.

ALDO, TICKLE.

(*Aldo est assis la tête dans ses mains, les coudes sur la table. On frappe à la porte.*

ALDO.

Qui frappe ?

TICKLE, *en dehors.*

Votre très-humble serviteur.

ALDO.

Lequel?

TICKLE.

Votre ami.

ALDO.

Que le diable vous emporte! vous êtes un escroc.

TICKLE.

Non, je suis votre ami et votre serviteur.

ALDO.

Il est évident que vous venez me dépouiller, mais je ne crains rien de ce côté-là. Entrez.

TICKLE.

Souffrez que je vous embrasse.

ALDO.

Permettez-moi de vous mettre sur la table.

TICKLE, *sur la table.*

Et comment vous portez-vous, mon excellent seigneur, depuis que nous ne nous sommes vus?

ALDO.

Mais... tantôt bien, tantôt mal. Il s'est passé beaucoup de choses depuis que je n'ai eu l'honneur de vous voir.

TICKLE.

En vérité, mon cher monsieur?

ALDO.

Sur mon honneur! ce serait trop long à vous raconter. Il y a vingt ans environ, car notre connaissance date de l'autre monde.

TICKLE.

Vraiment?

ALDO.

Sans doute, puisque je n'ai encore jamais eu l'honneur de vous rencontrer dans celui-ci.

TICKLE.

Comment! vous ne me connaissez pas? Vous ne m'avez jamais vu?

ALDO.

Non, sur mon honneur, mon cher ami.

TICKLE.

Eh! mais, d'où sortez-vous? où vivez-vous?

ALDO.

Je vis dans une taupinière; mais vous, il est certain que, si j'en juge par votre taille, vous sortez d'un trou de souris.

TICKLE.

Et c'est pour cela que vous devriez connaître, ne fût-ce que de vue, le célèbre nain John Bucentor Tickle, bouffon de la reine.

ALDO.

Je suis parfaitement heureux de faire votre connaissance; vous passez pour un homme d'esprit.

TICKLE.

Je n'en manque pas, et vous pouvez déjà vous en apercevoir à ma conversation.

ALDO.

Comment donc! j'en suis ébloui, stupéfait et renversé!

TICKLE.

Je vois que vois êtes un homme de goût pour un poète.

ALDO.

Et vous un homme hardi pour un nain.

TICKLE.

Monsieur, je me conduis comme un nain avec les rustres : ceux-là ne causent qu'avec les poings ; et moi, ce n'est pas ma profession. Je porte des manchettes de dentelle, c'est mon goût.

ALDO.

C'est un goût fort innocent.

TICKLE.

Et qui a le suffrage des dames généralement. Avec les dames, monsieur, comme avec les gens d'esprit, j'ai six pieds de haut, parce que sur ce terrain-là on se bat à armes égales.

ALDO.

Et les armes sont courtoises. Vous pouvez compter, je ne dis pas sur mon esprit, mais sur ma courtoisie. Puis-je savoir ce qui me procure l'honneur de votre visite ?

TICKLE.

Me permettez-vous d'être assis ?

ALDO.

De tout mon cœur si vous ne me demandez pas de siége ; car cet escabeau est le seul que je possède, et mon habitude n'est pas d'écouter debout ce que l'on vient me prier d'entendre.

TICKLE.

Je resterai de grand cœur sur cette table ; il ne m'en faut pas davantage pour être absolument à votre hauteur.

ALDO.

J'en suis intimement persuadé.

(*Il s'assied; le nain se met à califourchon sur la table, vis-à-vis de lui.*)

TICKLE.

Mon cher monsieur, vous êtes poète ?

ALDO.
Pas le moins du monde, monsieur.
TICKLE.
Ah! vraiment! Je vous demande pardon; je vous prenais pour un certain Aldo... *le rimeur*, comme on dit dans la ville, et *le barde*, comme on dit à la cour. Vous avez peut-être entendu parler de lui? C'est un jeune homme qui n'est pas sans talent.
ALDO.
Je vous demande pardon, monsieur; c'est un homme qui n'a pas plus de talent que vous et moi.
TICKLE.
Réellement? Eh bien! j'en suis fâché pour lui. Je venais lui offrir mes petits services.
ALDO.
Il vous offre les siens également; vous savez en quoi ils peuvent consister, puisque vous connaissez sa profession. Veuillez lui faire connaître la vôtre.
TICKLE.
Mais moi, vous voyez la mienne... je suis nain.
ALDO.
Et bouffon! Mais je ne vois pas jusqu'ici quels services votre seigneurie peut daigner offrir à un misérable poète.
TICKLE.
Monsieur, tout petit que je suis, j'ai de très-larges poches à mon pourpoint; c'est une fantaisie que j'ai, et par suite d'une fantaisie analogue, les poches dont j'ai l'honneur de vous parler sont toujours pleines d'or.
ALDO.
C'est une fantaisie comme une autre, et qui n'a rien de neuf.

TICKLE.

La vôtre me paraît plus usée encore.

ALDO.

De quoi parlez-vous, monsieur? de ma fantaisie ou de ma poche?

TICKLE.

Je parle de votre fantaisie, de votre poche, de votre bourse et de votre crédit. Croyez-moi, c'est une habitude de mauvais genre que de n'avoir pas le sou. Or donc, voulez-vous gagner de l'argent? vous en avez besoin.

ALDO.

Pas le moindre besoin, monsieur, je vous jure.

TICKLE.

Vous êtes trop modeste. Je connais votre position, le dénûment de mistress Meg, votre mère, et son grand âge. Je connais votre activité, votre dévouement, votre grandeur d'âme. Je vous offre un gain légitime... Vous comprenez? Je ne viens pas faire ici le grand seigneur; je viens vous proposer un échange, un marché qui ne peut qu'augmenter votre gloire et vous mettre à même de secourir mistress Meg.

ALDO.

Voyons ce que c'est, monsieur; voudriez-vous que je fisse monter une de vos jambes en flageolet, et me vendre l'autre pour en faire un porte-crayon?

TICKLE.

Je demande de vous quelque chose d'une moindre valeur que la plus chétive de mes jambes, je vous demande un petit drame de votre façon.

ALDO.

Pour qui, monsieur? pour le théâtre de la reine?

TICKLE.

Pour moi, monsieur.

ALDO.

Pour vous! et qu'en ferez-vous? vous n'aurez jamais la force de l'emporter!

TICKLE.

J'allégerai mes poches d'une partie de l'or qui les charge, et je prendrai votre manuscrit à la place.

ALDO.

Très-bien; et puis?

TICKLE.

Et puis l'ouvrage m'appartiendra. Je le publierai, je le ferai jouer sur le théâtre de la reine.

ALDO.

Sous quel nom, je vous prie?

TICKLE.

Sous le nom agréable de sir John Bucentor Tickle; c'est dans votre intérêt que j'agirai ainsi, et pour donner de la confiance au public. Si l'autorité de mon nom ne suffisait pas à nous assurer sa bienveillance, en cas de chute, nous réclamerions contre son injuste arrêt.

ALDO.

En lui livrant le nom du véritable auteur?

TICKLE.

C'est ainsi que cela se fait à la cour.

ALDO.

Et la cour fait bien! Monsieur, je vous prie maintenant de me laisser travailler au drame que vous me faites l'honneur de me demander.

TICKLE.

Puis-je compter sur votre parole, monsieur?

ALDO.

Je m'en flatte.

TICKLE.

Un mot de traité serait nécessaire.

ALDO.

De tout mon cœur, j'en sais la rédaction (*Il écrit.*) Voulez-vous signer maintenant? moi, je signe.

TICKLE.

Permettez-moi d'en prendre connaissance. (*Il lit.*) « Je m'engage, moi, Aldo de Malmor, dit *le rimeur* à la ville et *le barde* à la cour, à jeter par les fenêtres le très-illustre seigneur John Bucentor Tickle, nain et bouffon de la reine, la première fois qu'il franchira le seuil de ma maison. Fait double entre nous, etc. »

TICKLE.

Bravo! bravo! c'est la première scène du drame!

ALDO.

Non, c'est un dénoûment tout prêt et que je vous offre gratis.

TICKLE.

J'en suis trop reconnaissant; je cours le porter à la reine, qui en sera charmée. (*Il saute en bas de la table et s'enfuit.*) Tu me le payeras!

ALDO.

Tu me le payeras aussi, canaille, si tu retombes sous ma main.

SCÈNE II.

ALDO, *seul.*

Un ennemi de plus! et c'est ainsi que je vis! Chaque jour m'amène un assassin ou un voleur. Misérables! vous me réduisez à l'aumône, mais vous n'aurez pas bon marché de ma fierté. Allons! ce fat m'a fait perdre une demi-heure, remettons-nous à l'ouvrage. La nuit s'avance, je ne serai plus dérangé. Tout est silencieux dans la ville et autour de moi. Dévorons cette nouvelle insulte; quand le brodequin est bon, le pied ne craint pas de se souiller en traversant la boue. Écrivons.

Travailler!... chanter! faire des vers! amuser le public! lui donner mon cerveau pour livre, mon cœur pour clavier, afin qu'il en joue à son aise, et qu'il le jette après l'avoir épuisé en disant : Voici un mauvais livre, voici un mauvais instrument. Écrire! écrire!... penser pour les autres... sentir pour les autres... abominable prostitution de l'âme! Oh! métier, métier, gagne-pain, servilité, humiliation! — Que faire? — Écrire? sur quoi? — Je n'ai rien dans le cerveau, tout est dans mon cœur!... et il faut que je te donne mon cœur à manger pour un morceau de pain, public grossier, bête féroce, amateur de tortures, buveur d'encre et de larmes! — Je n'ai dans l'âme que ma douleur, il faut que je te repaisse de ma douleur. Et tu en riras peut-être! Si mon luth mouillé et détendu par mes pleurs rend quelque son faible, tu diras que toutes mes cordes sont fausses, que je n'ai rien de vrai, que je ne sens pas mon mal... quand je sens la faim dévorer mes entrailles! la faim, la souffrance des loups! Et moi, homme d'intelligence et de réflexion, je n'ai même pas la gloire d'une plus noble souffrance!... Il faut que toutes les voix de l'âme se taisent devant le cri de l'estomac qui faiblit et qui brûle! — Si elles s'éveillent dans le délire de mes nuits déplorables, ces souffrances plus poignantes, mais plus grandes, ces souffrances dont je ne rougirais pas si je pouvais les garder pour moi seul, il faut que je les recueille sur un album, comme des curiosités qui se peuvent mettre dans le commerce, et qu'un amateur peut acheter pour son cabinet. Il y a des boutiques où l'on vend des singes, des tortues, des squelettes d'homme et des peaux de serpent. L'âme d'un poète est une boutique où le public vient marchander toutes les formes du désespoir : celui-ci estime l'ambition déçue sous la forme d'une ode au dieu des vers ; celui-là s'affectionne pour l'amour trompé, rimé en élégie ; cet autre rit aux éclats d'une épigramme qui partit d'un sein rongé par la colère, d'une bouche amère de fiel. Pauvre poète ! chacun prend une pièce de ton vêtement, une fibre de ton corps, une goutte de ton sang ; et quand chacun a essayé ton vêtement à sa taille, éprouvé la force de tes nerfs, analysé la qualité de ton sang, il te jette à terre avec quelques pièces de monnaie pour dédommagement de ses insultes, et il s'en va, se préférant à toi dans la sincérité de ses pensées insolentes et stupides. — O gloire du poète, laurier, immortalité promise, sympathie flatteuse, haillons de royauté, jouets d'enfant ! que vous cachez mal la nudité d'un mendiant couvert de plaies ! — O méprisables ! méprisables entre tous les hommes, ceux qui, pouvant vivre d'un autre travail que celui-là, se font poètes pour le public ! Misérables comédiens qui pourriez jouer le rôle d'hommes, et qui montez sur un tréteau pour faire rire et pleurer les désœuvrés ! n'avez-vous pas la force de vivre en vous-mêmes, de souffrir sans qu'on vous plaigne, de prier sans qu'on vous regarde ? Il vous faut un auditoire pour admirer vos puériles grandeurs, pour compatir à vos douleurs vulgaires ! Celui qui est né fils de roi, d'histrion ou de bourreau suit forcément la vocation héréditaire ; il accomplit sa triste et honteuse destinée. S'il en triomphe, s'il s'élève seulement au niveau des hommes ordinaires, qu'il soit loué et encouragé ! Mais vous, grands seigneurs, hommes instruits, hommes robustes, vous avez la fortune pour vous rendre libres, la science pour vous occuper, des bras pour creuser la terre en cas de ruine; et vous vous faites écrivains! et vous nous livrez les facultés débauchées de votre intelligence, vous cherchez la puissance morale dans l'épanchement ignoble de la publicité! vous appelez la populace autour de vous, et vous vous mettez nus devant elle pour qu'elle vous juge, pour qu'elle vous examine et vous sache par cœur! Oh! lâche! si vous êtes difforme, et si, pour obtenir la compassion, vous vous livrez au mépris! lâche encore plus si vous êtes beau et si vous cherchez dans la foule l'approbation que vous ne devriez demander qu'à Dieu et à votre maîtresse... C'est ce que je disais l'autre jour au duc de Buckingham qui me consultait sur ses vers. — Et il a tellement goûté mon avis qu'il m'a mis à la porte de chez lui, et m'a fait retirer la faible pension que m'accordait la reine en mémoire des services de mon père dans l'armée... Aussi, maintenant plus que jamais, il faut rimer, pleurer, chanter... vendre ma pensée, mon amour, ma haine, ma religion, ma bravoure et jusqu'à ma faim! Tout cela peut servir de matière au vers alexandrin et de sujet au poème et au drame. Venez, venez, corbeaux avides de mon sang! venez, vautours carnassiers! voici Aldo qui se meurt de fatigue, d'ennui, de besoin et de honte. Venez fouiller dans ses entrailles et savoir ce que l'homme peut souffrir : je vais vous l'apprendre, afin que vous me donniez de quoi dîner demain... O misère! c'est-à-dire infamie! — (*Il s'assied devant une table.*) Ah! voici des stances à ma maîtresse!... J'ai vendu trois guinées une romance sur la reine Titania; ceci vaut mieux, le public ne s'en apercevra guère... mais je puis le vendre trois guinées !... Le duc d'York m'a promis sa chaîne d'or si je lui faisais des vers pour sa maîtresse... Oui, lady Mathilde est brune, mince : ces vers-là pourraient avoir été faits pour elle ; elle a dix-huit ans, juste l'âge de Jane... Jane ! je vais vendre ton portrait, ton portrait écrit de ma main, je vais trahir les mystères de ta beauté, révélée à moi seul, confiée à ma loyauté, à mon respect ; je vais raconter les voluptés dont tu m'as enivré et vendre le beau vêtement d'amour et de poésie que je t'avais fait, pour qu'il aille couvrir le sein d'une autre ! Ces éloges donnés à la sainte pureté de ton âme monterontcomme une vaine fumée sur l'autel d'une divinité étrangère ; et cette femme à qui j'aurai donné la rougeur de tes joues, la blancheur de tes mains, cette vaine idole que j'aurai parée de ta brune chevelure et d'un diadème d'or ciselé par mon génie, cette femme qui lira sans pudeur à ses amants et à ses confidentes les stances qui furent écrites pour toi, c'est une effrontée, c'est la femelle d'un courtisan, c'est ce qu'on devrait appeler une courtisane ! — Non, je ne vendrai pas tes attraits et ta parure, ô ma Jane ! simple fille qui m'aimas pour mon amour, et qui ne sais pas même ce que c'est qu'un poète. Tu ne t'es pas enorgueillie de mes louanges, tu n'as pas compris mes vers ; eh bien ! je te les garderai. Un jour peut-être... dans le ciel, tu parleras la langue des dieux !... et tu me répondras... ma pauvre Jane !...

(*L'horloge sonne minuit.*)

Déjà minuit !... et je n'ai rien fait encore, la fatigue m'accable déjà ! Cette nuit sera-t-elle perdue comme les autres ?... non, il ne le faut pas... Je ne puis différer davantage... Il ne me reste pas une guinée, et ma mère aura faim et froid demain si je dors cette nuit... J'ai faim moi-même... et le froid me gagne... Ah ! je sens à peine ma plume entre mes doigts glacés... ma tête s'appesantit... Qu'ai-je donc ? — Je n'ai rien fait et je suis éreinté !... mes yeux sont troublés... Est-ce que j'aurais pleuré ?... ma barbe est humide... Oui, voici des larmes sur les stances à Jane... J'ai pleuré tout à l'heure en songeant à elle... Je ne m'en étais pas aperçu. Ah ! tu as pleuré, misérable lâche ? tu t'es énervé à te raconter ta douleur, quand tu pouvais l'écrire et gagner le pain de ta mère ; et maintenant te voici épuisé comme une lampe vers le matin, te voici pâle comme la lune à son coucher.... C'est la troisième nuit que tu emploies à marcher dans ta chambre, à tailler ta plume et à te frapper le front sur ces murs impitoyables ! O rage ! impuissance, agonie !...

(Se levant.)

Mon courage, m'abandonnes-tu aussi, toi ? Mes amis m'ont tourné le dos, mon génie s'est couché paresseux et insensible à l'aiguillon de la volonté, ma vie elle-même a semblé me quitter, mon sang s'est arrêté dans mes veines, et la souffrance de mes nerfs contractés m'a arraché des cris. Tout cela est arrivé souvent, trop souvent ! Mais toi, ô courage ! ô orgueil ! fils de Dieu, père du génie, tu ne m'as jamais manqué encore. Tu as levé d'aussi lourds fardeaux, tu as traversé d'aussi horribles nuits, tu m'as retiré d'aussi noirs abîmes... Tu sais manier un fouet qui trouve encore du sang à faire couler de mes membres desséchés ; prends ton arme et fustige mes os paresseux, enfonce ton éperon dans mon flanc appauvri...

J'ai entendu gémir là-haut ! sur ma tête !... c'est ma mère !... Elle souffre, elle a froid peut-être. J'ai mis mon manteau sur elle pour la réchauffer. Il ne me reste plus rien... Ah! mon pourpoint pour envelopper ses pieds!

(*Il monte dans la soupente et revient en chemise et en grelottant.*)

Froid maudit, ciel de glace!

Cela se passe, je m'engourdis... si je pouvais composer quelque chose!... Une bonne moquerie sur l'hiver et les frileux. (*Sa voix s'affaiblit.*) Une satire sur les nez rouges... (*Une pause.*) Une épigramme sur le nez de l'archevêque qui est toujours violet après souper... (*Une pause.*) Une chanson, cela me réveillera; si je viens à bout de rire, je suis sauvé... Ah! le damné manteau de glace que minuit me colle sur les épaules!... rimons... charmante bise de décembre qui souffles sur mes tempes, inspire-moi... Monseigneur...

Monseigneur de Cantorbery..

(*Une pause.*)

Est toujours vermeil après boire...

Vermeil ne me plaît pas...

Est toujours charmant...

Charmant... hum!

Est toujours superbe...
Est toujours superbe après boire...

(*Il s'endort et parle en dormant d'une voix confuse.*)

Monseigneur de Cantorbery...

(*Il s'endort tout à fait.*)

(*Meg entre dans la chambre en tremblotant; elle est enveloppée à demi dans les couvertures de son lit, et se traîne le long des murs.*)

MEG.

Je crois qu'il y a enfin de la lumière ici... Je vois une lueur faible... (*Elle se heurte contre la table.*)

ALDO.

Qui va là ?... vous ne répondez pas ?... bonsoir... Si vous êtes un voleur, l'ami, passez votre chemin, vous perdez votre temps ici...

(*Il se rendort.*)

MEG.

Je crois que j'ai entendu quelque chose, mais je suis encore plus sourde aujourd'hui qu'à l'ordinaire... et je ne sais pas si le temps était plus sombre, mais il m'a semblé que je ne voyais pas bien... Mon fils n'est pas rentré, à ce qu'il paraît !... (*Elle se heurte encore.*)

ALDO.

Encore ! ami voleur, mon cher frère en diable, vous ne vous en rapportez pas à moi ?... Cherchez à votre aise... si vous pouviez trouver ma rime dans un coin de la chambre, vous me feriez plaisir en me la rapportant. Elle ne vaut pas la peine que vous vous en empariez...

Monseigneur de Cantorbery !...
Est, ma foi ! superbe...

(*Il se rendort.*)

MEG, *qui s'est égarée, à tâtons dans la chambre.*

Je ne sais plus où je suis... J'ai encore plus froid ici que dans mon lit... Dieu de bonté, j'espérais trouver le poêle... mais y a-t-il du bois seulement ? Si mon pauvre enfant était là, du moins il me consolerait... Mais il est allé me chercher quelque chose sans doute... Je ne vois plus du tout. Je n'entends rien nulle part... Froid, nuit, silence, solitude, vieillesse, que vous êtes tristes ! Je ne me soutiens plus, une étrange défaillance me saisit...

(*Aldo rêvant.*)

Oui ! oui ! M. de Cantorbery !...

MEG.

Mes genoux vont se casser si je marche encore ; où m'asseoir dans ces ténèbres ?... (*Elle se laisse tomber.*)

ALDO.

Trust ! mon pauvre chien, est-ce toi qui reviens ? Je t'avais donné à Oscar, mais il paraît que tu veux jeuner avec ton maître... où es-tu, ô le meilleur des hommes, je veux dire des caniches ?...

MEG.

Ce carreau est froid... je... je... Dieu tout-puissant, sainte Vierge... je meurs catholique... mon enfant ! mon enf... Aldo !

(*Elle meurt.*)

ALDO, *se relevant à demi.*

Pour le coup, on a parlé... Mon nom est parti de ce coin... Je n'ai pas rêvé peut-être... Voleur ou chien ! qui que tu sois... C'était la voix de ma mère... Ma mère, allons donc ! elle dort là-haut... Je n'ai pas la force d'y aller voir... J'ai peur !... Par le diable, j'ai peur ! Misère, tu m'as vaincu ! J'ai cru voir un spectre passer près de moi dans mon sommeil. J'ai entendu une voix qui semblait sortir de la tombe. Fantômes évoqués par la faim, terreurs imbéciles, laissez-moi !... Murailles imprudentes qui m'entendez, gardez-moi bien le secret, car s'il est en vous un écho bavard qui répète les paroles de ma peur, je vous démolirai pierre à pierre jusqu'à ce que je l'aie arraché de vos entrailles, fût-il caché dans le ciment et scellé dans le granit... Ma mère, m'avez-vous appelé ? (*Il se lève tout à fait et se frotte les yeux.*) Meg, ma mère ! Pardon ! pardon ! je me suis endormi !... Je divague... J'ai dormi une heure !... L'horloge moqueuse semble me demander ce que j'ai fait du temps ! Tu as dormi, bête stupide !... Tu n'as pu lutter une heure... comme les disciples du Christ, tu as mal gardé le jardin des Oliviers. — Jésus ! tu bois en vain l'éternel calice des douleurs humaines ; ton père est sourd, ton frère l'esprit saint a perdu ses ailes de feu. Le cerveau du poète est aride comme la terre, et le cœur des riches est insensible comme le ciel... Voyons si ce canif aura plus de vertu que ta parole pour conjurer le sommeil. (*Il se fait une incision à la poitrine, étouffe un cri et jette le canif.*) Votre leçon est incisive, mon bon ami, elle creusera en moi... Passez-moi le calembour, mon esprit ne coupe pas comme votre acier, ma belle petite lame !... Ah ! me voici bien éveillé, Dieu merci ! cette charmante plaie me cuit passablement. Je puis travailler maintenant... Mais qui donc a ainsi bouleversé ma table ?... Quelqu'un est entré ici... Est-ce que j'aurais encore peur ?... Imbécile ! tu es poltron, et pour te guérir, tu répands deux onces de ton sang comme si tu en avais de reste ! et tu gâtes ta chemise comme si tu en avais une autre ! Faquin ! perdras-tu tes habitudes de grand seigneur ?... Je souffre... le froid entre dans cette plaie comme un fer rouge. N'importe, je crois que je vais pouvoir travailler. (*Mettant ses deux bras sur sa tête.*)

Mon courage, mon Dieu ! ma mère !... Il faut que j'aille embrasser ma mère sans la réveiller, cela me portera bonheur. (*Il prend sa lumière et sort.*)

(*Il redescend de la soupente d'un air effaré.*)

Mais où est donc la vieille femme? Ma mère! ma mère! Qu'est-ce qui a pu me voler ma mère? Je n'avais qu'elle au monde pour causer mon désespoir et conserver mon héroïsme. .

(*Il trouve sa mère sous l'escalier.*)

Ah!... ma mère est morte! Dieu me permet donc de mourir aussi, à la fin! — Comment! vous êtes morte, ma mère? (*Il la retire de dessous l'escalier et la regarde.*) Oui, bien morte! Froide comme la pierre et roide comme une épée. Ah! ma mère est morte!...

(*Il rit aux éclats et tombe en convulsion.*)
(*Après un silence.*)

Mais pourquoi êtes-vous déjà morte? Vous étiez bien pressée d'en finir avec la misère! Est-ce que je ne vous soignais pas bien? Étiez-vous mécontente de moi? Trouviez-vous que j'épargnais ma peine et que je ménageais mon cerveau? Trouviez-vous mes vers mauvais par hasard, et les critiques de mes envieux vous faisaient-elles rougir d'être la mère d'un si méchant rimeur? Vous étiez un *bas-bleu* autrefois dans votre village!... Aujourd'hui vous n'êtes plus qu'un pauvre squelette aux jambes nues. Pauvres jambes! vieux os! Je vous avais enveloppés encore ce soir avec mon pourpoint!... Est-ce ma faute si la doublure était usée et l'étoffe mince? C'est comme l'étoffe dont vous m'avez fait, ô vieille Meg! J'étais votre septième fils; tous étaient beaux et grands, musculeux et pleins d'ardeur, excepté moi le dernier venu. C'étaient de vigoureux montagnards, de hardis chasseurs de biches aux flancs bruns; et pourtant, depuis Dougal le Noir jusqu'à Ryno le Roux, tous sont partis sans songer à vous conduire au cimetière. Il ne vous est resté que le pauvre Aldo, le pâle enfant de votre vieillesse, le fruit débile de vos dernières amours. Et que pouvait-il faire pour vous de plus qu'il n'a fait? que ne lui donniez-vous comme à vos autres fils une large poitrine et de mâles épaules! Cette petite main de femme que voici pouvait-elle manier les armes du bandit ou la carabine du braconnier? Pouvait-elle soulever la rame du pêcheur et boxer avec l'esturgeon? Vous n'aviez rien espéré de moi, et, me voyant si chétif, vous n'aviez même pas daigné me faire apprendre à lire. — Et quand tous vous ont manqué, quand vous vous êtes trouvée seule avec votre avorton, n'avez-vous pas été surprise de découvrir que je ne sais quel coin de son cerveau avait retenu et commenté les chants de nos bardes! Quand cette voix grêle a su faire entendre des mélodies sauvages qui ont ému les hommes blasés des villes, et qui leur ont rappelé des idées perdues, des sentiments oubliés depuis long-temps, vous avez embrassé votre fils sur le front, sanctuaire d'un génie que vous aviez enfanté sans le savoir. Eh bien! ne pouviez-vous attendre quelques jours encore? La richesse allait venir peut-être. Votre vieillesse allait s'asseoir dans un palais, et vous êtes partie pour un monde où je ne puis plus rien pour vous. Tâchez, si vous allez en purgatoire, que les bras de mes frères vous délivrent et vous ouvrent les portes du ciel... Pour moi, je n'ai plus rien à faire, ma tâche est finie. Toutes les herbes de la verte Innisfail peuvent pousser dans mon cerveau maintenant, je le mets en friche... Il est temps que je me repose; j'ai assez souffert pour toi, vieille femme, spectre blême, dont le souvenir sacré m'a fait accomplir de si rudes travaux, apprendre tant de choses ardues, passer tant de nuits glacées sans sommeil et sans manteau! Sans toi, sans l'amour que j'avais pour toi, je n'aurais jamais été rien. Pourquoi m'abandonnes-tu au moment où j'allais être quelque chose? Tu m'ôtes une récompense que je méritais; c'était de te voir heureuse, et tu meurs dans le plus odieux jour de notre misère, dans le plus rude de mes fatigues! O mère ingrate, qu'ai-je fait pour que tu m'ôtes déjà mon unique désir de gloire, ma seule espérance dans la vie, l'honnête orgueil d'être un bon fils!... Vieux sein desséché qui as allaité six hommes et demi, reçois ce baiser de reproche, de douleur et d'amour... (*Il se jette sur elle en sanglotant.*) — Hélas! ma mère est morte!

SCÈNE III.

JANE, ALDO.

JANE.

Est-ce que votre mère est morte? Hélas! quelle douleur!

ALDO.

Ah! tu viens pleurer avec moi, ma douce Jane; sois la bienvenue! Mon âme est brisée, je n'espère plus qu'en toi.

JANE.

Qu'est-ce que je puis faire pour vous, Aldo? Je ne puis pas rendre la vie à votre mère.

ALDO.

Tu peux me rendre sa tendresse, sa mélancolique et silencieuse compagnie, et surtout le besoin qu'elle avait de moi, le devoir qui m'attachait à elle et à la vie. Hélas! il y a eu des jours où, dans mon découragement, j'ai souhaité que la pauvre Meg arrivât au terme de ses maux, afin de retrouver la liberté de me soustraire aux miens! Tout à l'heure, dans mon délire, je me suis réjoui amèrement d'être enfin délivré de mon pieux fardeau. Je me suis assis en blasphémant au bord du chemin. Et j'ai dit : Je n'irai pas plus loin. — Mais je suis bien jeune encore pour mourir, n'est-ce pas, Jane? Tout n'est peut-être pas fini pour moi; l'avenir peut s'éveiller plus beau que le passé. Je veux devenir riche et puissant; si je trouve une douce compagne, tendre et bonne comme ma mère, et en même temps jeune et forte pour supporter les mauvais jours, belle et caressante pour m'enivrer comme un doux breuvage d'oubli au milieu de mes détresses, je puis encore voir la verte espérance s'épanouir comme un bourgeon du printemps sur une branche engourdie par l'hiver.

JANE.

J'aime beaucoup les choses que vous dites, ô mon bien-aimé! Quoique vos paroles ne soient pas familières à mon oreille, vos compliments me font toujours regretter de n'avoir pas un miroir devant moi, pour voir si je suis belle autant que vous le dites.

ALDO.

Et que vous importe de l'être ou de ne l'être pas, pourvu que je vous voie ainsi et que je vous aime telle que vous êtes à mes yeux et dans mon cœur!

JANE.

Vous avez toujours à la bouche des paroles qui plaisent quand on les écoute; mais quand on y songe après, on ne les comprend plus et on sent de l'inquiétude.

ALDO.

En vérité, Jane, vous raisonnez plus que je ne croyais. Eh quoi! vous gardez un compte exact de mes paroles et vous les commentez en mon absence? Il faut prendre garde à ce que l'on vous dit!

JANE.

N'est-ce pas mon orgueil et ma joie de m'en souvenir?

ALDO.

Aimable et bonne fille! pardonne-moi. Je suis injuste; je suis amer : j'ai été si malheureux! Mais tu me consoleras, toi, n'est-ce pas?

JANE.

Oui, mon beau rêveur, si vous consentez à être consolé.

ALDO.

Comment pourrais-je ne pas y consentir? Voilà une parole étrange dans votre bouche!

JANE.

Vous vous étonnez de mon désir de vous consoler? C'est vous, Aldo, qui me semblez étrange!

ALDO.

En effet, c'est peut-être moi! Passez-moi ces boutades, c'est malgré moi qu'elles me viennent. Je ne veux pas m'y livrer. Donnez-moi votre main, Jane, et donnez-moi aussi votre foi. Jurez avec moi sur le cadavre de ma pauvre vieille amie, qui n'est plus, que vous vivrez pour moi, pour moi seul. J'ai besoin à l'heure qu'il est de trouver un appui ou de mourir. Vous êtes mon seul et dernier espoir; m'accueillerez-vous?

JANE.

Si je vous promets de vous aimer toujours, me promettez-vous de m'épouser?

ALDO.

Vous en doutez?

JANE.

Non, je n'en doute pas.

ALDO.

Mais vous en avez douté.

JANE.

Pourquoi quittez-vous ma main? Pourquoi vous éloignez-vous de moi d'un air sombre? Est-ce que je vous ai offensé?

ALDO.

Non.

JANE.

Vous ne voulez pas me regarder?

ALDO.

Je vous regarde; seulement ce n'est pas votre figure qui m'occupe, c'est au fond de votre cœur que mon regard plonge.

JANE.

Voilà que vous me dites des choses que je n'entends plus; et, comme vous froncez le sourcil en me les disant, je dois croire que ce sont des choses dures et affligeantes pour moi. Vous avez un malheureux caractère, Aldo, un sombre esprit, en vérité!

ALDO.

Vous trouvez?

JANE.

Oui, et j'en souffre.

ALDO.

Oh!... en ce cas je ne veux pas vous faire souffrir.

JANE.

Je vous pardonne.

ALDO, *avec amertume.*

Vous êtes bonne!

JANE.

C'est que je vous aime; tachez de m'aimer autant et nous serons heureux.

ALDO.

J'y compte. En attendant, voulez-vous avoir la bonté d'appeler les voisines pour qu'elles viennent ensevelir le corps de ma mère ?

JANE.

J'y vais. Donnez-moi un baiser.

(*Aldo la baise au front avec froideur.*)

ALDO, *seul.*

Cette jeune fille est d'une merveilleuse stupidité ! elle me blesse et me choque sans s'en douter, elle m'accorde mon pardon quand c'est elle qui m'offense, et elle reçoit mon baiser sans s'apercevoir au froid de mes lèvres que c'est le dernier ! Mais la femme est donc un être bien lâche et bien borné ! Je croyais celle-ci plus naïve, plus abandonnée à ce que la nature leur inspire parfois de beau et de généreux ! Mais il y a dans leur cœur un fonds d'égoïsme plus dur que le diamant, et aucun grand sentiment n'y peut germer. Toi qui te prétends descendue des cieux pour nous consoler, tu ne t'oublies pas toi-même dans le partage que tu veux établir entre nos destinées et les tiennes ! Tu promets ton dévouement, tes caresses et ta fidélité, à la condition d'un échange semblable. Celle-ci me demande sans pudeur un serment qui était sur mes lèvres, et que j'aurais voulu offrir et non céder. C'est ainsi que tu nous sauveras, ange équitable et prudent. Tu tiens une balance comme la justice, mais tu as soulevé le bandeau de l'amour, et tu vois clairement nos défauts pour nous les reprocher sans pitié. Rien pour rien, c'est ta devise ! Où est ta miséricorde, où est ton pardon, où donc tes ineffables sacrifices ? Femme ! mensonge ! tu n'es pas ! tu n'es qu'un mot, une ombre, un rêve. Les poètes t'ont créée, ton fantôme est peut-être au ciel. Il m'a semblé parfois te voir passer dans mes nuées. Insensé que j'étais, pourquoi suis-je descendu sur la terre pour te chercher?

Maintenant je sais ce qu'il me reste à faire. Ma mère, je ne te pleure plus, nous ne serons pas long-temps séparés. Je laisse à d'autres le soin d'ensevelir ta dépouille, je vais rejoindre ton âme... J'ai bien assez tardé, mon Dieu! il y a assez long-temps que j'hésite au bord du gouffre sans fond de l'éternité! Pourquoi ai-je tremblé?... tremblé! Est-ce que c'est la peur qui t'a retenu, Aldo?... Non, c'est le devoir. — Et pourtant tout à l'heure que faisais-tu lorsque tu priais, à genoux, cette jeune fille de conserver ta vie en te confiant la sienne? Tu ne devais plus rien à personne, et tu voulais vivre pourtant! lâche enfant! tu demandais l'espoir, tu demandais l'avenir, tu demandais l'amour avec des larmes! Tu les demandais à une paysanne imbécile, quand c'est dans un monde inconnu que tu dois les chercher! Qui t'arrête? est-ce le doute? le doute ne vaut-il pas mieux que le désespoir? Là-haut l'incertitude, ici la réalité. Le choix peut-il être douteux? Va donc, Aldo! Descends dans ces vagues profondeurs, ou monte dans ces espaces insaisissables. Que Dieu te protége, si tu en vaux la peine; qu'il te rende au néant, si ton âme n'est qu'un souffle sorti du néant!...

Adieu, grabat où j'ai si mal dormi! adieu, table dure et froide où j'ai tracé des vers brûlants! adieu, front livide de ma mère où j'ai tant de fois interrogé avec anxiété les ravages de la souffrance et les dernières luttes de la vie prête à s'éteindre! Adieu, espérances de gloire; adieu, espérances d'amour, vous m'avez menti, je romps les mailles du filet où vous m'avez tenu si long-temps captif et ridicule! je vais me relever à mes propres yeux, je vais briser un joug dont je rougis... Adieu. (*Il ouvre la porte de sa maison qui donne sur le fleuve et descend les degrés. Une barque pavoisée passe au même moment.*)

AGANDECCA, *sur la barque.*

Quel est ce jeune homme si pâle et si beau qui descend vers le fleuve et semble vouloir s'y précipiter?

TICKLE, *sur la barque.*

C'est un homme de rien, un rêveur, un fou, un misérable.

AGANDECCA.

Je veux savoir son nom.

TICKLE.

C'est Aldo le rimeur.

AGANDECCA.

Aldo le barde! ses chants sont inspirés, sa voix est celle d'un poëte des anciens jours. La beauté de son génie ne le cède qu'à celle de son visage. Je veux lui parler.

TICKLE.

C'est un homme sans usage et sans courtoisie, qui répondra fort mal aux bontés de votre grâce.

AGANDECCA.

N'importe, je veux voir ses traits et entendre sa voix. Faites aborder la barque au bas de cet escalier.

(*Tickle donne des ordres en grommelant. La barque vient aborder aux pieds d'Aldo.*)

ALDO.

Qui êtes-vous, et que demandez-vous à la porte de cette pauvre maison?

AGANDECCA.

Je suis la reine et je viens te voir.

ALDO.

Votre grâce arrive une heure trop tard, la maison est déserte. Ma mère est morte, et je ne repasserais pas le seuil que je viens de franchir, fût-ce pour la reine Mab elle-même.

AGANDECCA.

Comme tu voudras. J'aime ton audace. Viens sur ma barque.

ALDO.

Madame, où me menez-vous?

AGANDECCA.

A la promenade.

ALDO.

Votre promenade sera-t-elle longue?

LA REINE.

Que sais-je?

FIN DU PREMIER ACTE.

ACTE SECOND.

SCÈNE PREMIÈRE.

LA REINE, TICKLE.

Dans une galerie du palais de la reine.

LA REINE.

Nain, c'est assez; ce que vous me dites me fâche, et je ne veux pas entendre de mal de lui.

TICKLE.

Comment votre grâce peut-elle me supposer une si coupable intention! Le seigneur Aldo est un si grand poëte et un si noble cavalier!

LA REINE.

Oui, c'est le plus beau génie et le plus grand cœur! Je ne lui reproche qu'une chose, son invincible orgueil.

TICKLE.

Sous une apparence d'humilité, je sais qu'il cache une épouvantable ambition...

LA REINE.

Oh! mon Dieu, non! tu te trompes. Lui? il n'a que l'ambition d'être aimé.

TICKLE.

C'est une belle et touchante ambition!

LA REINE.

Mais aussi la sienne est insatiable et parfois fatigante. Un mot l'irrite, un regard l'effraie; il est jaloux d'une ombre; il n'y a pas de calme possible dans son amour.

TICKLE.

Cet amour-là est une tyrannie, une guerre à mort, un combat éternel!

LA REINE.

Tu ne sais ce que tu dis; c'est le plus doux et le meilleur des hommes. Je lui reproche, au contraire, de trop renfermer au-dedans de lui les chagrins que je lui cause. Au lieu de s'en plaindre franchement, il les concentre, il les surmonte, et, avec toute cette résignation, tout ce courage, toute cette douceur, il dévore sa vie, il use son cœur, il est malheureux.

TICKLE.

Infortuné jeune homme! votre grâce devrait avoir plus de compassion, lui épargner...

LA REINE.

Mais de quoi se plaint-il, après tout? Son cœur est injuste, son esprit est plein de travers, d'inconséquences, de souffrances sans sujet et sans remède. Que puis-je faire pour un cerveau malade? Je l'aime de toute mon âme et lui épargne la douleur tant que je puis; mais le mal est en lui, et parfois, en le voyant marcher, pâle et sombre, à mes côtés, je l'ai pris pour l'ange de la douleur.

TICKLE.

Le spectacle d'un homme toujours mécontent doit être un grand supplice pour une âme généreuse comme celle de votre grâce.

LA REINE.

Oui, cela non-seulement m'afflige, mais encore me blesse et m'irrite. Quoi de plus décourageant que de vouloir consoler un inconsolable? C'est se consumer jeune et pleine de santé auprès du lit d'un moribond qui ne peut ni vivre ni mourir,

TICKLE.

Votre grâce a fait pourtant bien des sacrifices pour lui. De quoi pourrait-il se plaindre? n'a-t-elle pas disgracié pour lui le duc de Suffolk, l'astre le plus brillant de la cour?

LA REINE.

Oh! le grand sacrifice! je ne l'aimais plus!

TICKLE.

Il n'avait jamais d'ailleurs été bien aimable.

LA REINE.

Il ne faut pas dire cela; c'était un homme d'esprit et plein de nobles qualités.

TICKLE.

Oh! oui, généreux, brave, désintéressé!...

LA REINE.

Ceci est faux; il était plus épris de mon rang que de ma personne.

TICKLE.

C'est le malheur des rois.

LA REINE.

Et c'est ce qui me fait chérir l'amour de mon poète: lui du moins m'aime pour moi seule. Il sait à peine si je suis reine. Il n'en est point ébloui; même il en souffre, et je crois qu'il me le pardonne.

TICKLE.

Votre grâce est-elle bien sûre que dans son orgueil de poète il ne préfère point sa condition à celle d'un roi?

LA REINE.

S'il le fait, il fait bien. Le laurier du poète est la plus belle des couronnes, la plume d'un grand écrivain est un sceptre plus puissant que les nôtres. Moi, j'aime qu'un esprit supérieur sache ce qu'il est et ce qu'il peut être ; c'est ainsi qu'on arrive aux grandes actions.

TICKLE.

Aussi je crois que le poète Aldo est réservé à de hautes destinées. Il est digne de commander aux hommes, et un mot de votre grâce pourrait l'élever au véritable rang qu'il est né pour occuper...

LA REINE.

Si je ne te savais profondément hypocrite, ô mon cher Tickle, je te dirais que tu es parfaitement imbécile. Qui? lui! être mon époux! régner! D'abord le sceptre jusqu'ici ne m'a pas semblé trop lourd à porter ; ensuite Aldo est le dernier homme du monde que je pourrais supposer capable de me seconder. Personne ne connaît moins les autres hommes, personne n'a d'idées plus creuses, de sentiments plus exceptionnels, de rêves plus inexécutables. Vraiment! mon peuple serait un peuple bien gouverné! il pourrait chanter beaucoup et manger fort peu, ce qui ne laisserait pas que d'être fort agréable, le jour où le poète-roi aurait découvert le moyen de placer l'estomac dans les oreilles. Laisse-moi, Tickle ; tu n'as pas le sens commun aujourd'hui.

TICKLE, *sortant.*

Fort bien, j'ai réussi à la fâcher ; j'étais bien sûr qu'en disant comme elle je l'amènerais à dire comme moi.

SCÈNE II.

LA REINE, *seule.*

Ce Tickle et un fâcheux personnage ; il a une manière d'entrer dans mes idées qui m'en dégoûte sur-le-champ. Ces prétendus bouffons, que nous avons autour de nous, sont comme nos mauvais génies, laids et méchants; ils tiennent du diable. Ils ont l'art de nous dire la vérité qui nous blesse, et de nous taire celle qui nous serait utile. Quand ils ne mentent pas, c'est que leur mensonge pourrait nous épargner une douleur ou nous sauver d'un péril; c'est alors seulement qu'ils se refusent le plaisir de nous tromper. Il faut que je voie mon poète, je me sens attristée et prête à douter de tout. L'homme aux illusions me consolera peut-être.

(*Elle siffle dans un sifflet d'argent suspendu à son cou.*)

(*Tickle rentre.*)

Nain, envoyez Aldo près de moi, je l'attends ici.

TICKLE.

J'y cours avec joie.

LA REINE.

Après tout, Tickle a souvent raison quand il me dit que cet amour nuit à ma gloire. Le duc de Suffolk m'était moins cher, je l'estimais moins, j'étais moins touchée de son amour; mais son esprit, moins élevé, était plus positif; c'était un ambitieux, mais un ambitieux qui secondait toutes mes vues. J'ai aimé autrefois le brave Athol. Celui-là était un beau soldat, un bon serviteur, un véritable ami; du reste un montagnard stupide : mais il était l'appui de ma royauté, il la rendait redoutable au dehors, paisible au dedans; c'était comme une bonne arme bien trempée et bien brillante dans ma main. Ce poète est dans mon palais comme un objet de luxe, comme un vain trophée qu'on admire et qui ne sert à rien. Un vêtement d'or vaut-il une cuirasse d'acier ? On aime à respirer les roses de la vallée, mais on est à l'abri sous les sapins de la montagne.

Et pourtant que le parfum d'un pur amour est suave!

Qu'il est doux de se reposer des soucis de la vie active sur un cœur sincère et fidèle! Qu'ils sont rares, ceux qui savent, ceux qui peuvent aimer! holocaustes toujours embrasés, ils se consument en montant vers le ciel. Nous pouvons à toute heure chercher sur leur autel la chaleur qui manque à notre âme épuisée, nous la trouvons toujours vive et brillante. Leur sein est un mystérieux sanctuaire où le feu sacré ne s'éteint jamais; s'il s'éteignait, le temple s'écroulerait comme un monde sans soleil. L'amour est en eux le principe de la vie. Ils pâlissent, ils souffrent, ils meurent, si on froisse leur tendresse délicate et timide. Dites un mot, accordez un regard; ils renaissent, leur sein palpite de joie, leur bouche a de douces paroles de reconnaissance pour bénir, et leurs caresses sont ineffables. Aldo, il n'y a que toi qui saches aimer, et pourtant il est des jours où tu m'ennuies mortellement.

SCÈNE III.

LA REINE, ALDO.

ALDO.
Que veux-tu de moi, ma bien-aimée?
LA REINE.
Je voulais te voir et être avec toi.
ALDO.
Êtes-vous triste, êtes-vous fatiguée? Voulez-vous que je chante? Que puis-je faire pour vous?
LA REINE.
Êtes-vous heureux?
ALDO.
Je le suis, parce que vous m'aimez.

LA REINE.

Cela ne vous ennuie jamais? Eh bien! vous ne me répondez pas? Déjà votre visage est changé, des larmes roulent dans vos yeux, ma question vous a offensé?

ALDO.

Offensé? — Non.

LA REINE.

Affligé?

ALDO.

Oui.

LA REINE.

Si vous êtes triste, vous allez me rendre triste.

ALDO.

J'essaierai de ne pas l'être; mais quand vous avez besoin de distraction et de gaieté, pourquoi me faites-vous appeler? Ce n'est pas ma société qui vous convient dans ces moments-là. Votre nain Tickle a plus d'esprit et de bons mots que moi.

LA REINE.

Mais il est méchant et laid. J'aime la gaieté, mais c'est un banquet où je ne voudrais m'asseoir qu'avec des convives dignes de moi. Pourquoi méprisez-vous le rire? Vous croyez-vous trop céleste pour vous amuser comme les autres hommes?

ALDO.

Je me sens trop faible pour professer le caractère jovial. Quand je semble gai, je suis navré ou malade; le bonheur est sérieux, la douleur est silencieuse. Je ne suis capable que de joie ou de tristesse. La gaieté est un état intermédiaire dont je n'ai pas la faculté, j'y arrive par une excitation factice. Si vous m'ordonnez de rire, commandez le souper, faites danser sir John Tickle sur la table ; en voyant ses grimaces, en buvant du vin d'Espagne, il pourra m'arriver de tomber en convulsion. Mais ici, près de vous, de quoi puis-je me divertir? Je vous regarde et vous trouve belle ; je suis recueilli. Vous me regardez avec bonté, je suis heureux ; vous me raillez, et je suis triste.

LA REINE..

Mais quoi? n'y a-t-il au monde que vous et moi? peut-on toujours vivre replié sur soi-même? L'amour est-il la seule passion digne de vous?

ALDO.

C'est du moins la seule dont je sois capable.

LA REINE, *impatientée.*

Alors vous êtes un pauvre sire ; moi, je ne peux pas toujours parler d'Apollo et de Cupido. J'ai d'autres sujets de joie ou de tristesse que le nuage qui passe dans le ciel ou sur le front de mon amant ; j'ai de grands intérêts dans la vie : je suis reine, je fais la guerre ; je fais des lois, je récompense la valeur, je punis le crime ; j'inspire la crainte, le respect, l'amour, la haine peut-être ; tout cela m'occupe ; je vais d'une chose à une autre, je parcours tous les tons de cette belle musique dont aucune note ne reste silencieuse sous mon archet ; mais votre lyre n'a qu'une corde et ne rend qu'un son. Vous êtes beau et monotone comme la lune à minuit, mon pauvre poète.

ALDO.

La lune est mélancolique. Il vous est bien facile de fermer les fenêtres et d'allumer les flambeaux quand sa lueur blafarde vous importune. Pourquoi allez-vous rêver dans les bosquets la nuit? Restez au bal ; la brume et le froid rayon des étoiles n'iront pas vous attrister dans vos salles pleines de bruit et de lumière.

LA REINE.

J'entends : je puis m'étourdir dans de frivoles amusements et vous laisser avec votre muse. C'est une société plus digne de vous que celle d'une femme capricieuse et puérile. Restez donc avec votre génie, mon cher poëte. Les étoiles s'allument au ciel, et la brise du soir erre doucement parmi les fleurs : rêvez, chantez, soupirez. La façade de mon palais s'illumine et le son des instruments m'annonce le repas du soir. J'y vais porter votre santé à mes convives dans une coupe d'or, et parler de vous avec des hommes qui vous admirent. Restez ici, penchez-vous sur cette balustrade, et entretenez-vous avec les sylphes. S'ils ne me trouvent pas indigne d'un souvenir, parlez-leur de moi; et si, malgré cette nourriture céleste, il vous arrive de ressentir la vulgaire nécessité de la faim, venez trouver votre reine et vos amis. Au revoir. — Mais qu'est-ce donc ? Vous avez baisé bien tristement ma main, et vous y avez laissé tomber une larme ! Quoi ! vous êtes triste encore ? je vous ai encore blessé ? Oh ! mais cela est insupportable. Allons, mon cher amant, remettez-vous et soyez plus sage ; je vous aime tendrement, je vous préfère aux plus grands rois de la terre. Faut-il vous le répéter à toute heure ? ne le savez-vous pas ? Venez, que je baise votre beau front. Séchez vos larmes et venez me rejoindre bientôt.

SCÈNE IV.

ALDO, *seul.*

Elle a raison, cette femme ! elle a raison devant Dieu et devant les hommes ! Moi, je n'ai raison que devant ma conscience. Je ne puis avoir d'autre juge que moi-même, et ne puis me plaindre qu'à moi-même. — Car, enfin, il ne dépend pas de moi d'être autrement. Tout m'accuse d'affectation ; mais on n'est pas affecté, on n'est pas menteur avec soi-même. Je sais bien, moi, que je suis ce que je suis. Les autres sont autres, et ne me comprenant pas ils me nient ; ils sont injustes, car moi je ne nie pas leur sincérité ; ils me disent qu'ils sont courageux, je pourrais leur répondre qu'ils sont insensibles. Mais j'accepte ce qu'ils me disent, je consens à les reconnaître courageux. Mais s'ils le sont, pourquoi me reprochent-ils impitoyablement de ne l'être pas ? Si j'étais Hercule, au lieu de mépriser et de railler les faibles enfants que je trouverais haletants et pleurants sur la route, je les prendrais sur mes épaules, je les porterais une partie du chemin dans ma peau de lion. Que serait pour moi ce léger fardeau, si j'étais Hercule ? — Vous ne l'êtes pas, vous qui vous indignez de la faiblesse d'autrui. Elle ne vous révolte pas, elle vous effraie. Vous craignez d'être forcés de la secourir, et, comme vous ne le pouvez pas, vous l'humiliez pour lui apprendre à se passer de vous.

Eh bien ! oui, je suis faible : faible de cœur, faible de corps, faible d'esprit. Quand j'aime, je ne vis plus en moi ; je préfère ce que j'aime à moi-même. — Quand je veux suivre la chasse, j'en suis vite dégoûté, parce que je suis vite fatigué. — Quand on me raille ou me blâme, je suis effrayé, parce que je crains de perdre les affections dont je ne puis me passer, parce que je sens que je suis méconnu, et que j'ai trop de candeur pour me réhabiliter en me vantant. Avec les hommes, il faudrait être insolent et menteur. Je ne puis pas. Je connais mes faiblesses et n'en rougis pas, car je connais aussi les faiblesses des autres et n'en suis pas révolté. J les supporte tels qu'ils sont. Je ne repousse pas les plus méprisables, je les plains, et, tout faible que je suis, j'essaie de soutenir et de relever ceux qui sont plus faibles encore. Pourquoi ceux qui se disent forts ne me rendent-ils pas la pareille ?

— Dieu ! je ne t'invoque pas ! car tu es sourd. Je ne te nie pas ; peut-être te manifesteras-tu à moi dans une autre vie. J'espère en la mort.

Mais ici tu ne te révèles pas. Tu nous laisses souffrir et crier en vain. Tu ne prends pas le parti de l'opprimé, tu ne punis pas le méchant. J'accepte tout, mon Dieu ! et je dis que c'est bien, puisque c'est ainsi. Suis-je impie, dis-moi ?

Mais je t'interroge, toi, mon cœur ; toi, divine partie de moi-même. Conscience, voix du ciel cachée en moi, comme le son mélodieux dans les entrailles de la harpe, je te prends à témoin, je te somme de me rendre justice. Ai-je été lâche ? ai-je lutté contre le malheur ? ai-je supporté la misère, la faim, le froid ? ai-je abandonné ma mère lorsque tout m'abandonnait, même la force du corps ? ai-je résisté à l'épuisement et à la maladie ? ai-je résisté à la tentation de me tuer ? — Où est le mendiant que j'aie repoussé ? où est le malheureux que j'aie refusé de secourir ? où est l'humilié que je n'aie pas exhorté à la résignation, rappelé à l'espérance ? J'ai été nu et affamé. J'ai partagé mon dernier vêtement avec ma mère aveugle et sourde, mon dernier morceau de pain avec mon chien efflanqué. J'ai toujours pris en sus de ma part de souffrances une part des souffrances d'autrui ; et ils disent que je suis lâche, ils rient de la sensibilité niaise du poète ! et ils ont raison, car ils sont tous d'accord, ils sont tous semblables. Ils sont forts les uns par les autres.

Je suis seul, moi! et j'ai vécu seul jusqu'ici. Suis-je lâche? J'ai eu besoin d'amitié, et, ne l'ayant pas trouvée, j'ai su me passer d'elle. J'ai eu besoin d'amour, et, n'en pouvant inspirer beaucoup, voilà que j'accepte le peu qu'on m'accorde. Je me soumets, et l'on me raille. Je pleure tout bas, et l'on me méprise.

C'est donc une lâcheté que de souffrir? C'est comme si vous m'accusiez d'être lâche parce qu'il y a du sang dans mes veines et qu'il coule à la moindre blessure. C'est une lâcheté aussi que de mourir quand on vous tue! Mais que m'importait cela? N'avais-je pas bien pris mon parti sur les railleries de mes compagnons? n'avais-je pas consenti à montrer mon front pâle au milieu de leurs fêtes et à passer pour le dernier des buveurs? N'avais-je pas livré mes vers au public, sachant bien que deux ou trois sympathiseraient avec moi, sur deux ou trois mille qui me traiteraient de rêveur et de fou? Après avoir souffert du métier de poète en lutte avec la misère et l'obscurité, j'avais souffert plus encore du métier de poète aux prises avec la célébrité et les envieux! Et pourtant j'avais pris mon parti encore une fois. Ne trouvant pas le bonheur dans la richesse et dans ce qu'on appelle la gloire, je m'étais réfugié dans le cœur d'une femme, et j'espérais. Celle-là, me disais-je, est venue me prendre par la main au bord du fleuve où je voulais mourir. Elle m'a enlevé sur sa barque magique, elle m'a conduit dans un monde de prestiges qui m'a ébloui et trompé, mais où du moins elle m'a révélé quelque chose de vrai et de beau, son propre cœur. Si les vains fantômes de mon rêve se sont vite évanouis, c'est qu'elle était une fée, et que sa baguette savait évoquer des mensonges et des merveilles; mais elle est une divinité bienfaisante, cette fée qui me promène sur son char. Elle m'a leurré de cent illusions pour m'éprouver ou pour m'éclairer. Au bout du voyage, je trouverai derrière son nuage de feu la vérité, beauté nue et sublime que j'ai cherchée, que j'ai adorée à travers tous les mensonges de la vie, et dont le rayon éclairait ma route au milieu des écueils où les autres brisent le cristal pur de leur vertu. Fantômes qui nous égarez, ombres célestes que nous poursuivons toujours dans la nue, et qui nous faites courir après vous sans regarder où nous mettons les pieds, pourquoi revêtez-vous des formes sensibles, pourquoi vous déguisez-vous en femmes? Appelez-vous la vérité, appelez-vous la beauté, appelez-vous la poésie ; ne vous appelez pas Jane, Agandecca, l'amour.

Tu te plains, malheureux! Et qu'as-tu fait pour être mieux traité que les autres? Pourquoi cette insolente ambition d'être heureux? Pourquoi n'es-tu pas fier de ton laurier de poète et de l'amour d'une reine? Et si cela ne te suffit pas, pourquoi ne cherches-tu pas dans la réalité d'autres biens que tu puisses atteindre ? Suffolk était aimé de la reine ; il voulait plus que partager sa couche, il voulait partager son trône. Athol fut aimé de la reine; il s'ennuyait souvent près d'elle, il désirait la gloire des combats, et le laurier teint de sang, qui lui semblait préférable à tout. Suffolk, Athol, vous étiez des ambitieux, mais vous n'étiez pas des fous ; vous désiriez ce que vous pouviez espérer ; la puissance, la victoire, l'argent, l'honneur, tout cela est dans la vie ; l'homme tenace, l'homme brave doivent y atteindre. La reine a chassé Suffolk ; mais il règne sur une province, et il est content. Athol a été disgracié; mais il commande une armée, et il est fier.

Moi, que puis-je aimer après elle? rien. Où est le

but de mes insatiables désirs? dans mon cœur, au ciel, nulle part peut-être! Qu'est-ce que je veux? un cœur semblable au mien, qui me réponde; ce cœur n'existe pas. On me le promet, on m'en fait voir l'ombre, on me le vante, et quand je le cherche je ne le trouve pas. On s'amuse de ma passion comme d'une chose singulière, on la regarde comme un spectacle, et quelquefois l'on s'attendrit et l'on bat des mains; mais le plus souvent on la trouve fausse, monotone et de mauvais goût. On m'admire, on me recherche et on m'écoute, parce que je suis un poète; mais quand j'ai dit mes vers, on me défend d'éprouver ce que j'ai raconté, on me raille d'espérer ce que j'ai conçu et rêvé. Taisez-vous, me dit-on, et gardez vos églogues pour les réciter devant le monde; soyez homme avec les hommes, laissez donc le poète sur le bord du lac où vous le promenez, au fond du cabinet où vous travaillez. — Mais le poète, c'est moi! Le cœur brûlant qui se répand en vers brûlants, je ne puis l'arracher de mes entrailles. Je ne puis étouffer dans mon sein l'ange mélodieux qui chante et qui souffre. Quand vous l'écoutez chanter, vous pleurez; puis vous essuyez vos larmes, et tout est dit. Il faut que mon rôle cesse avec votre émotion : aussitôt que vous cessez d'être attentifs, il faut que je cesse d'être inspiré. Qu'est-ce donc que la poésie? Croyez-vous que ce soit seulement l'art d'assembler des mots?

Vous avez tous raison. Et vous surtout, femme, vous avez raison! vous êtes reine, vous êtes belle, vous êtes ambitieuse et forte. Votre âme est grande, votre esprit est vaste. Vous avez une belle vie; eh bien! vivez. Changez d'amusement, changez de caractère vingt fois par jour; vous le devez, si vous le pouvez! je ne vous blâme pas; et, si je vous aime, c'est peut-être parce que je vous sens plus forte et plus sage que moi. Si je suis heureux d'un de vos sourires, si une de vos larmes m'enivre de joie, c'est que vos larmes et vos sourires sont des bienfaits, c'est que vous m'accordez ce que vous pourriez me refuser. Moi, quel mérite ai-je à vous aimer? je ne puis faire autrement. De quel prix est mon amour? l'amour est ma seule faculté. A quels plaisirs, à quels enivrements ai-je la gloire de vous préférer? Rien ne m'enivre, rien ne me plaît, si ce n'est vous. La moindre de vos caresses est un sacrifice que vous me faites, puisque c'est un instant que vous dérobez à d'autres intérêts de votre vie. Moi, je ne vous sacrifie rien. Vous êtes mon autel et mon Dieu, et je suis moi-même l'offrande déposée à vos pieds.

Si je suis mécontent, j'ai donc tort! A qui puis-je m'en prendre de mes souffrances? Si je pouvais me plaindre, m'indigner, exiger plus qu'on ne me donne, j'espérerais. Mais je n'espère ni ne réclame; je souffre.

Eh bien! oui, je souffre et je suis mécontent. Pourquoi ai-je voulu vivre? quelle insigne lâcheté m'a poussé à tenter encore l'impossible? Ne savais-je pas bien que j'étais seul de mon espèce et que je serais toujours ridicule et importun? Qu'y a-t-il de plus chétif et de plus misérable que l'homme qui se plaint? Oui, l'homme qui souffre est un fléau! c'est un objet de tristesse et de dégoût pour les autres! c'est un cadavre qui encombre la voie publique, et dont les passants se détournent avec effroi. Être malheureux c'est être l'ennemi du genre humain; car tous les hommes veulent vivre pour leur compte, et celui qui ne sait pas vivre pour lui-même est un voleur qui dépouille ou un mendiant qui assiége.

Meurs donc, lâche! il est bien temps d'en finir! tu t'es bien assez cabré sous la nécessité! Tes flancs ont saigné, et tu n'as pas fait un pas en avant! Résigne-toi donc à mourir sans avoir été heureux!...

Hélas! hélas! mourir, c'est horrible!... Si c'était seulement saigner, défaillir, tomber!... mais ce n'est pas cela. Si c'était porter sa tête sous une hache, souffrir la torture, descendre vivant dans le froid du tombeau! mais c'est bien pis : c'est renoncer à l'espérance, c'est renoncer à l'amour, c'est prononcer l'arrêt du néant sur tous ces rêves enivrants qui nous ont leurrés, c'est renoncer à ces rares instants de volupté qui faisaient pressentir le bonheur, et qui l'étaient peut-être!

Au fait, un jour, une heure dans la vie, n'est-ce pas assez, n'est-ce pas trop! Agandecca, vous m'avez dit des mots qui valaient une année de gloire, vous m'avez causé des transports qui valaient mieux qu'un siècle de repos. Ce soir, demain, vous me donnerez un baiser qui effacera toutes les tortures de ma vie, et qui fera de moi un instant le roi de la terre et du ciel!

Mais pourquoi retomber toujours dans l'abîme de douleur? pourquoi chercher ces joies si elles doivent finir et si je ne sais pas y renoncer? Les autres se lassent et se fatiguent de leurs jouissances; moi, la jouissance m'échappe et le désir ne meurt pas! O amour! éternel tourment!... soif inextinguible!

Si je quittais la reine?... Mais je ne le pourrai pas; et, si je le puis, j'aimerai une autre femme qui me rendra plus malheureux. Je ne saurai pas vivre sans aimer. L'amour ou l'amitié ne me payeront pas ce que je dépenserai de mon cœur pour les alimenter!... Comment ai-je pu vivre jusqu'ici? Je ne le conçois pas. Suis-je le plus courageux ou le plus lâche de tous les hommes? —

Je ne sais pas ; et comment le savoir ? — Celui qui souffre pour donner du bonheur aux autres... oui, celui-là est brave... mais celui qui souffre et qui importune, celui qui veut du bonheur et qui n'en sait pas donner !...

Oh ! décidément je suis un lâche ! comment ne m'en suis-je pas convaincu plus tôt ?

(*Il tire son épée.*)

Lune... brise du soir !... Tais-toi, poète, tu n'es qu'un sot. Qu'est-ce qui mérite un adieu de toi ? qu'est-ce qui t'accordera un regret ?

(*Il va pour se tuer.*)

SCÈNE V.

LE DOCTEUR ACROCERONIUS, *entrant.*

Que faites-vous, seigneur Aldo, dans cette attitude singulière ?

ALDO.

Vous le voyez, mon cher ami, je me tue.

ACROCERONIUS.

En ce cas, je vous salue, et je vous prie de ne pas vous déranger pour moi. Puis-je vous rendre quelque service après votre mort ?

ALDO.

Je ne laisserai personne pour s'en apercevoir.

ACROCERONIUS.

Je suis fâché que vous preniez cette résolution avant le coucher de la lune.

ALDO.

Pourquoi ?

ACROCERONIUS.

Parce que la nuit est fort belle, et que vous perdrez

une des plus belles éclipses de lune que nous ayons eues depuis long-temps.

ALDO.

Il y a une éclipse de lune ?

ACROCERONIUS.

Totale. Il n'y a pas un nuage dans le ciel, et elle sera tellement visible que je m'étonne de rencontrer un homme aussi indifférent que vous à cet important phénomène.

ALDO.

En quoi cela peut-il m'intéresser ?

ACROCERONIUS.

Venez avec moi sur la montagne de Lego, et je vous le ferai comprendre.

ALDO.

Je vous remercie beaucoup. Je ne me sens pas disposé à marcher, et j'aime mieux me passer mon épée au travers du corps.

ACROCERONIUS.

Faites ce qui vous convient et ne vous gênez pas devant moi. Cependant j'aurais été flatté d'avoir votre compagnie durant ma promenade.

ALDO.

En quoi pourrais-je vous être utile? La solitude convient mieux à vos savantes élucubrations. Je ne suis qu'un pauvre poète, peu capable de raisonner avec vous sur d'aussi graves matières.

ACROCERONIUS.

La société des poètes m'a toujours été fort agréable. Les poètes sont de très-intelligents observateurs de la nature. Ils sont faibles sur les classifications, mais ils ont beaucoup de netteté dans l'observation. Ils possèdent l'appréciation juste de la couleur et de la forme ;

et quelquefois ils remarquent des rapports qui nous échappent; des nuances presque insaisissables leur sont révélées par je ne sais quel sens qui nous manque. Je suis sûr que vous me feriez voir des choses dont je sais l'existence, et que pourtant je n'ai jamais pu observer à l'œil nu.

ALDO.

Les savants sont poètes aussi, n'en doutez pas; ils n'ont pas besoin, comme nous, d'observer pour voir. Ils savent tant de choses qu'ils peuvent peindre la nature sans la regarder, comme on fait de mémoire le portrait de sa maîtresse. Ils peuvent nous initier à plus d'un mystère dont l'art fait son profit. L'art n'est qu'un riche vêtement qui couvre les beautés nues sous l'œil de la science. Je suis fâché, mon cher maître, d'avoir vécu long-temps sous le même toit que vous sans avoir songé à profiter de votre entretien.

ACROCERONIUS.

Si vous n'êtes pas forcé absolument de vous tuer ce soir, vous pourriez venir avec moi sur la montagne de Lego. Nous observerions l'éclipse de lune, nous causerions sur toutes les choses connues; vous pourriez être revenu et mort avant le lever de la reine.

ALDO.

Vous avez raison. Donnez-moi votre télescope et faisons cette promenade ensemble. Vous m'apprendrez beaucoup de choses que j'ignore. Je vous interrogerai sur les amours des plantes, sur le sommeil des feuilles, sur l'écume que la lune répand à minuit dans les herbes, sur les bruits qu'on entend la nuit... Avez-vous remarqué cette grande voix aigre qui crie incessamment autour de l'horizon, et qui est si égale, si continue, si monotone, qu'on la prend souvent pour le silence?

ACROCERONIUS.

J'ai écrit précisément un petit traité in-4° sur ce dont vous parlez ; mais pour bien vous le faire comprendre, il faudrait sortir un peu du monde visible, et nous aventurer dans des questions d'astrologie pour lesquelles vous auriez peut-être quelque répugnance.

ALDO.

L'astrologie ! oh ! tout au contraire, mon cher maître. Je serais très-curieux d'avoir quelque notion sur cette science étonnante. J'y ai songé quelquefois, et si les préoccupations de mon esprit m'en avaient laissé le temps, j'aurais pris plaisir à soulever un coin du voile qui me cache cette mystérieuse Isis. Qui sait si la faiblesse de l'homme ne peut trouver dans ces profondeurs ignorées le secret du bonheur qu'elle cherche en vain ici-bas ? On est bientôt las et dégoûté d'analyser et d'interroger les choses qui existent matériellement. Le monde invisible n'est pas épuisé... et si je pouvais m'y élancer...

ACROCERONIUS.

Venez avec moi, mon cher fils, et nous tâcherons de bien observer la lune.

ALDO, *remettant son épée dans le fourreau.*
Allons-nous bien loin sur la montagne ?

ACROCERONIUS.

Aussi loin que nous pourrons aller. Vous me parliez de l'écume que répand la lune ; voyez-vous, mon cher fils, le règne végétal d'après toutes les classific.....

(*Ils sortent en causant.*)

FIN.

LETTRE

A M. LERMINIER

SUR SON EXAMEN CRITIQUE

DU LIVRE DU PEUPLE.

Monsieur,

Lorsqu'en novembre 1836 M. Sainte-Beuve publia dans la *Revue des Deux Mondes* la critique du livre de M. de La Mennais intitulé *Affaires de Rome*, nous fûmes tenté de répondre. Des raisons d'amitié ne nous eussent point empêché de le faire ; car, si la discussion peut et doit être courtoise et sincère, c'est entre gens qui s'aiment ou qui s'estiment. Mais la plume nous tomba des mains quand nous réfléchîmes au peu d'importance que le spirituel écrivain semblait attacher lui-même à son jugement. Le point de vue sceptique et le ton railleur de l'article en dérobaient volontairement le fond à toute discussion sérieuse. C'eût été une entreprise pédantesque que de vouloir combattre les fines plaisanteries et les charmantes frivolités de ce morceau purement biographique et littéraire.

Si aujourd'hui nous n'acceptons pas sans examen le jugement publié par vous, monsieur, dans la *Revue des Deux Mondes*, sur le nouveau livre de M. de La Mennais, c'est que nous y voyons ce livre attaqué au nom de doctrines philosophiques et politiques dont l'importance nous paraît devoir être débattue. Ce n'est pas le livre que nous venons défendre, mais ses principes, qui sont en bien des points les nôtres. Il peut convenir à votre position littéraire et philosophique de combattre les écrits de M. de La Mennais ; il ne convient point à la nôtre de nous constituer l'avocat d'un si grand client. Mais, dans la condamnation réfléchie de M. de La Mennais par un homme de votre mérite, il y a, pour nous servir de vos propres expressions, un fait social dont il faut avoir raison par un examen attentif.

Vous dites que *le Livre du Peuple* est à la fois « *un livre de colère et de mansuétude, de sédition et d'ascétisme, matérialiste et mystique, se détruisant lui-même, sans unité, sans effet possible, sans danger;* appelant, dans sa première partie, le peuple à la domination, et par conséquent aux armes, et le ramenant, dans la seconde, à la résignation et à l'humilité, par conséquent à l'abnégation. » Vous l'accusez de ne pas comprendre la théorie de l'intelligence et des lois de la raison, de mettre la souveraineté du peuple dans la collection des souverainetés individuelles, et de se trouver ainsi d'accord avec les conséquences extrêmes, non pas de la démocratie, mais de la démagogie ; de ne pas voir dans le droit autre chose que la liberté, de détourner et d'employer la parole chrétienne au profit de la souveraineté et de la félicité du peuple, d'avoir méconnu les réalités de l'histoire, et de n'en contenir aucun compte ; de prêter à l'avenir, par suite de cette intelligence du passé, les traits les plus incertains. Vous concluez particulièrement à l'obligation, pour M. de La Mennais, de formuler en système, sous peine d'être illogique, le nouvel ordre de choses qu'il veut substituer à l'ancien, et généralement au triomphe fatal et à la prédominance nécessaire de la bourgeoisie dans notre siècle.

C'est cette dernière conclusion, nous le croyons, qui est le corollaire de votre discussion, et qui doit devenir la base de la nôtre.

Prenant d'abord la question à son point de vue philosophique, nous vous demanderons comment, reconnaissant, ainsi que vous le faites, en principe la souveraineté du peuple, identifiée avec la souveraineté de l'esprit humain, et définissant le peuple le genre humain, ou plus particulièrement tous les membres quelconques d'une société, vous placez cette souveraineté du peuple ailleurs que dans la collection des souverainetés individuelles? De deux choses l'une : ou vous reconnaissez que tous les hommes, et par conséquent tous les membres quelconques d'une société, représentent plus ou moins la puissance de l'esprit humain, et alors vous êtes obligé de leur accorder à tous une part plus ou moins grande dans la direction de la société qu'ils composent, et par conséquent vous ne pouvez mettre la souveraineté du peuple ailleurs que dans la collection des souverainetés individuelles; ou bien, si vous voulez refuser à certains une part quelconque dans la direction de la société dont ils sont membres, vous êtes obligé de leur dénier aussi une part quelconque dans la représentation de l'esprit humain, et alors vous les reléguez au rang des brutes. De là votre système mène droit à l'esclavage; car l'homme social ne peut exister qu'à la condition d'avoir de doubles rapports, les uns vis-à-vis de lui-même, les autres vis-à-vis de la société. Il vit à la fois d'une vie particulière comme individu, et d'une vie générale comme citoyen, sans qu'il soit possible de séparer la première de la seconde. Donc, si certains membres de la société sont indignes d'exercer l'une, ils sont nécessairement incapables de gouverner l'autre, et vous devez dès lors mettre l'individu en tutelle comme le citoyen. Et cette tutelle absolue, cette confiscation du libre arbitre en toutes choses, qu'est-ce, sinon l'esclavage ?

Ce n'est pas là que vous voulez en venir, nous le savons, et vous n'oseriez pas tirer vous-même de telles conclusions de vos prémisses. Mais elles n'en sont pas moins rigoureuses, et n'en condamnent pas moins certainement les adversaires de la souveraineté du peuple, résultat des souverainetés individuelles. Pourtant nous voulons accorder que vous ayez raison en ce point, et que le peuple, en nous servant avec vous d'une autre définition que votre pensée ultérieure nous force de supposer complétement différente de la première, a droit de vivre et de se développer, mais non de gouverner la société. Puisque le peuple n'est plus toute la société, il n'en est donc plus qu'une partie. Si cette partie de la société n'a pas le droit d'intervenir dans le gouvernement, elle ne pourra donc vivre et se développer que suivant le bon plaisir de l'autre partie de la société qui occupera le gouvernement. Cette autre partie, c'est, dans votre système, la bourgeoisie. Donc s'il plaisait à cette bourgeoisie nécessaire, indestructible et toute puissante, comme vous l'appelez, d'empêcher le peuple de vivre et de se développer, il faudrait que le peuple cessât de se développer et de vivre. La bourgeoisie souveraine, en tant que représentant la souveraineté de l'esprit humain, peut tout faire sans que le peuple, qui ne représente que lui-même, c'est-à-dire rien, puisse se révolter contre cette infaillibilité nouvelle que vous bâtissez sur les ruines de l'infaillibilité catholique. Ou bien s'il ne veut se laisser abrutir, ni dépouiller, ni égorger, s'il se révolte contre cette bourgeoisie oppressive, il commet un crime de lèse-majesté contre la souveraineté de l'esprit humain.

Qu'on ne dise pas que nous mettons les choses au pire, et que la bourgeoisie, autant par intérêt que par justice, rendra peu à peu, par l'éducation, le peuple digne de participer au gouvernement, et qu'en attendant l'heure où elle jugera bon, dans sa sagesse, de partager avec lui la gestion des affaires, elle le traitera de son mieux.

Nous répondrions : 1° que tout principe dont les conséquences, tirées à l'extrême, conduisent à l'absurde, est faux ; 2° que votre palliatif ne fait que reculer la difficulté au lieu de la résoudre, et se trouve toujours inutile, qu'il agisse dans un avenir prochain ou éloigné ; car ou la bourgeoisie mettra le peuple à même de s'instruire sérieusement, en lui rendant le pain moins difficile en même temps que l'éducation plus accessible, et alors moins de dix années suffiront pour répandre partout les lumières dont vous parlez ; ou bien elle ne fera que lui montrer la possibilité d'une instruction dont les exigences de son travail journalier l'empêcheront de profiter, et alors vous rendez indéfinie la durée de cette horrible inégalité ; 3° que la bourgeoisie, composée d'hommes égoïstes, comme tous le sont, la bourgeoisie qui n'est autre chose qu'une minorité toute puissante, par conséquent qu'une aristocratie, dont le seul avantage sur l'autre est son élasticité, profitera largement du monopole social qu'elle a entre les mains, et ne renoncera jamais, sans y être forcée, aux moyens qu'elle possède de jouir plus que le peuple en travaillant moins.

Ceci nous mène au point de vue historique de la question. Nous voyons tout d'abord dans l'histoire que jamais une classe inférieure de la société n'a été appelée volontairement par les classes supérieures au partage du pouvoir ; que jamais les vaincus n'ont obtenu, du libre consentement des vainqueurs, les moyens de s'égaler à eux. Je ne sache pas que cette révolution communale du douzième siècle, et cette révolution générale du dix-huitième, que vous dites avoir constitué, l'une la bourgeoisie, l'autre le peuple, aient été accomplies spontanément par la royauté et l'aristocratie, dans le seul intérêt de la justice et dans le seul but de reconnaître à propos la souveraineté de l'esprit humain. Je vois au contraire que ce n'est qu'à leur corps défendant qu'elles ont laissé creuser, par les inférieurs politiques, ces abîmes où sont allés s'engloutir leurs priviléges et leur domination ; et de là je conclus plus fortement que la bourgeoisie, maîtresse à son tour du gouvernement tout entier, n'en cédera au peuple que ce que celui-ci lui en pourra arracher. Le pouvoir politique est comme une ville forte, fermée de toutes parts, où l'on n'entre jamais que d'assaut.

Maintenant, revenant un peu sur nos pas, nous vous ferons remarquer la différence que nous croyons apercevoir entre les résultats des deux révolutions que vous avez rappelées. Nous reconnaissons bien avec vous que la révolution communale du douzième siècle a constitué la bourgeoisie, non pas complétement, il est vrai, puisque la bourgeoisie restait encore inférieure à la royauté, à la noblesse et au clergé, mais du moins solidement, sous le rapport civil et sous le rapport politique, puisqu'elle fît à la fois garantir ses droits individuels et reconnaître ses droits gouvernementaux en une certaine mesure. C'est sur la révolution générale du dix-huitième siècle que nous tombons en désaccord. La Convention avait, il est vrai, constitué le peuple à la fois sous le rapport civil et sous le rapport politique, et lui avait fait sa juste part dans la vie générale. Mais de cela qu'est-il resté? Une charte qui déclare que tous les Français sont égaux devant la loi, et qui ne reconnaît comme ayant droit à une influence et à une participation quelconque dans le gouvernement que deux cent mille citoyens sur les trente-quatre millions qui composent la société française. D'où il suit qu'en résultat la révolution du dix-huitième siècle n'a été, politiquement parlant, que le développement et le complément de celle du douzième, puisqu'elle a mis tout entier entre les mains de la bourgeoisie le gouvernement dont celle-ci avait déjà conquis une partie, et qu'elle n'a constitué le peuple que sous le rapport civil, et non sous le rapport politique.

Ensuite est-il vrai que la puissance ait toujours été le prix de l'intelligence et du travail? Les longues files de rois imbéciles et paresseux qui se succèdent dans toutes les monarchies absolues, la domination des conquérants sur les peuples conquis, l'énorme prépondérance de toutes les inutiles et ignorantes aristocraties qui se dressent encore de toutes parts au-dessus des populations laborieuses, ne relèguent-elles pas votre assertion au rang des paradoxes?

Nous arrivons à cette heure au côté pratique de la question.

« M. de La Mennais, *entraîné par de nobles passions, veut-il, du sein de l'extrême misère, pousser le peuple à l'extrême grandeur?* Veut-il lui faire exclusivement gouverner la société? Nie-t-il la souveraineté de l'intelligence et la nécessité de son intervention dans la fondation du droit social? »

D'abord, pour nous entendre sur le fond, il est bon de nous entendre sur les mots.

Vous reconnaissez, je pense, avec nous, qu'aujourd'hui il n'existe plus réellement que deux classes dans la société française, la bourgeoisie et le peuple.

Or, qu'est-ce que la bourgeoisie et le peuple?

Pour l'un, formulant la définition qui ressort du livre de M. de La Mennais, nous dirons : Le peuple est tout ce qui ne possède que par son travail et relativement à son travail, — et, pour l'autre, déduisant la seconde définition de la première : — La bourgeoisie est tout ce qui possède sans travail ou au delà de son travail.

Pour faire passer le peuple de l'extrême misère à l'extrême grandeur, il faudrait créer en sa faveur une prédominance complète sur la bourgeoisie, et l'on ne pourrait livrer exclusivement le gouvernement au peuple sans le constituer par cela même en aristocratie. Or, je demande si l'on peut imaginer une aristocratie démocratique. En admettant même comme possible la réalisation de ce non-sens, il faudrait, pour y arriver, déplacer complétement les bases de la société ; et *le Livre du Peuple* recommande expressément de n'attenter en rien à la propriété.

M. de La Mennais ne demande donc point pour le peuple la supériorité politique, mais l'égalité. Il ne veut pas que le peuple opprime la bourgeoisie, mais l'absorbe ; qu'il confisque à son profit le gouvernement, mais qu'il y participe.

Et comment y participer ? En masse et immédiatement ? Mais cela est impossible. Si vous mettez le pouvoir aux mains du peuple, tout ce concours de volontés divergentes, de pensées incohérentes, de projets insensés, produira le désordre, l'anarchie, etc., etc.

En vérité, c'est prêter au génie un raisonnement indigne de la plus lourde médiocrité, que de lui supposer des combinaisons qui amèneraient de pareils résultats. Ce que veut M. de La Mennais, ce que veulent tous les démocrates tant soit peu intelligents, c'est l'intervention médiate du peuple dans le gouvernement. Où est l'homme assez fou pour dire que la misère et l'ignorance sont des titres à la puissance, et que le pauvre ouvrier, qui ne connaît que le maniement de son outil, soit plus propre à gouverner la société que l'homme nourri dans toutes les spéculations de la philosophie et de la politique ? Qui songe à demander que chacun ait maintenant un droit égal et une part égale à la gestion des affaires ? On ne réclame qu'une chose, c'est la possibilité pour chacun de faire entendre ses désirs et ses besoins, de mettre sa boule dans l'urne sociale, d'agir, en un mot, médiatement, mais infailliblement, sur le mouvement général de la grande machine dont il fait partie.

Et, loin de méconnaître la souveraineté de l'intelligence et la nécessité de son intervention, cette doctrine la confesse et la confirme irrécusablement. Quand l'intelligence aura-t-elle de plus belles chances que le jour où la recherche, l'organisation et le développement des systèmes gouvernementaux seront confiés à des agents choisis par l'universalité des citoyens ? Qui sera appelé, si ce n'est le plus capable ? Sur une telle masse de votants, ce ne seront plus, comme aujourd'hui, des raisons d'intérêt personnel qui pourront déterminer les élections. Le peuple, trop peu intelligent pour gouverner lui-même, le sera bien assez pour reconnaître ceux qui seront les plus aptes à le faire pour lui ; alors la raison seule pourra présider à des déterminations qui devront satisfaire tous les intérêts à la fois ; la justice deviendra nécessairement la seule règle d'une politique forcée de complaire à tous, parce qu'elle sera dépendante de tous, et la législation ne sera plus autre chose que la manifestation de l'esprit humain, représenté dans son ensemble par la coopération médiate ou immédiate de toutes ses parties.

L'exposition de cette théorie, en répondant à l'accusation que vous portez contre M. de La Mennais, d'avoir méconnu la souveraineté de l'intelligence, fait assez voir en même temps la manière dont il entend le droit. Loin de dire que le droit ne soit pas autre chose que la liberté, il a enseigné que le droit n'était rien sans le devoir, et ne pouvait se concevoir qu'indissolublement lié au devoir. La liberté complète pour l'individu serait le droit de tout faire, et l'on ne reconnaît, certes, pas à l'individu le droit de tout faire, quand on lui montre des devoirs à remplir. Or, voici ce que nous voyons avec M. de La Mennais dans le droit et le devoir individuels. Le droit de l'individu est de réclamer de tous l'exécution du devoir envers lui-même, et son devoir est de respecter le droit de tous.

Il ne nous reste plus maintenant à examiner que l'appréciation historique et philosophique du christianisme de M. de La Mennais.

M. de La Mennais n'a pas, ce nous semble, méconnu et dédaigné les réalités de l'histoire, et n'a pas cru au règne absolu du mal dans le présent comme dans le passé, quand il a dit (page 154) : « Voyez ce que doit l'humanité au christianisme : la progressive abolition de l'esclavage et du servage, le développement du sens moral et l'influence de ce développement sur les mœurs et les lois, de plus en plus empreintes d'un esprit de douceur et d'équité inconnu auparavant; les merveilleuses conquêtes de l'homme sur la nature, fruit de la science et des applications de la science; l'accroissement du bien-être public et individuel; en un mot, l'ensemble des biens qui élèvent notre civilisation si fort au-dessus de la civilisation antique, et de celle des peuples que l'Évangile n'a point encore éclairés. » Nous ne nions pas que M. de La Mennais ne fasse dans l'histoire une part trop belle au christianisme en lui attribuant exclusivement tous ces grands résultats; mais il n'en est pas moins vrai qu'il ne voit dans notre organisation sociale qu'un mal relatif qui y existe en effet. Et d'ailleurs, il est bien évident que l'homme qui croirait au règne absolu du mal n'annoncerait pas l'amélioration et le perfectionnement de toutes choses dans l'avenir, et ne prêcherait pas à l'humanité la doctrine du progrès indéfini. Quant à l'acception que M. de La Mennais a donnée à la parole chrétienne, peut-être n'est-elle pas aussi détournée qu'elle le paraît au premier abord. Jésus n'a pas dit explicitement, il est vrai, que l'humanité devait arriver au bonheur sur cette terre, mais il l'a dit implicitement lorsqu'il a enseigné à tous les hommes en général et à chacun en particulier la nécessité du devoir. De ce que chacun accomplit absolument envers autrui, non-seulement le devoir, mais encore la charité, il s'ensuit nécessairement que chacun, dans le milieu qu'il occupe, se trouve environné de justice et d'amour, et voit son droit se développer en toute liberté. En ordonnant de ne pas faire aux autres ce qu'on ne voudrait pas qui vous fût fait à vous-même, le Christ a recommandé, par un enchaînement indestructible de conséquences, de faire aux autres ce qu'on voudrait qui vous fût fait à vous-même. Et n'est-ce pas là, en deux mots, le résumé de la situation la plus heureuse que l'homme puisse trouver ici-bas ?

Nous savons que la morale actuelle du christianisme condamne presque toutes les choses qui peuvent servir au bonheur matériel de l'homme. Mais M. de La Mennais, vous le proclamez vous-même, a déjà anathématisé les deux grandes formules actuelles du christianisme, qui sont le catholicisme et le protestantisme, et il ne prend plus pour code que le texte même de la loi promulguée par le maître, laissant de côté les commentaires et les développements de ceux qui se sont posés comme ses continuateurs immédiats.

C'est même là-dessus que vous vous basez pour lui demander la formule philosophique de ce que vous appelez son néo-christianisme, et l'application politique qu'il en doit tirer. A cela il n'y a qu'une chose à répondre, c'est que M. de La Mennais ne se donne ni pour un prophète ni pour un révélateur; qu'il enseigne ce qu'il croit et ce que beaucoup avec lui croient juste, bon et nécessaire; qu'il attaque du présent tout ce qui lui en semble mauvais, sans être obligé de dire précisément ce qu'il faut mettre à la place; qu'il appelle de tous ses vœux l'avenir, sans savoir exactement ce qu'il sera, parce que, plein de confiance en Dieu et d'espérance dans les destinées de l'humanité, il pense que le mal engendre souvent le bien, jamais le pire, et que le bien amène le mieux sans pouvoir ramener le mal, et qu'enfin il lui est permis d'ignorer la solution mathématique d'un problème que quarante siècle et notre génération tout entière n'ont pas encore su résoudre.

De tout ce que nous avons dit, il nous semble résulter que la bourgeoisie n'est pas un fait nécessaire et invincible, que le peuple est le seul et réel souverain ; que M. de La Mennais, en lui parlant à la fois de droit et de devoir, ne lui enseigne ni la sédition ni l'abnégation, mais bien l'énergie et la modération, et qu'il est fondé, sur les malheurs du présent, à demander mille changements à l'avenir, sans être obligé de prédire la forme particulière d'aucun.

Vous terminez en conseillant à M. de La Mennais de faire de nouvelles tentatives pour concilier la science et la foi. M. de La Mennais n'est-il donc, à vos yeux, qu'un homme de foi et de sentiment ? Parmi les esprits véritablement élevés, en existe-t-il qui soient tout à la foi ou tout à la science ? La foi et la science ne sont-elles pas le complément l'une de l'autre, nécessairement et indissolublement liées l'une à l'autre ? Qu'est-ce que la science, si ce n'est la recherche des certitudes ? Qu'est-ce que la foi, si ce n'est, selon son intensité, l'aspiration vers une certitude ou le repos sur une certitude ? La foi n'est-elle pas le but fatal de la science, et la science le chemin fatal de la foi ? La science fait-elle autre chose que trouver l'analyse des certitudes dont la foi entrevoit la synthèse ?

Vous l'entendez certainement ainsi vous-même, et, comme nous, vous appelez, non pas *foi*, mais *crédulité*, l'attachement des intelligences étroites aux erreurs du passé ; vous ne taxez certainement pas de faiblesse et d'infirmité l'intelligence éminemment courageuse et progressive de M. de La Mennais. D'où vient donc que cette foi si vaste, si tolérante, si généreuse, et qui s'éclaire de plus en plus en politique d'un esprit de vérité si éclatant, semble vous laisser des inquiétudes sur l'emploi du beau génie qui l'accompagne ? Vous paraissez le reléguer très-loin encore du mouvement de la science et le regarder comme fourvoyé dans la question puérile de savoir si le peuple a droit à la souveraineté, ou dans le sentimentalisme d'une religion dont il ne prêche cependant que l'essence sublime, la fraternité et la charité. Vous lui reprochez de ne point formuler son système; vous voulez qu'il jette les fondements d'une école et d'une doctrine, et cependant vous dites, dix lignes plus loin, après avoir demandé s'il y avait une place dans l'avenir pour un *néo-christianisme: Les faits de l'avenir peuvent seuls répondre. Il serait puéril de vouloir prophétiser en détail les formes et les accidents par lesquels doit passer l'humanité.* Encore une fois, M. de La Mennais ne pourrait-il pas vous répondre qu'il n'est pas obligé de vous dire de point en point ce qu'il faut substituer au présent, mais que ses larges théories reposent sur les véritables instincts, sur les éternels besoins, sur les imprescriptibles droits de l'humanité ?

N'étant pas d'accord avec lui sur ces besoins et sur ces droits, vous ne vous apercevez pas que vous le feriez rétrograder et que vous circonscririez étrangement son rôle, s'il se rendait à vos conseils et s'il accomplissait cette parole de vous, monsieur, rappelée par M. Sainte-Beuve dans son article de novembre 1836 : « *Il a le goût du schisme, qu'il en ait donc le courage !* » Cette parole est belle, mais elle ne nous paraît point applicable à M. de La Mennais. Il nous est impossible de ne voir dans M. de La Mennais qu'un schismatique, et de croire qu'il n'a pas d'autre destinée à remplir que celle de former une secte religieuse. Aujourd'hui ce serait une occupation bien stérile, et, quoi qu'on en dise, M. de La Mennais en eût-il le goût, il connaît trop bien, je pense, les choses et les hommes, pour borner ses vues à l'érection d'une petite église dans le goût de M. Chatel. Ce ne sont point des questions de dogme ni de discipline qui ont amené la rupture de M. de La Mennais avec Rome. Ce sont des questions toutes morales, toutes sociales, toutes politiques, par conséquent bien autrement vastes et sérieuses. M. de La Mennais est donc bien autre chose qu'un schismatique ; c'est un grand moraliste politique, un philosophe religieux, car c'est au moment même où vous lui refusez l'intelligence de la philosophie que, par un puissant effort philosophique, il se détache du vieux monde catholique, pour entrer à pleines voiles, avec les générations nouvelles, dans le mouvement révolutionnaire. Ce n'est point non plus un utopiste, comme il vous plaît d'appeler Bentham, Saint-Simon et Fourier, puisque vous lui reprochez précisément de n'avoir pas donné la formule du nouvel état social qu'il appelle de ses vœux. C'est vous qui le conviez à l'utopie, et toute accusation à cet égard n'a d'existence que dans le désir qu'on a peut-être de la lui voir justifier.

Nous n'admettons donc pas que M. de La Mennais soit seulement un *homme de foi*, nous n'admettons pas davantage que ce soit seulement un *homme de sentiment*. Dans le développement de ses doctrines sociales, il apporte autre chose que *de la colère et de la charité*. Le sentiment n'y marche jamais sans la pensée, et nous croyons définir le mieux possible cet esprit logique et chaleureux, en disant que sa principale qualité est une raison passionnée. C'était bien là la qualité nécessaire à son rôle d'apôtre populaire, à la tâche qu'il a entreprise de ranimer dans les masses le sentiment de ces vérités que certains hommes ont intérêt à voiler, mais qui doivent toujours guider l'humanité dans sa marche vers l'avenir. Ces vérités ne sont pas neuves, nous le savons. Elles n'ont été apportées dans le monde ni par Jésus-Christ ni par ses disciples. Elles ont été écrites dans le cœur du premier homme que Dieu a jeté sur la terre. M. de La Mennais se contente d'en reprendre la prédication, et nous ne voyons pas que ce soit une thèse si malheureuse pour ce que vous appelez son début philosophique. Avant de bâtir la cité, il faut en poser les bases ; et quand ces bases sont contestées, chercher à reconquérir le sol que l'iniquité a envahi ne nous semble pas une tâche si puérile, une utopie si facile à ridiculiser.

Tout ce que nous pouvons accorder, c'est que les grandes qualités d'analyse et de discussion qui sont dans M. de La Mennais, s'étant exercées long-temps sur des sujets dont l'importance s'efface déjà pour lui comme pour nous à l'horizon du passé, son christianisme, sans avoir l'extension quiétiste que vous lui donnez, n'a pas toute l'extension panthéistique que nous lui donnerions, si nous étions appelés à la libre interprétation de son évangile démocratique. Mais quelque réticence religieuse, ou quelque hardiesse philosophique que nous garde, ainsi qu'un sanctuaire mystérieux et vénérable, l'avenir de M. de La Mennais, nous ne voyons rien d'assez absolu, rien d'assez formulé dans son christianisme, pour que les répugnances consciencieuses et les antipathies légitimes aient lieu de s'en effrayer. Nous ne sommes pas de ceux qui regrettent le passé catholique de l'auteur de l'*Indifférence*, nous ne sommes même pas de ceux qui acceptent son présent sans restriction ; mais nous respectons le passé parce que le présent en est sorti, et nous admirons le présent et pour lui-même et pour l'avenir qu'il nous présage. Ce passé est une voie droite et pure qui va s'élargissant et s'élevant toujours jusqu'à des hauteurs sublimes. Ce présent est une halte féconde sur un des sommets de la montagne. Tandis qu'il y sème le grain, déjà son œil d'aigle embrasse de nouveaux horizons. Où s'arrêtera-t-il ? disent ceux de ses adversaires qui voudraient le voir reculer. Qu'il marche encore, qu'il marche toujours ! disent ceux qui le comprennent ; car sa vie, comme celle des génies puissants, comme celle des générations avancées, c'est le mouvement et le progrès. Un jour viendra-t-il où l'immensité de l'horizon sera saisie par lui ? Ce que nous savons, c'est que, de quelque cime qu'il le cherche, il en mesurera la profondeur et l'étendue sans illusion et sans vertige ; et s'il faut, pour atteindre à la terre promise, descendre dans les abîmes, il ira le premier à la découverte sans se laisser étourdir par la vaine clameur du monde. Il se risquera sur ces pentes escarpées et sur ces sentiers inconnus. C'est qu'il s'agit d'une croisade plus glorieuse pour notre siècle et plus mémorable aux yeux des générations futures que celles qui enflammèrent le zèle des Pierre l'Ermite et des saint Bernard. Ce n'est plus le tombeau, c'est l'héritage du Christ que le prêtre breton veut reconquérir ; ce n'est plus l'islamisme qu'il faut combattre, ce sont toutes les impiétés sociales ; ce ne sont plus quelques prisonniers chrétiens qu'il s'agit de racheter, c'est la presque totalité du genre humain qu'il faut arracher à l'esclavage.

Il nous reste à vous demander ce que c'est que la philosophie moderne qui fournit à votre article une conclusion si rassurante et des promesses si splendides. Il existe donc maintenant une philosophie définie, formulée, complète, irrécusable? La religion de l'avenir est donc établie? La sagesse des nations est donc promulguée? Les gouvernements et les peuples existent donc désormais en vertu d'une haute raison et d'une souveraine intelligence qui établissent entre eux des rapports agréables? Nous ne l'avions pas encore ouï dire, et nous sommes bien heureux de l'apprendre, nous qui, au sein de nos espérances et de nos découragements, tour à tour pleins de joie et de douleur, avions pensé que, malgré les progrès de l'esprit humain, les découvertes de la science, la chute de l'ancienne aristocratie et les triomphes importants de l'industrie, il restait encore bien des abîmes à combler auxquels personne ne daignait prendre garde, bien des turpitudes à faire cesser auxquelles on prêtait l'appui d'une tolérance intéressée ou insouciante, bien des misères à secourir auxquelles il était (disait-on) inutile, frivole ou dangereux de songer. Vous nous assurez que la philosophie moderne a pourvu à tout, qu'elle est satisfaite de ce qui se passe, qu'elle n'est nullement atteinte de cette vaine sensibilité qui nous intéresse aux souffrances d'autrui, qu'elle attend avec une noble patience le résultat du progrès, dont elle ne nous paraît guère s'occuper et dont elle ne veut pas qu'on s'occupe à sa place; qu'elle n'a *plus à démontrer aujourd'hui quelques idées premières désormais hors de toute discussion, telles que l'égalité des hommes entre eux, l'immortelle spiritualité de l'âme,* etc. ; et qu'il suffit que ces idées soient démontrées sans qu'il soit nécessaire de leur donner une application sociale; qu'il n'est besoin de se tourmenter d'aucune chose, pourvu qu'on sache bien l'histoire; que la philosophie va, d'ici à fort peu de temps, trouver à toutes les questions qui nous divisent des solutions impartiales et vraies ; qu'en attendant, le peuple doit se tenir tranquille et satisfait, parce que la philosophie lui donne tous les gages désirables de prudence et d'habileté. En un mot, vous nous dites que la philosophie est très-contente d'elle-même et ne se soucie pas de nous, qui ne sommes pas assez philosophes pour ne nous soucier de rien. Nous désirons donc maintenant savoir quelle est cette philosophie moderne dont nous ne soupçonnions pas l'existence, et aux bienfaits de laquelle nous serions jaloux de participer.

Du reste, monsieur, la bonne foi et l'enthousiasme avec lesquels un homme aussi sérieux que vous émet de telles espérances, nous font bien voir que nous ne sommes pas seuls à mériter l'accusation d'utopie.

Pardonnez-nous, monsieur, cette simple remarque, et recevez l'assurance de notre haute considération.

FIN.

SUR LA DERNIÈRE PUBLICATION
DE
M. F. LA MENNAIS.

———•οο•———

Au moment où le ministère allait subir à la chambre le grand assaut dont il est sorti sain et sauf, à ce qu'on assure, un écrivain anonyme du gouvernement, tout rempli de son sujet, et livré apparemment à de paniques terreurs, s'est élancé à la tribune du *Journal des Débats* pour nous apprendre que, si les *passions ameutées* se préparaient à ébranler ce pouvoir *qui représente aujourd'hui en France l'ordre et la paix*, c'était, après la *faute de Voltaire* et la *faute de Rousseau* (le vieux refrain est sous-entendu), la faute du livre de M. La Mennais. Par conséquent, s'écrie l'anonyme avec une emphase fort plaisante : « Il » n'est pas inutile d'appeler l'attention du public sur son » livre *étrange*, qui vient d'être *sournoisement jeté*, » avec un titre emprunté à une langue morte depuis deux » mille ans, au milieu de la polémique des partis. »

Voilà certes un admirable début, ou bien l'anonyme ne s'y connaît pas ! Voyez-vous bien, lecteur ingénu, la sournoiserie de l'auteur des *Paroles d'un Croyant! Emprunter son titre à une langue morte depuis deux mille ans!* Quelle perfidie! *Jeter sournoisement* son livre dans les mains d'un éditeur, qui le jette dans celles du public plus sournoisement encore, lequel public le lit avec une sournoise avidité, tout cela au moment où les écrivains du gouvernement tressaillent, palpitent, perdent le sommeil et l'appétit dans l'attente du triomphe ou de la défaite du ministère! Appelons donc bien vite *l'attention du public* sur cette ruse abominable. Apparemment le public ne s'apercevrait pas tout seul de l'apparition du livre et du coup qu'il va porter à la position des écrivains anonymes du gouvernement. Certainement M. La Mennais ne l'a pas fait dans un autre dessein. Il n'a pas eu autre chose en tête depuis qu'il a appelé, lui aussi, *l'attention* du monde entier sur les maux du peuple et l'esprit de l'Évangile, que de faire passer une mauvaise nuit, du 2 au 3 mars, aux partisans de M. Guizot! Est-ce qu'il s'intéresse véritablement au peuple? Qu'est-ce qui s'intéresse à cela, je vous le demande? Est-ce qu'il se soucie le moins du monde de la justice et de la vérité? Qui diable se soucie de pareilles balivernes par le temps qui court? Non, tout cela n'est qu'un masque emprunté par M. La Mennais, l'écrivain le plus sournois du monde, comme chacun sait, pour *ameuter les passions* contre nous et les nôtres, pour *donner l'assaut au seul pouvoir qui représente aujourd'hui en France l'ordre et la paix*, pour nous désobliger, puisqu'il faut le dire.

« Ce livre a pour auteur (c'est toujours l'anonyme qui parle) M. La Mennais. » Premier grief : car, remarquez-le bien, messieurs, si le livre n'était pas de M. La Mennais, le livre ne serait pas coupable ; et si M. La Mennais ne faisait pas de livres, on pourrait ne pas trop s'inquiéter de lui. Il ne sollicite pas d'emploi, il ne fait pas valoir le plus léger droit aux fonds appliqués à secourir les gens de lettres indigents ou endettés. Il ne brigue pas l'honneur d'enseigner le rudiment au plus petit prince de l'univers. Il ne marche sur les brisées de personne. Enfin, il n'est pas gênant de son naturel. Que ne se tient-il tranquille? Quelle mouche le pique d'écrire des livres? Pure sournoiserie de sa part!

Deuxième grief, j'allais presque dire deuxième chef d'accusation; car cette belle période a la concision, la netteté, et surtout la sincérité d'un réquisitoire : « Ce livre a pour titre : *Amschaspands et Darvands.* » C'est ici, messieurs, que les méchantes intentions de l'auteur se dévoilent. Les bons et les mauvais génies! Qu'est-ce que cela signifie? N'est-ce pas une insulte directe contre nous, qui ne voulons pas de génies, et de bons génies encore moins? Si M. La Mennais, supprimant cette antithèse impertinente, avait intitulé son livre tout simplement en bon français, *Chenapans et Pédants*, cela eût été bien plus clair, et nous aurions compris ce qu'il voulait dire.

Troisième grief : « *Ce livre a pour prétexte la réforme sociale.* » Beau prétexte, en vérité! Est-ce que nous nous payons d'une pareille monnaie, nous autres qui avons le monopole de ce prétexte-là? Il ferait beau voir qu'on vînt nous le disputer, lorsque nous nous en servons si bien! Allez, monsieur La Mennais (nous sommes forcés de vous appeler ainsi, puisque, perdant toute mesure et toute convenance, vous ne voulez point vous parer de l'anonyme)! nous ne croirons jamais que votre réforme sociale soit un prétexte bon et sincère pour écrire. Nous avons nos raisons pour cela, et ce n'est pas à nous, anonymes brevetés de la réforme sociale, qu'il faut venir conter de pareilles sornettes!

Quatrième chef d'accusation : « Ce livre *a pour sujet véritable.....* » Ici l'anonyme s'embarrasse, et avoue avec une surprenante bonhomie « qu'*il a besoin de plus d'un détour* pour dire quel est le sujet véritable du livre de M. La Mennais. » Mais nous-même nous suspendrons un instant cette curieuse analyse pour dire *sans aucun détour* à monsieur l'anonyme qu'il s'est mépris au début de son acte d'accusation, qu'il a fait un *lapsus calami* en écrivant qu'il allait *appeler l'attention du public* sur ce livre-révolutionnaire, incendiaire et *sournois*. En effet, dans quelle contradiction n'êtes-vous pas tombé, si vous avez voulu appeler l'attention du public sur un livre dont tout le crime est d'être publié ! Vouliez-vous donc employer les chastes et pieuses colonnes du *Journal des Débats* à servir d'annonce au livre en question? On le dirait presque, à voir la complaisance que vous avez mise à les couvrir de citations, dont plusieurs semblent être traduites de quelques fragments inédits de la *Divine Comédie* du Dante. Quant à nous, qui n'avions pas encore lu les *Amschaspands et Darvands*, s'il eût été possible que nous fussions dans la même ignorance des ouvrages précédents de l'auteur, votre long article, votre généreux appel à notre attention, et les heureuses citations que vous avez choisies, nous l'auraient fait lire avec empressement. Serait-ce que, malgré vous, et en dépit de la consigne, vous auriez cédé à l'entraînement, à l'instinct du beau, au souvenir douloureux d'avoir été ou d'avoir pu être homme de goût et de talent ? Oui, vraiment, vos extraits, ces spécimens que vous nous avez transcrits obligeamment, révèlent en vous un certain enthousiasme mal étouffé, et vous vous connaissez en beau style ; car, à cet égard, vous ne vous refusez rien.

Mais enfin il vous était défendu d'admirer, et vous avez blâmé. Il ne vous était pas ordonné sans doute d'offrir la prose de M. La Mennais à l'attention, c'est-à-dire à l'admiration du public : donc la plume vous a tourné dans les doigts en écrivant *public ;* c'était *parquet* que vous vouliez dire. Le mot commence par la même lettre. Ou bien peut-être que votre écriture n'est pas très-lisible, et que le prote des *Débats* s'y sera trompé. Mettons que c'est une faute d'impression, et n'en parlons plus.

Hélas! de cette façon, votre exposition devient très-claire, votre procédé de citations très-logique. Ce sont les passages incriminés que vous signalez à l'attention des juges. Le *Journal des Débats* n'est pas novice en ces sortes d'affaires, et votre fonction dans celle-ci n'est pas si plaisante qu'elle le semblait au premier coup d'œil. Vous nous ôtez l'envie de rire ; car ce n'est pas un bout d'oreille que vous laissez voir : c'est un bout de griffe, et le bruit sec de vos paroles creuses ressemble à un bruit de verrous et de chaînes.

Eh bien, que voulez-vous donc faire, écrivain moral et consciencieux, ami anonyme de la paix et de la vérité, qui appelez, sans vous compromettre, à votre aide le procureur du roi et le geôlier en gardant l'anonyme? Vous vous êtes chargé là d'un office dont je ne vous ferai pas mon compliment. Comment appelle-t-on le métier que vous faites ? ce n'est pas celui d'Accusateur public; ceux-là n'agissent pas dans l'ombre; ils se montrent à nous revêtus de fonctions qu'ils peuvent faire respecter quand ils les comprennent, avec un front sur lequel chacun de nous peut lire la fourbe ou la probité, avec un nom que nous pouvons traduire à la barre de l'opinion publique outragée, ou invoquer pour apaiser les murmures des sympathies blessées. Mais vous, vous qu'on ne voit pas, qu'on ne connaît pas ; vous qui n'avez pas de nom, vous qui êtes peut-être deux, peut-être trois pour écrire en secret ces pages dont le prétexte est l'ordre public et dont le but est d'alarmer le pouvoir, d'aigrir et de réveiller les vieilles rancunes personnelles, comment s'appelle votre métier, répondez? Monsieur l'anonyme n'est pas un titre auprès de cette société dont vous vous faites l'appui et le conservateur : monsieur l'accusateur secret vous convient-il mieux ? M'est avis qu'il vous convient en effet. Prenez-le donc, monsieur ! Hélas ! je comprends que vous ayez *besoin de plus d'un détour* pour exercer votre charge, et je crains qu'il n'y ait rien au monde de plus sournois que cette charge-là.

Je reprends l'examen de votre acte *secret* d'accusation. A propos des *nombreux revirements d'opinion* de M. La Mennais, vous répétez en style pompeux, et sans vous faire faute de l'allusion obligée à M. de Lamartine, les gémissements de la *Revue des Deux-Mondes* sur l'inconstance des hommes de lettres. Vous avez grand tort, et je ne sais pas de quoi vous vous plaignez si amèrement. Si vous étiez aussi fins et aussi bons politiques que vous en avez la prétention, vous ne laisseriez pas voir que ces gens-là sont dignes de votre colère et de vos regrets. Vous garderiez un silence diplomatique. Mais vous ne le pouvez pas, et votre dépit, même à propos des moindres transfuges ou des plus faibles opposants, s'échappe malgré vous. Comment pourriez-vous vous abstenir de crier au feu et de sonner le tocsin quand des hommes comme ceux que je viens de nommer vous somment de faire votre devoir ? Cependant, si vous avez sujet de vous plaindre quant à la qualité, je ne vois pas que vous soyez fondé à verser des larmes hypocrites sur la quantité de ceux qui vous abandonnent. Vos chefs ont assez bien manœuvré depuis douze ans pour que les désertions n'aient pas été fréquentes dans votre régiment. Nous voyons bien, nous autres, qu'au contraire vous recrutez tous les jours, grâce à des arguments irrésistibles que vous possédez. Vraiment, vous avez tort d'accuser la *popularité* de vous ravir l'adhésion de tant d'intelligences. La popularité n'est pas riche, messieurs, et, le fût-elle, elle n'achèterait pas. De sa nature, elle n'aime que ceux qui se donnent; et le métier n'étant pas lucratif, il est rare qu'on vous quitte pour elle. Ainsi, quand je regarde votre demeure (le poète a dit *antre*, mais comme vous n'êtes pas des lions je n'appliquerai pas ce mot à votre presse conservatrice) :

>Je vois fort bien comme on y entre,
>Et ne vois pas comme on en sort.

Allons! vous êtes des ingrats! Si vous avez vu *tourner bien des têtes, et changer la couleur de bien des drapeaux fièrement plantés dans un sable mouvant*, c'est vers vous que *le vent de la politique* a poussé tous ces oiseaux de nos rivages, et vous dites cela pour faire une belle phrase. Hélas! non, notre pays n'est pas *tout plein d'illustres métamorphoses* dans le sens où vous l'entendez. Ce serait à nous de les constater en sens contraire, et, quant à moi, je ne les citerai pas :

>Je m'en tais, et ne veux leur causer nul ennui,
>Ce ne sont pas là mes affaires.

Quant à la popularité (finissez-en avec tous vos *détours* qui ne servent de rien ici; c'est le peuple que vous voulez dire), le peuple compte les âmes indépendantes, véraces et fortes, que le sentiment de la charité humaine a fait tressaillir, que la révélation de la fraternité a jetées dans ses bras. Il y en a peu, fort peu malheureusement, dans vos classes éclairées ; mais on s'en contente. M. La Mennais en vaut bien quelques-uns comme ceux qui vous restent. Le peuple le sait, et ne traduit pas ses déserteurs devant le jury.

Mais dans quelle contradiction tombez-vous ! j'en demande bien pardon à votre logique *secrète*. Vous nous peignez d'abord M. La Mennais enivré de sa popularité, recevant les acclamations du peuple, harangué par la jeunesse, porté en triomphe par les prolétaires ; et puis, un instant après, vous nous le montrez comme un cerveau bizarre, excentrique, désespéré, qui n'éveille apparemment aucune sympathie, puisque, *dans son orgueilleuse démence, il se venge de son isolement sur la société tout entière*. Il faut pourtant choisir : ou M. La Mennais vit modestement retiré de tout contact extérieur avec cette popularité qui le cherche (et c'est là la vérité), et dans ce cas il n'est ni chagrin ni colère ; ou bien il vit dans les triomphes de cette popularité, et il n'a ni envie ni sujet de s'en prendre à vos personnes de son isolement et de son abandon. Encore une fois, vous faites des phrases, vous les faites fort bien ; mais c'est de l'éloquence *secrète* que personne ne comprend.

Puis, vous vous attaquez à son style, à son énergie, à la grandeur de sa forme, à la brûlante indignation de sa parole. Vous les qualifiez de rage concentrée, de sombre vengeance, de haine démagogique. Vraiment, vous avez trop de douceur et de charité pour souffrir cela, et vous dites dans votre style, à vous, qui est bénin et apostolique au dernier point : « Aussi rusé que vio-

» lent, il attire sa victime dans un cercle de métapho-
» res, l'enlace dans un réseau de poésie, la saisit dou-
» cement et l'égorge avec fureur. » Tout doux ! vous
vous échauffez trop, ami de la paix ! Mais il ne suffit
pas d'être beau diseur, il faut encore savoir ce qu'on dit.
Quelle victime M. La Mennais a-t-il donc égorgée ainsi ?
Je n'en avais ouï parler de ma vie. Mangerait-il des enfants à son déjeuner, comme feu Byron et feu Napoléon ?
Allons, vous vous trompez. Il n'a jamais coupé la langue
ni les oreilles à personne ; et si vous lui demandiez de
tailler votre plume, elle serait mieux taillée qu'elle ne
l'a jamais été. Vous en seriez satisfait, et il vous donne-
rait encore l'encre et le papier pour écrire contre lui
aussi secrètement que vous voudriez. C'est donc le lecteur, un lecteur quelconque, que vous voulez désigner
par cette victime prise en sa phrase comme en une toile
d'araignée, et puis égorgée si doucettement ? Vraiment,
si quelque lecteur se plaint d'avoir été traité ainsi, il
faut que ce soit un lecteur visionnaire, tourmenté de
quelque affreux remords et assailli d'un bien sombre
cauchemar. La beauté du style lui aura semblé un nœud
coulant, l'indignation de l'écrivain un gril de fer rouge,
et la vérité une strangulation finale. Je ne pensais pas
qu'on gagnât de telles angines à lire une belle prédication, et je n'aurais pas conseillé à des gens si délicats
d'aller entendre Massillon, Bourdaloue, et encore moins
saint Matthieu nous racontant la sainte colère du Christ.
Mon avis est, puisque ces gens sont si pernicieux que
de tuer, par la parole, les personnes mal contentes
d'elles-mêmes (vu qu'il y a beaucoup de ces personnes-
là), d'envoyer M. La Mennais en prison, les prédicateurs
et les prophètes, les poètes et les saints, depuis le divin
maître, qui se permettait de chasser du temple, sans

aucun procédé, d'honnêtes spéculateurs et d'honorables industriels, jusqu'au Dante, qui a fait parler le diable trop crûment, enfin toute cette séquelle de diseurs de vérités dures, au feu, pêle-mêle et sans retard. Le ministère ne peut pas triompher sans cela dans les chambres. Vous l'avez dit et prouvé, je me rends.

Il y a cependant une exception que vous daignerez faire. Vous aimez Montesquieu, à ce qu'il paraît, et vous goûtez assez les *Lettres persanes*. On leur fera grâce, puisqu'elles vous amusent. Elles ont paru dans leur temps, d'ailleurs, et nous n'étions pas là. Il est assez probable qu'il n'a pas eu l'intention de nous désobliger. Les mœurs étaient si corrompues dans son temps ! et aujourd'hui elles sont si pures ! il faut bien pardonner quelque chose aux réformateurs qui sont morts, surtout quand ils ont eu la précaution d'envelopper leurs allusions sous un voile épais, et de ne pas appeler un chat un chat.

Il reste un compliment à vous faire sur l'admirable bonne foi avec laquelle vous avez fait parler des démons dans vos citations, sans jamais laisser intervenir les anges, sans daigner faire mention de leur rôle et de leurs conclusions dans le poème de M. La Mennais. Si vous eussiez vécu au temps de Michel-Ange, et que, parmi les affreuses figures qui occupent le bas de son tableau du *Jugement dernier,* vous eussiez cru saisir quelque allusion à des gens de votre connaissance, vous auriez fait mutiler la partie du chef-d'œuvre où les saints et les anges apparaissent dans leur splendeur ; et, appelant l'*attention du public* sur cette œuvre infernale, vous eussiez conclu, de cette représentation allégorique du crime et du vice, à l'immoralité et à la férocité du peintre. C'est une nouvelle manière de juger et de critiquer, qui est tout à fait de mode en ce temps-ci. Dans un roman de Walter Scott, un vieux seigneur, contemporain de Shakspeare, mais amateur encroûté des classiques de sa jeunesse, s'élève avec indignation contre l'auteur d'*Hamlet* et d'*Othello*. « Vous voyez bien, dit-il aux jeunes gens, pour les dégoûter de cette pernicieuse lecture, que votre Shakspeare est un scélérat, un homme capable de toutes les trahisons et imbu des plus abominables principes. Voyez seulement comment il fait parler Yago ! Il n'est qu'un fourbe et un menteur qui puisse créer de pareils types, et leur mettre dans la bouche des discours d'une telle force et d'une telle vraisemblance. » Ce bon seigneur aurait voulu que l'*honest Yago* parlât comme un saint en agissant comme un diable ; et il faut convenir que Racine, peignant les coupables ardeurs de Phèdre, osant nommer l'infâme Pasiphaé et tracer ce vers immoral :

C'est Vénus tout entière à sa proie attachée,

se montrait bien ennemi des convenances et bien entaché d'inceste et d'adultère dans ses secrets instincts. On n'y prit pas garde d'abord. Le siècle était si corrompu ! Mais on doit s'en offenser et condamner Racine, aujourd'hui qu'on est pieux et austère jusqu'à ne pas permettre à l'art et à la poésie de peindre le vice et le crime sous des couleurs sombres et avec l'énergie que comporte le sujet. J'avoue cependant, pour ma part, que c'est une méthode de critique à laquelle je ne comprends rien du tout.

Ainsi donc, le Génie de l'impureté, celui de la cruauté, celui de la profanation et celui du mensonge ne devaient pas être mis en scène, selon vous ; parce que le mensonge, l'impiété, la férocité et le libertinage sont choses respectables, auxquelles l'art ne doit pas s'attaquer. Tant pis pour les esprits fâcheux qui ne s'en accommodent pas. Ces petites imperfections de la société sont inviolables, et les fléter est la conséquence d'un caractère chagrin et intolérant. Soit! vous ne voulez entendre que les concerts des anges ; les hymnes de la miséricorde, de la bénédiction et de l'espérance sont seuls dignes de vos oreilles pudiques, de vos âmes béates. Il paraîtrait cependant que vous avez l'oreille dure et l'âme fermée à cette musique-là. Car les *amschaspands* (les bons Génies) parlent et chantent tout aussi souvent que les darvands et les dews dans le poème incriminé. Il y a là toute une contre-partie, toute une antithèse, savamment soutenue et délicatement développée, ainsi que l'annonce le titre de l'ouvrage. Vous n'y avez pas fait la moindre attention, et vous en avez détourné *l'attention du public* avec une rare sincérité. C'est beau! c'est bien de votre part! Quelle charité pour nous, quelle impartialité envers l'auteur! Ah! vraiment, vous faites noblement les choses !

Eh bien, nous qui ne nous piquons pas de si savants *détours* pour dire l'impression que ce livre a faite sur nous, nous citerons un peu de la contre-partie qui a échappé à votre talent d'examen ou à la fidélité de votre mémoire. C'est le Génie de la pureté qui parle au Génie de la terre :

« Rien ne périt, tout se transforme. Vous me demandez, ô Sapandomad, ce que l'avenir cache sous son voile, si c'est un berceau, ou un cercueil? Fille d'Ormuzd, ignorez-vous donc que le cercueil et le berceau ne sont qu'une même chose? Les langes du nouveau-né enveloppent la mort future ; le suaire du trépassé enferme dans ses plis la vie renaissante.

» Le pouvoir des Daroudjs n'est pas ce qu'ils le croient être. Lorsqu'ils renversent et brisent les sociétés humaines, lorsqu'ils y versent leur venin pour en hâter la dissolution, ils concourent encore au dessein de la Puissance même qu'ils combattent. Ce qu'ils détruisent, ce n'est pas le bien, mais la sèche écorce du bien, qui opposait à son expansion un obstacle invincible. Pour que la plante divine refleurisse, il faut qu'auparavant ce qu'a usé le travail interne se décompose.

» Considérez, ô Sapandomad, et les vieilles opinions des hommes, inconciliables entre elles, et le droit sous lequel ils ont jusqu'ici vécu. Ces opinions, est-ce donc le vrai? Ce droit, est-ce donc le juste? Et pourtant c'est là tout ce qu'ils appellent l'ordre social. Que cet informe édifice croule, y a-t-il lieu de s'en alarmer?

» Craindrait-on que ces ruines n'entraînassent celle des principes salutaires qui ne laissent pas de subsister au milieu des désordres nés des fausses croyances et des institutions vicieuses? Illusion. Qu'ils soient obscurcis momentanément, cela peut, cela doit être, à cause du lien factice qui les unissait à l'erreur destinée à disparaître tôt ou tard. Mais, vous l'avez remarqué vous-même, inaltérables au fond de la conscience du peuple, ils s'y conservent immuablement. Quand tout le reste passe, ils demeurent; ils sont comme l'or qu'on retrouve, séparé de ce qui le souillait, sur le lit du torrent qui emporte l'impur limon.

» Quand donc, attentifs au cours des choses, les Izeds annoncent d'inévitables catastrophes, de grandes et prochaines révolutions, ils annoncent par cela même un renouvellement certain, une magnifique évolution de l'Humanité en travail pour produire au dehors le fruit qui a germé dans ses entrailles fécondes. Si elle n'enfante point sans douleur, c'est que rien ne se fait sans effort; c'est qu'enfermé dans le corps qui se dissout, l'esprit qui aspire à le quitter, à prendre possession de celui qui bientôt va naître, souffre à la fois et de son état présent et de son état futur, de son dégoût de ce qui est et de son désir de ce qui sera; car le désir même est une souffrance, et l'espérance aussi, tant qu'elle n'a pas atteint son terme.

» Plaignez, Sapandomad, les générations sans patrie que des souffles opposés poussent et repoussent dans le vide, entre le monde du passé et le monde de l'avenir. Elles ressemblent à la poussière roulée par Vato [1]. Mais, nuage ténébreux, ou trombe qui dévaste, cette poussière retombe sur le sol, où, pénétrée des feux du ciel, humectée de ses pluies, elle se couvre de verdure. »

Ailleurs, le Génie de l'équité dit à celui *qui bénit le peuple :*

« Un germe tombe sur la terre; il se développe et croît, et produit ses fleurs et ses fruits, après quoi la plante épuisée se dessèche et meurt. Ce germe, c'est une portion de la vérité infinie, qu'Ormuzd dépose dans l'esprit de l'homme; cette plante est ce qu'il nomme religion : mais la mort n'en est qu'apparente, elle renaît toujours, se transformant chaque fois selon les besoins de l'Humanité, dont elle suit le progrès et dont elle caractérise l'état.

» Combien de civilisations différentes n'as-tu pas déjà vues périr! Qu'en est-il advenu? Le genre humain a-t-il cessé de vivre? Non, après une époque de langueur maladive, de vertige et d'assoupissement, revenu à lui-même, plein de vigueur et de sève, il est, poursuivant

---

[1] Esprit de l'ouragan.

sa route éternelle, entré dans les voies d'une civilisation plus parfaite. Ces révolutions périodiques, assujetties à des lois identiques au fond avec les lois universelles du monde, offrent, en particulier, ceci de remarquable, que, s'accomplissant dans une sphère toujours plus étendue, elles ont une relation visible à l'unité vers laquelle tout tend, à laquelle tout aspire.

» Elles suscitent d'abord de vives alarmes et une tristesse profonde, parce que, de toutes parts, elles présentent des images de mort. Lorsqu'une ère, fille de celles qui l'ont précédée, naît; chose étrange! les hommes prennent le deuil et croient assister à des funérailles.

» C'est qu'en effet ce qui naît, on ne le voit pas encore; et qu'on voit ce qui s'en va, ce qui s'évanouit pour jamais. »

Si nous voulions, par curiosité, appliquer à chacune des malédictions que vous avez citées une théorie de l'espérance et de la foi, extraite de ce même livre, nous le pourrions aisément; et il se trouverait qu'à force de vouloir trop prouver contre l'amertume de l'écrivain, vous n'avez rien prouvé du tout. Mais laissons cet aride débat. Le public saura bien faire de son attention l'usage qui lui conviendra; et comme il n'aura pas les mêmes raisons que vous pour ne lire que d'un œil et n'entendre que d'une oreille, il jugera sans se soucier de vos arrêts. La *popularité*, que vous haïssez tant, et pour cause, est souverainement équitable. Si, à des esprits douloureux, fatigués de souffrir en vain, les promesses d'Ormuzd semblent un peu lointaines; si, à de jeunes cœurs avides d'espoir et d'encouragement, la voix d'Ahriman, « celui qui dit *non*, » paraît lugubre et terrible, les esprits sérieux et sincères leur répondront:

Forces émoussées, ardeurs inquiètes, écoutez avec respect la voix austère de cet apôtre. Ce n'est ni pour endormir complaisamment vos souffrances ni pour flatter vos rêves dorés que l'esprit de Dieu l'agite, le trouble et le force à parler. Lui aussi a souffert, lui aussi a subi le martyre de la foi. Il a lutté contre l'envie, la calomnie, la haine aveugle, l'hypocrite intolérance. Il a cru à la sincérité des hommes, à la puissance de la vérité sur les consciences. Il a rencontré des hommes qui ne l'ont pas compris, et d'autres hommes qui ne voulaient pas le comprendre, qui taxaient son mâle courage d'ambition, sa candeur de dépit, sa généreuse indignation de basse animosité. Il a parlé, il a flétri les turpitudes du siècle, et on l'a jeté en prison. Il était vieux, débile, maladif : ils se sont réjouis, pensant qu'ils allaient le tuer, et que de la geôle, où ils l'enfermaient, ils ne verraient bientôt sortir qu'une ombre, un esprit déchu, une voix éteinte, une puissance anéantie. Et cependant il parle encore, il parle plus haut que jamais. Ils ont cru avoir affaire à un enfant timide qu'on brise avec les châtiments, qu'on abrutit avec la peur. Les pédants! ils se regardent maintenant confus, épouvantés, et se demandent quelle étincelle divine anime ce corps si frêle, cette âme si tenace. Et ceux qui, par leurs déclamations ampoulées, par leurs anathèmes de mauvaise foi, ont alarmé la conscience de quelques hommes incertains et abusés, jusqu'à leur arracher la condamnation de la victime ; ces généreux anonymes, qui voudraient sans doute arracher un arrêt de mort contre lui pour en finir plus vite, se disent les uns aux autres : Nous ne l'avons pas bien tué! cette fois, tâchons de mieux faire.

Eh bien, vous pour qui il a souffert, pour qui il est

prêt, vous le voyez, à souffrir encore, souvenez-vous que sa tête est sacrée. Si sa voix est douloureuse, si sa prédication est rude et menaçante, s'il met parfois des reproches amers et des plaintes effrayantes sur les lèvres des anges que sa fiction invoque, songez qu'un divin transport a ému ses entrailles, et que sa mission en ce siècle malheureux n'était pas une mission de complaisance, *de convenance* et *de politesse*, comme ses ennemis voudraient le lui imposer. C'est à lui de gourmander votre paresse, votre incertitude et vos langueurs. C'est là le spectacle qui le frappe, et, s'abusât-il quelquefois sur l'excès et la cause de vos misères, il a bien assez chèrement acquis, en souffrant pour vous tous les genres de persécution, le droit d'être sévère et de se faire religieusement écouter. Quand les enfants de l'Italie voyaient passer le Dante, ils disaient en le suivant des yeux avec respect : *Voilà celui qui revient de l'enfer !* Eh bien, dans votre siècle de scepticisme et de moquerie, vous avez parmi vous un homme dont l'ardente imagination s'est abîmée dans ces mystères de la poésie, dont l'âme religieuse et apostolique s'est envolée dans l'empyrée où s'éleva le Dante, dont la plume toujours énergique vient de vous tracer un enfer et un ciel mystiques d'où s'échappent des cris et des remontrances dont nul autre après lui n'aura l'antique vigueur d'expression et le ravissement extatique. Il est le dernier prêtre, le dernier apôtre du Christianisme de nos pères, le dernier réformateur de l'Église qui viendra faire entendre à vos oreilles étonnées cette voix de la prédication, cette parole accentuée et magnifique des Augustin et des Bossuet, qui ne retentit plus, qui ne pourra plus jamais retentir sous les voûtes affaissées de l'Église; car l'Église a chassé de son sein ce serviteur trop sincère, trop fort et trop logicien pour être contenu en elle. Il ne vous explique point encore la religion nouvelle, mais il vous l'annonce. Sa mission était de détruire tout ce qui était mauvais dans l'ancienne : il l'a fait selon ses forces et ses lumières ; — d'en conserver, d'en ranimer tout ce qui était vraiment pur, vraiment évangélique : il l'a fait de toute son âme. Le peuple était voltairien comme les hautes classes. Depuis les *Paroles d'un Croyant*, une grande partie du peuple est redevenue évangélique. Il a travaillé dans l'Église et hors de l'Église, dans ce même but et avec ce même sentiment d'évangéliser le peuple et de combattre le matérialisme par une philosophie religieuse, par une prédication philosophiquement spiritualiste. Son œuvre est grande. Il y a donné toutes ses forces, tout son amour, toute sa colère, toute sa persévérance, tout son génie. Il y a tout sacrifié, repos, aisance, sécurité, réputation (puisque quelques-uns lui ont fait un crime de son courage et de sa foi), amitiés heureuses, amitiés sincères même. Il a tout brisé, amis et ennemis, tout ce qui devait ou lui semblait devoir entraver son élan. Il y a tout perdu, jusqu'à la santé et la liberté, ces conditions inappréciables, et indispensables en apparence, de la fraîcheur des idées et de la puissance de l'esprit. Dieu, par une admirable compensation, lui a conservé pourtant son génie, sa foi et la jeunesse de son courage. Et après tant de sacrifices, de luttes, de souffrances et de désastres, l'admiration et la vénération des âmes sincères ne lui resteraient pas fidèles? Voulût-il les repousser, non, cent fois non, elles ne déserteraient pas sa cause! Non, messieurs les journalistes du gouvernement, la république, aucun type, aucun idéal de la république *ne commence à s'ennuyer des jérémiades démocratiques de son illustre adepte.* On ne s'en lassera pas plus que la poésie ne se lasse de Jérémie lui-même, ce prophète *impoli* et *inconvenant*, qui parlait comme M. La Mennais de la corruption des vivants et des vers du sépulcre. Des âmes faibles, ombrageuses et froissées dans leur vanité (il en est peut-être parmi vous) lui feront un vice de cœur de cette facilité miraculeuse avec laquelle il s'est détaché des personnes, quand, les personnes représentant des idées qui n'étaient pas les siennes, il a su les arracher de son sein. Mais il en est d'autres qui, ayant aimé en lui avant tout la sincérité et la foi, ses divins mobiles, se laisseraient froisser et brûler par sa course enflammée (dût-il prendre, en passant, une ronce pour un appui, un fruit pour une épine), plutôt que de l'arrêter par de mesquines susceptibilités et de l'étourdir par de puérils reproches. Déjà ce *trop célèbre abbé*, comme vous l'appelez naïvement, appartient à l'histoire. Il a assez fait pour y prendre place de son vivant; et la postérité le contemple déjà par les yeux de nos enfants, *ces petits enfants qui*, suivant sa belle parole, *sourient dans leurs berceaux; car ils ont aperçu le règne de Dieu dans leurs songes prophétiques.* Ceux-là lui marqueront, dans l'histoire des religions et des philosophies, une place que l'anonyme ne vous procurera jamais. Ceux-là comprendront qu'il a dû peu s'alarmer du bruit que vous faites autour de son œuvre, car ce bruit n'aura pas laissé d'échos. Ceux-là ne s'inquiéteront guère de savoir si, dans le secret de sa pensée, il a deviné juste la forme que doit prendre leur société et leur religion. Ils verront seulement les effets de sa prédication dans les âmes, et ils en cueilleront les fruits sous la forme de vertus et de forces régénératrices que le souffle glacé de vos discours académiques et la froide étreinte de vos murailles pénitentiaires n'auront pu détruire dans leur germe.

En attendant, vous lui ferez un grand crime de sa tristesse; et vous, qui avez des pensées noires, vous lui reprocherez aigrement d'avoir des idées sombres. Quant à nous, quoique son espérance de rénovation sociale nous paraisse trop vague ; quoique nous concevions des réformes plus hardies; quoique nous trouvions qu'il a gardé, dans ses vues et dans ses instincts d'avenir, quelque chose de trop ecclésiastique ; quoiqu'il ne nous semble pas avoir assez compris la mission de la femme et le sort futur de la famille; quoique, enfin, sur d'autres points encore, nous ne soyons pas ses disciples, nous serons à jamais ses amis et ses admirateurs jusqu'au dévouement, jusqu'au martyre, s'il le fallait, plutôt que d'insulter à la souffrance d'une si noble destinée. Nous savons qu'il croit ce qu'il professe ; et, dans ce qu'il professe, nous trouvons bien assez de grandes vérités et de grands sentiments pour l'absoudre de ce qui, à certains égards, ne nous semble pas complet et concluant. Mais vous autres, qui cherchez à l'outrager dans ce que sa vie a de plus touchant et de plus respectable, vous qui l'appelez *monsieur l'abbé* (avec une pauvre ironie, il faut le dire); vous qui lui reprochez d'être prêtre et de ne pas savoir mentir ; vous qui, cependant, raillez le clergé, et qui vous vantez de l'*embaumer* comme une vieille momie, avec force génuflexions et sarcasmes; vous qui traitez le Catholicisme et le Christianisme comme on traite, en Chine, les mandarins condamnés à mort : un coussin sous le patient, un argousin prosterné devant lui, et un bourreau, le sabre levé, derrière ; vous qui flattez les prélats pour que leurs curés ne fassent point de propagande contre vos élections ; vous qui, ne croyant à rien, voulez que le peuple croie, de par le Catholicisme, à la sainteté de vos pouvoirs et à la légitimité de vos droits ; vous, enfin, qui reprochez à un prêtre réformateur d'avoir quitté cette Église où vous n'entrez qu'en riant sous votre masque, et qui feignez d'être scandalisés de son langage rude et affligé : ne voyez-vous donc pas que s'il est trop effrayé du spectacle qu'offre le monde, s'il est irrité de tout le mal qu'il y voit et défiant de tout le bien qu'on n'y voit pas, c'est parce qu'il est prêtre, et plus prêtre que tous vos prêtres ? c'est parce qu'il a été nourri dans la cage, qu'il y a pris des habitudes de mortification et de renoncement, qui font de lui, encore, et plus que jamais, au milieu des audaces de sa révolte, un auguste fanatique ? Oui, c'est parce qu'il a vieilli sans famille, sans postérité, sans lien personnel avec la famille humaine, qu'il est triste souvent et injuste quelquefois. Quelques-uns parmi nous peut-être trouvent qu'il respecte encore trop, selon eux, les formes du passé ; et nous, nous le trouvons aussi. Car ce n'est pas de l'hypocrisie de parti et de l'intérêt de coterie que nous faisons ici : c'est de la justice dans toute la volonté de notre âme, dans toute la force de nos instincts ; et nous sentons que, malgré l'infériorité de nos lumières et de nos mérites, nous avons, devant Dieu et devant les hommes, le droit de dire toute notre pensée sur cet homme illustre. Eh bien ! nous lui faisons un malheur d'être prêtre ; à d'autres la honte de lui en faire un reproche ! Nous blâmons profondément les athées qui outragent, en feignant de la respecter ailleurs, la cause de sa dureté apparente. Nous blâmerions aussi ceux qui, au nom d'une croyance opposée à la sienne, lui reprocheraient de n'avoir pas assez dépouillé le prêtre en quittant l'Église. *Que vouliez-vous qu'il fît?* Ce n'est pas le cas de répondre : *Qu'il mourût!* car il était mort déjà à la vie de l'humanité ; il s'était suicidé en ce sens, en prononçant des vœux. Et il est resté dans cette tombe avec un héroïsme qui ne donne pas prise à la moindre des calomnies de l'ennemi. Que dis-je? il s'est suicidé une seconde fois. Car il était redevenu libre; il pouvait secouer le joug ; et si l'anathème des dévots l'eût accablé encore plus pour cela, des masses entières auraient applaudi ou pardonné à tous ses actes personnels d'indépendance. Ce n'est donc pas la crainte de l'opinion qui l'a retenu, et il n'eût pas été plus abominable à la postérité pour s'être affranchi de l'inaction, que ne l'est Luther, accepté comme le premier après Jésus par la moitié de l'Europe civilisée. Mais le caractère de cet homme-ci est grand dans un autre sens. Il est moins grand réformateur, il est plus grand saint. Plus prudent pour les autres, il ne pousserait pas le monde dans des voies aussi hardies. Plus courageux envers lui-même, il ne fuirait pas devant ses bourreaux. Il s'offrirait à la torture, dans la crainte de s'être abusé sur les droits généraux en vue de son droit individuel. Vous appellerez cela de l'orgueil, vous qui ne croyez pas aux mâles vertus, et pour cause. Ne l'appelez pas timidité, vous qui avez l'amour du vrai. Croyez-vous donc qu'il n'eût pas pu faire un schisme et bouleverser, peut-être renverser l'Église? Oh ! que l'Église sait bien le contraire! Et que ne l'a-t-il fait! disent tous ces jeunes lévites qui dévorent les écrits de La Mennais dans le trouble des séminaires et dans le silence des campagnes. Il ne l'a pas fait, je crois pouvoir le proclamer ici sans me tromper, parce qu'il manquait des passions qui font les grands schismatiques. Il avait bien la charité, le courage, la conviction : il n'avait pas l'orgueil de soi, l'ambition de la renommée, la soif de la vengeance, des richesses, des plaisirs et des enivrements de la vie. Il était façonné aux vertus chrétiennes ; il ne pouvait pas les perdre. Voilà tout son crime : amis et ennemis, condamnez-le si vous l'osez. Il aimait le sacrifice ; c'est dans l'habitude du sacrifice qu'il avait puisé son enthousiasme, sa force, son ardeur de sincérité, son génie. Eût-il perdu tout cela en renonçant au sacrifice ? Je ne sais. Mais il y a une volonté divine qui l'a poussé dans sa voie, et cette volonté a seule le droit de le juger.

Pour moi, artiste (je ne prétends pas être autre chose, et cela me suffit pour croire, aimer et comprendre ce dont mon âme a besoin pour vivre sans défaillir), je l'aime ainsi. J'aime cette figure qui conserve la poésie des saints du moyen âge, et qui, à la jeunesse rénovatrice de notre époque, unit la sévérité persévérante des antiques vertus. Nous ne sommes pas assez loin du Christianisme pour ne pas aimer encore nos saints et nos martyrs. Nous les cherchons en vain parmi ces prêtres du siècle qui font de leurs églises des salons pour les dames, de leur ministère un marchepied pour l'ambition, de leurs principes religieux un compromis avec les puissances temporelles. Et La Mennais nous paraît si magnanime, si généreux, si naïf dans son œuvre que, n'en déplaise à monsieur l'anonyme du *Journal des Débats*, nous irions volontiers *le tirer par sa soutane* (la seule soutane qui nous inspire encore du respect), pour lui dire : «. Père, grondez-nous tant que vous voudrez, nous aimons mieux vos reproches que votre silence ; et puissiez-vous nous gronder encore bien fort et bien long-temps ! Le peuple ne raisonne ni mieux ni plus mal que nous à cet égard. Il vous aime ; donc vous ne pouvez pas avoir tort avec lui. Moquez-vous, tonnez, menacez : tout cela est beau venant de vous, et vous ne blesserez jamais une âme sincère. Que qui se sent coupable se fâche ! »

FIN.

LE
POÈME DE MYRZA.

Durant les quatre ou cinq siècles au milieu desquels est jeté le grand événement de la vie du Christ, l'intelligence humaine fut en proie aux douleurs et aux déchirements de l'enfantement. Les hommes supérieurs de la civilisation, sentant la nécessité d'un renouvellement total dans les idées et dans la conduite des nations, furent éclairés de ces lueurs divines dont Jésus fut le centre et le foyer. Les sectes se formèrent autour de sa courte et sublime apparition, comme des rayons plus ou moins chauds de son astre. Il y eut des caraïtes, des saducéens et des esséniens, des manichéens et des gnostiques, des épicuriens, des stoïciens et des cyniques, des philosophes et des prophètes, des devins et des astrologues, des solitaires et des martyrs : les uns partant du spiritualisme de Jésus, comme Origène et Manès ; les autres essayant d'y aller, sur les pas de Platon et de Pythagore ; tous escortant l'Évangile, soit devant, soit derrière, et travaillant par leur dévouement ou leur résistance à consolider son triomphe.

Dans cette confusion de croyances, dans ce conflit de rêves, de travaux fiévreux de la pensée, de divinations maladives et de vertiges sublimes, une nouvelle forme fut donnée à certains esprits, une forme agréable, élastique, qui seule convenait aux esprits éclairés et aux caractères faciles : cette disposition de l'esprit humain qui domine dans tous les temps de dépravation, et chez toutes les nations très-civilisées, nous l'appellerons, pour nous servir d'une expression moderne, *éclectisme*, quoique cette dénomination n'ait pas eu dans tout temps le même sens; nous nous en tenons à celui qu'elle implique aujourd'hui, pour qualifier la situation morale des hommes qui n'appartenaient à aucune religion au temps dont il est question ici.

Parmi ces éclectiques, on vit des hommes d'un caractère et d'un esprit tout opposés, des hommes graves et des hommes frivoles, des savants et des femmes; car cette doctrine, qui consistait dans l'absence de toute règle, accueillit toute sorte de pédantisme et toute sorte de poésie. Les rhéteurs s'y remplissaient l'estomac d'arguments et les poètes s'y gonflaient le cerveau de métaphores. L'Inde et la Chaldée, Homère et Moïse, tout était bon à ces esprits avides et curieux de nouveautés, indifférents en face des solutions : heureux caractères qui, Dieu merci, fleurirent toujours ici-bas au milieu de nos lourdes polémiques. Grands diseurs de sentences, sincères admirateurs de la vertu et de la foi, le tout par amour du beau et par estime de la sagesse, vrais épicuriens dans la pratique de la vie, prophètes élégants et joyeux, bardes demi-bibliques et demi-païens, intelligences saisissantes, fines, éclairées, pleines de crédulités poétiques et de scepticisme modeste ; en un mot, ce que sont aujourd'hui nos véritables artistes.

Le petit poème qu'on va lire fut récitée, en vers hébraïques, sous un portique de Césarée, par une femme nommée Myrza, laquelle était une des prophétesses de ce temps-là, espèce mixte entre la bohémienne et la sibylle, poète en jupons comme il en existe encore, mais d'un caractère hardi et tranché qui s'est perdu dans le monde, aventurière sans patrie, sans famille et sans dieux, grande liseuse de romans et de psaumes, initiée successivement par ses amants et ses confesseurs aux diverses religions qui s'arrachaient lambeau par lambeau l'empire de l'esprit humain. Cette femme était belle, quoique n'appartenant plus à la première jeunesse ; elle jouait habilement le luth et la cithare, et, changeant de rhythme, de croyance et de langage selon les pays qu'elle parcourait, elle traversait les querelles philosophiques et religieuses de son siècle, semant partout quelques fleurs de poésie, et laissant sur ses traces un étrange et vague parfum d'amour, de sainteté et de folie; bonne personne du reste, que les princes faisaient asseoir par curiosité à leur table, et que le peuple écoutait avec admiration sur la place publique. Voici son poème tel que, de traduction en traduction, il a pu arriver jusqu'à nous. Nous osons parfaitement le livrer aux savants, aux poètes et aux chrétiens de ce temps-ci, sachant le bon marché que notre siècle panthéiste fait de toutes choses, et la complaisance que son ennui lui inspire pour toutes sortes de rêves.

I.

En ce temps-là, long-temps avant le commencement des jours que les hommes ont essayé de compter, Dieu appela devant lui quatre Esprits, qui parcouraient d'un vol capricieux les plaines de l'espace : Allez, leur dit-il, prenez-vous par la main, marchez ensemble, et travaillez de concert.

Ils obéirent, et, ne se quittant plus, présidèrent chacun à une des œuvres de Dieu ; et un nouvel astre parut dans l'éther : cet astre est la terre que nous habitons aujourd'hui, et ces quatre Esprits sont les éléments qui la composent.

Mais deux de ces Esprits, se sentant plus puissants, firent la guerre aux deux autres.

L'eau et le feu ravagèrent la terre, et l'air fut tantôt infecté des vapeurs humides des marais, et tantôt embrasé des feux d'un soleil dévorant.

Et pendant un nombre de siècles que l'homme ne sait pas, mais qui sont dans l'éternité de Dieu moins qu'une heure dans la vie de l'homme, notre globe bondit dans l'immensité, comme une cavale sauvage, sans guide et sans frein ; sa course ne fut réglée que par le caprice des Esprits à qui Dieu l'avait abandonné ; tantôt, emporté d'un essor fougueux, il s'approcha du soleil jusqu'à s'y brûler ; tantôt il s'endormit languissant et morne, loin des rayons vivifiants que chaque printemps nous ramène. Il y eut des jours d'une année et des nuits d'un siècle. Le globe n'ayant pas encore arrêté sa forme, les froides régions qu'habitent le Calédonien et le Scandinave furent calcinées par des étés brûlants. Les contrées où la chaleur bronze les hommes se couvrirent de glaciers incommensurables. L'Esprit du feu descendit dans le sein de la terre ; on eût dit qu'un démon enfonçait ses ongles et ses dents dans les entrailles du globe : des rugissements sourds s'échappaient des rochers ébranlés, et la terre s'agitait comme une femme dans les convulsions de l'enfantement. Quelquefois le monstre, en se retournant dans le ventre de sa mère, sapait les fondements d'une montagne, et creusait sous les vallées des voûtes sans appui. La montagne et la vallée disparaissaient ensemble, et des lacs de bitume s'étendaient en bouillonnant sur les débris amoncelés; une fumée âcre et fétide empoisonnait l'atmosphère; les plantes se desséchaient, et l'eau, appelée par le feu, ravageait à son tour le flanc déchiré de sa sœur.

Enfin le feu s'ouvrit un passage à travers le roc et l'argile, et se répandit au dehors comme un fleuve débordé. La mer, brisant ses digues de la veille, fit chaque jour de nouvelles invasions, et chaque jour déserta ses nouveaux rivages comme un lit trop étroit. On voyait, dans l'espace d'une nuit, s'élever des montagnes de fange ou de cendre, que le soleil et le vent façonnaient à leur gré; des ravins se creusaient tels que la vie d'un homme voyageant le jour et la nuit n'eût pas suffi pour en trouver le fond; des météores gigantesques erraient sur les eaux comme des soleils détachés de la voûte céleste, et les vagues de l'océan roulaient sur les sommets que les nuages enveloppent aujourd'hui bien loin au-dessus de la demeure des hommes.

Dans cette lutte, la terre et l'eau, jalouses l'une de l'autre, se mirent à créer des plantes et des animaux qui à leur tour se firent la guerre entre eux; des lianes immenses essayèrent d'arrêter le cours des fleuves, mais les fleuves enfantèrent des polypes monstrueux, qui saisirent les lianes dans leurs bras vivants, et leur étreinte fut telle, que des myriades de races d'animaux s'y arrêtèrent et y périrent; et de tous ces débris se forma le sol que nous foulons aujourd'hui, et sous lequel a disparu l'ancien monde.

Cependant à toutes ces existences d'un jour succédaient d'autres existences; les races se perdaient et se renouvelaient ; la matière inépuisable se reproduisait sous mille formes. Du sein des mers sortaient les baleines semblables à des îles, et les léviathans hideux rampant sur le sable avec des crocodiles de vingt brasses. Nul ne sait le nombre et la forme des espèces tombées en poussière ; l'imagination de l'homme ne saurait les reconstruire ; si elle le pouvait, l'homme mourrait d'épouvante à la seule idée de les voir. L'abeille fut peut-être la sœur de l'éléphant ; peut-être une race d'insectes, aujourd'hui perdue, détruisit celle du mammouth, que l'homme appelle le colosse de la création. Dans ces marécages qui couvraient des continents entiers, il dut naître des serpents qui, en se déroulant, faisaient le tour du globe, et les aigles de ces montagnes, infranchissables pour nos gazelles abâtardies, enlevaient dans leurs serres des rhinocéros de cent coudées. En même temps que les dragons ailés arrivaient des nuages de l'orient, les licornes indomptables descendaient de l'occident, et quand une troisième race de monstres, poussée par le vent du sud, avait dévoré les deux autres, elle périssait gorgée de nourriture, et l'odeur de la corruption appelait l'hyène du nord, des vautours plus grands que l'hyène, et des fourmis plus grandes que les vautours ; et sur ces montagnes de cadavres, parmi ces lacs de sang livide, au milieu de ces bêtes immondes, dévorées ou dévorantes, des arbres sans nom élevaient jusqu'aux nues la profusion de leurs rameaux splendides, et des roses plus belles et plus grandes que les filles des hommes ne le furent jamais, exhalaient des parfums dont s'enivraient les esprits de la terre, couverts de robes diaprées, aujourd'hui réduits à la taille du papillon, et aux trois grains d'or de l'étamine de nos fleurs.

Ces volcans, ces déluges, ces cataclysmes, cet ouvrage informe du temps et de la matière, les saintes Écritures l'appellent l'âge du chaos. Or, tandis que les quatre Esprits se livraient à la guerre, il arriva qu'ils passèrent près du char de Dieu, et, frappés de terreur, ils s'arrêtèrent. Dieu les appela et leur dit : Qu'avez-vous fait ? Pourquoi ce monde que je vous ai confié marche-t-il comme s'il était ivre ? Avez-vous bu la coupe de l'orgueil ? Prétendez-vous faire les œuvres de l'Éternel ? Un esprit plus puissant que vous va se lever à ma voix ; il vous enchaînera, et vous forcera de vivre en paix.

L'Éternel passa ; et quand les quatre Esprits virent s'effacer dans l'espace le cercle de feu que traçaient les roues de son char, ils reprirent courage, et, se regardant, ils se dirent : Pourquoi ne résisterions-nous pas à l'Éternel ? Ne sommes-nous pas éternels, nous aussi ? Il nous a créés, mais il ne peut nous détruire, car il nous a dit : Vous n'aurez pas de fin. L'Éternel ne peut reprendre sa parole. Il nous a donné ce monde. Mais c'est nous qui l'avons couvert de plantes et d'animaux. Nous aussi, nous sommes créateurs. Unissons-nous, armons nos volcans en guerre. Que l'océan gronde, que la lave bouillonne, que la foudre sillonne les airs, et vienne l'Éternel pour nous donner des lois !

En parlant ainsi, ils cessèrent de se haïr ; et, abaissant leur vol sur les montagnes les plus élevées de la terre : Nous allons, dirent-ils, entasser ces monts les uns sur les autres, et nous atteindrons ainsi à la demeure de Dieu. Nous le renverserons, et nous régnerons sur tous les mondes.

Mais comme ils commençaient leur travail insensé, un ange envoyé par le Seigneur versa sur eux la coupe du mépris, et, saisis de torpeur, ils s'endormirent comme des hommes pris de vin.

Et quand ils se réveillèrent, ils virent sur la mousse un être inconnu, plus beau qu'eux, quoique délicat et frêle. Sa tête n'était pas flamboyante, et son corps n'était pas couvert d'une armure d'écailles de serpent; le ver à soie semblait avoir filé l'or de sa chevelure, et sa peau était lisse et blanche comme le tissu des lis.

Les Esprits étonnés l'entourèrent pour le contempler, s'émerveillant de sa beauté, et se demandant l'un à l'autre si c'était là un esprit ou un corps. Cependant cette créature dormait paisiblement sur la mousse, et les fleurs se penchaient sur elle comme pour l'admirer; les oiseaux et les insectes voltigeaient autour d'elle, n'osant becqueter ses lèvres de pourpre, et formant un rideau d'ailes doucement agitées entre son visage et le soleil du matin, qui semblait jaloux aussi de le regarder. Alors l'Esprit des eaux : — Quel est celui-ci ? et qui de nous l'a produit à l'insu des autres ? Si c'est de la terre qu'il est sorti, d'où vient que les vapeurs de mes rives n'en savent rien ? et où est le feu qui l'a fécondé ? Est-ce une plante, pour qu'il soit sans plumes, et sans fourrure, et sans écaille ? Et si c'est une plante, d'où vient que je n'ai point arrosé son germe, d'où vient que l'air n'a pas aidé sa tige à s'élever et son calice à se colorer ? Si c'est une créature, où est son créateur ? Si c'est un esprit, de quel droit vient-il s'établir dans notre empire ? et comment souffrons-nous qu'il s'y repose ? Enchaînons-le, et que la bouche des volcans se referme derrière lui, car il faut qu'il aille au fond de la terre et qu'il n'en sorte plus.

L'Esprit de la terre répondit : Ceci est un corps, car le sommeil l'engourdit et le gouverne comme les animaux; ce n'est pas une plante; car il respire et semble destiné au mouvement comme l'oiseau ou le quadrupède : cependant il n'a point d'ailes, et ne saurait voler; il n'a pas les défenses du sanglier, ni les ongles du tigre pour combattre, ni même l'écaille de la tortue pour s'abriter. C'est un animal faible que le moindre de nos animaux pourrait empêcher de se reproduire et d'exister. Et puisque aucun de nous ne l'a créé, il faut que ce soit l'Éternel qui, par dérision, l'ait fait éclore, afin de nous surprendre et de nous effrayer; mais il suffira du froid pour lui donner la mort.

— Ne nous en inquiétons point, dirent les autres, il est en notre pouvoir, éveillons-le, et voyons comme il marche et comme il se nourrit. Puisqu'il n'a ni ailes, ni nageoires, ni arme d'aucune espèce, pour s'ouvrir un chemin et se construire une demeure, il ne saurait vivre dans aucun élément.

Et les quatre Esprits de révolte se mirent à railler et à mépriser l'œuvre du Dieu tout-puissant.

Alors cet être nouveau s'éveilla; et, à leur grande surprise, il ne se mit ni à fuir, ni à ramper comme les serpents, ni à marcher comme les quadrupèdes; il se dressa sur ses pieds, et sa tête se trouvant tournée vers le ciel, il éleva son regard, et les Esprits de révolte virent, dans sa prunelle, étinceler un feu divin. Quel est, dirent-ils, celui-ci, qui ne rampe, ni ne vole, et qui a un rayon du soleil dans les yeux? Va-t-il monter vers le ciel comme une fumée? et d'où vient qu'avec un corps si chétif il est plus beau que le plus beau des anges du ciel? — Alors ils furent saisis de crainte, et l'interrogèrent en tremblant.

Mais cette créature ne les entendit pas; on eût dit que ses yeux ne pouvaient distinguer leur forme, car elle ne leur donna aucun signe d'attention, et ne répondit rien à leurs questions.

Ils se réjouirent donc de nouveau, en disant : Cette bête n'a ni le sens de l'ouïe, ni le sens de la vue ; elle ne saurait faire entendre aucun cri, elle est plus stupide que les autres bêtes. Celles-ci ne nous comprennent pas et ne nous voient pas non plus ; mais l'instinct les avertit de notre présence ; et un tressaillement secret s'empare du plus petit oiseau, lorsque le volcan gronde, ou lorsque l'orage s'approche ; l'ours et le chien s'enfuient en hurlant, le dauphin s'éloigne des rivages, et le dragon se réfugie sur les arbres les plus élevés des forêts ; mais cette bête n'a pas de sens, et les polypes seuls suffiront pour la dévorer.

Alors la créature inconnue éleva la voix, une voix plus douce que celle des oiseaux les plus mélodieux, et elle chanta un cantique d'actions de grâces au Seigneur, dans une langue que les Esprits de révolte ne comprirent pas.

Et leur colère fut grande, car ils se crurent insultés par cette langue mystérieuse, et ces accents d'amour et de ferveur remplirent leur sein de haine et de rage. Ils voulurent saisir leur ennemi ; mais l'ennemi, ne daignant pas les voir, se prosterna devant l'Éternel, puis se releva avec un front rempli d'allégresse, et se mit à descendre vers la vallée, sans cesser d'être debout, et posant ses pieds sur le bord des abîmes avec autant d'adresse et de tranquillité que l'antilope ou le renard. Comme les pierres et les épines offensaient sa peau, il cueillit des herbes et des feuilles, et se fit une chaussure avec tant de promptitude et d'industrie, que les Esprits de révolte prirent plaisir à le regarder.

Cependant, à mesure que la créature de Dieu marchait, la terre semblait devenir plus riante, et la nature se parait de mille grâces nouvelles. Les plantes exhalaient de plus doux parfums, et la créature, comme saisie d'un amour universel, se courbait, respirait les fleurs, se penchait sur les cailloux transparents, souriait aux oiseaux, aux arbres, aux vents du matin. Et le vent caressait mollement sa poitrine ; les oiseaux la suivaient avec des chants de joie ; les papillons venaient se poser sur les fleurs qu'elle leur présentait ; les arbres se courbaient vers elle et lui offraient leurs fruits à l'envi l'un de l'autre. Elle mangeait les fruits, et, loin de dévorer avidement comme les bêtes, semblait savourer avec délices les sucs parfumés de l'orange et de la grenade. Une biche, suivie de son faon, vint à elle, et lui offrit son lait qu'elle recueillit dans une conque de nacre, qu'elle porta joyeusement à ses lèvres en caressant la biche ; puis elle présenta la coquille au faon, qui but après elle, et qui la suivit, ainsi que sa mère.

Les Esprits suivaient en silence, et ne concevaient rien à ce qu'ils voyaient ; enfin ils se réveillèrent de leur stupeur et dirent : C'est assez nous laisser insulter par une œuvre de ténèbres et d'ignorance ; ce vain fantôme d'ange a un corps et se repaît comme les bêtes ; il doit être, comme elles, sujet à la mort et à la pourriture. Si la biche et son faon, si l'oiseau et l'insecte, si l'arbre et son fruit, si l'herbe et la brise se soumettent à lui, voici venir le léopard et la panthère qui vont le déchirer.

Mais le léopard passa sans toucher à la créature de Dieu, et la panthère, l'ayant regardée un instant avec méfiance, vint offrir son dos souple et doux à la main caressante de son nouveau maître.

— Voici le serpent qui va le couvrir de morsures empoisonnées, dirent les Esprits de haine. Le serpent dormait sur le sable. La créature divine l'appela dans cette langue inconnue qu'elle avait parlée à l'Éternel, et le serpent, déroulant ses anneaux, vint mettre sa tête humiliée sous le pied du maître, qui se détourna sans lui faire ni mal ni injure. L'éléphant s'approchant, les Esprits espérèrent qu'il les débarrasserait de l'étranger; mais l'éléphant, ayant pris des fruits dans sa main, le suivit, obéissant à sa parole, et cueillant à son tour les fruits et les fleurs sur les branches les plus élevées pour les lui offrir avec sa trompe. Le chameau arriva, et, pliant les genoux, offrit son dos à l'étranger, et le porta dans la vallée. Alors les Esprits, transportés de colère, s'assemblèrent sur une cime élevée; ils réunirent leurs efforts pour créer un monstre qui surpassât en laideur, en force et en cruauté les monstres les plus hideux qu'eût produits la terre. Mais comme le Seigneur, qui jusqu'alors avait habité avec eux, s'était retiré, ils ne purent rien créer d'abord. Enfin, après beaucoup de conjurations adressées aux éléments qu'ils croyaient gouverner, ils firent sortir de terre un dragon redoutable, et le forcèrent avec des menaces de marcher contre la créature de Dieu. Mais celle-ci, le voyant venir, monta sur le cheval, appela l'hippopotame, le taureau, et tous les animaux forts de la terre et de la mer, et les oiseaux forts du ciel, et tous se rangèrent autour d'elle comme une armée. Le cheval bondit d'orgueil sous son maître, et le porta comme un roi à la rencontre de l'ennemi. Alors le dragon épouvanté revint vers ceux qui l'avaient envoyé, et leur dit : — Vous voyez ce qui arrive; toutes les créatures se rangent sous sa loi, celui-ci est le roi de la terre, et l'esprit de Dieu est en lui. — Et le dragon étendant ses ailes, l'Esprit de ténèbres qui était en lui s'envola, et sa dépouille restant par terre, l'étranger la ramassa, la regarda, et s'en fit un vêtement pour traverser les régions froides.

Car elle continua sa course vers le nord, et parcourut le monde entier, se construisant partout des chariots avec les arbres des forêts et les métaux de la terre; mangeant de tous les fruits; se faisant aimer et servir par toutes les créatures; traversant les fleuves à la nage, ou sur des nacelles que son adresse improvisait; s'habituant à tous les climats; prenant son sommeil à l'ombre des forêts, à l'abri dans les grottes, ou dans des tentes de feuillage qu'elle dressait au coucher du soleil; sachant tirer le feu d'un caillou ou d'une branche sèche, et partout louant l'Éternel, chantant ses bienfaits, et implorant son appui.

Quand cet être singulier eut fait le tour de la terre et s'y fut installé comme dans son domaine, les Esprits de révolte, enchaînés jusque-là par la curiosité, résolurent de détruire ce qu'ils croyaient être leur ouvrage, et de bouleverser le globe, afin d'anéantir leur ennemi avec lui. — Ouvre une crevasse sous ses pieds, dirent-ils à la terre, et dévore-le dans la gueule béante de tes abîmes. — Mais la terre refusa d'obéir, et répondit : Celui-ci est l'envoyé de Dieu, le roi de la création. Ils dirent au volcan de l'envelopper d'un lac de feu et de faire pleuvoir sur lui des pierres embrasées; mais le volcan refusa, et répondit comme la terre. La mer refusa d'inonder, et l'air de laisser passer la foudre. Alors les Esprits virent qu'ils n'avaient plus de pouvoir, et, feignant de se soumettre à l'envoyé de Dieu, ils s'offrirent au Seigneur pour être les ministres de son favori. Mais Dieu, connaissant leur dessein, répondit : La mer ne sortira plus de ses bornes, la terre ne quittera plus la voie que je lui ai tracée dans l'espace, le soleil ne s'éteindra plus, l'air ne sera plus infecté de miasmes fétides; vous serez enchaînés à jamais, et vous obéirez en esclaves, non pas à mon envoyé, mais à l'ordre que je vous assigne, et qui est ma parole, la loi éternelle de l'univers. Quant à celui-ci, que vous ne connaissez pas, c'est mon œuvre, et je l'ai faite en souriant pour vous railler et vous montrer que par vous-mêmes vous ne pouvez rien. Je lui ai donné les besoins des animaux, un corps frêle, sans défense et sans vêtement; je l'ai mise nue sur la terre. Et vous voyez qu'en un jour elle a eu des chaussures, des vêtements, des esclaves, de quoi pourvoir à tous ses besoins, et régner sur la force sans posséder la force. Vous n'avez pas compris où était sa puissance, et voyant qu'elle n'avait les avantages naturels d'aucun animal, vous vous êtes demandé comment elle savait gouverner l'instinct de tous les animaux et leur commander. C'est que j'ai mis en elle une étincelle de mon esprit, et qu'elle est à la fois corps et intelligence, matière et lumière. Allez, et que le monde soit son héritage. Elle ne vous commandera pas, car elle pourrait, comme vous, s'enivrer d'orgueil et succomber à son tour. Allez, et sachez le nom du plus beau de mes anges, c'est l'homme.

II.

La terre devint donc l'apanage de l'homme : il n'avait ni ailes d'or, ni auréole de lumière; il ne pouvait contempler les splendeurs du tabernacle de Jéhovah; mais la part d'intelligence qu'il avait reçue était si grande, qu'il savait toutes les merveilles de l'univers sans les avoir jamais vues, et qu'il aimait Dieu et le servait mieux que les séraphins brûlants qui environnent son trône. Son âme voyait ce que les yeux de son corps ne pouvaient apercevoir. Il devinait par la réflexion les plus profonds mystères de la nature, et sa pensée était plus rapide que l'éclair.

Ce que voyant, les Esprits jaloux se disaient entre eux : Dieu a fait pour celui-ci plus que pour nous tous. Le plus petit insecte, il est vrai, s'élève plus haut que lui dans l'air qu'il respire ; mais le plus puissant des Archanges ne saurait monter aussi hardiment et aussi vite dans l'éther de l'immensité que l'esprit de l'homme par sa volonté.

Et Dieu, se complaisant dans son ouvrage, créa beaucoup d'autres hommes semblables au premier, et en couvrit la face de la terre, en leur disant : La terre est à vous, cultivez-la, et vivez de ses fruits. Gouvernez les animaux ; les espèces ne périront plus, la terre ne sera plus ravagée, les plantes et les animaux se reproduiront toujours, et vous, vous ne mourrez point.

Les hommes vivaient ensemble, et ils étaient heureux ; ils ne connaissaient pas le mal, et ils étaient purs, sans avoir la vanité de savoir qu'ils l'étaient ; car ils l'étaient tous également, et ils ne s'imaginaient point que la source de leur grandeur fût en eux-mêmes. Ils adoraient le Seigneur, et se servaient de ses dons avec frugalité. Ils respectaient la vie des animaux, et n'employaient leur dépouille à leur usage que lorsque les animaux mouraient selon les lois de la nature. Ils considéraient les bêtes comme des productions choisies de la matière, qui, étant douées de sensibilité et d'une sorte de volonté, avaient des droits sacrés à leur protection. Les bêtes ne s'enfuyaient pas à leur approche, et comme le chien obéit encore aujourd'hui à son maître et comprend ses ordres, le lion, le castor et tous les autres animaux comprenaient le geste, le regard et l'autorité de l'homme; ils l'aidaient à bâtir des maisons, des temples, à exécuter des migrations sur les continents, à cultiver la terre, à travailler les métaux et à les façonner, non en vile monnaie ou en armes cruelles, mais en instruments de travail et en ornements pour les temples.

Or, tout était commun parmi les hommes, le travail et les fruits de la terre. Ils se regardaient tous comme vivant sous la volonté de Dieu, chargés de veiller à l'équilibre de cette nature dont ils étaient rois; ils s'occupaient sans cesse à réparer les ravages des précédents cataclysmes, à dessécher les marais fétides qui corrompaient l'air et engendraient trop de reptiles et d'insectes, à ouvrir des canaux pour l'écoulement des lacs et des étangs, à rassembler en troupeaux les animaux trop nombreux sur certains points du globe, et à les conduire vers d'autres régions désertes, à distribuer de même la végétation selon les climats qui lui convenaient; car, avant l'homme, la matière, livrée à sa vorace faculté de produire, s'épuisait sans cesse, et, renaissant de ses propres débris, offrait partout des ruines auprès des créations nouvelles. Cet homme, que les Esprits des terribles éléments avaient pris d'abord pour un souffle débile dans le corps d'une bête avortée, devint donc, sans autre magie et sans autre prestige que sa patience et son industrie, plus puissant que les éléments eux-mêmes. La terre fut bientôt un jardin si beau et si fécond, que les anges du ciel venaient s'y promener, et ne pouvant converser directement avec les hommes, parce que Dieu l'avait défendu, ils chantaient doucement dans les brises et dans les flots, et les hommes les voyaient alors en songe avec les yeux de l'âme.

Mais il arriva que, la terre étant pacifiée et embellie et l'ordre des saisons réglé, le travail devint moins actif. Les hommes eurent plus de temps à donner à la prière et à la méditation : leur nombre n'augmentait pas et ne diminuait pas ; il avait été calculé par l'Éternel, pour opérer les grands travaux, qui se terminaient maintenant, et l'esprit humain commençait à souffrir de sa propre force et à désirer quelque chose au delà de ce qu'il possédait. Les hommes voulaient, pour faire cesser leur inquiétude, que Dieu leur accordât un don ; mais ils ne savaient lequel, car ils ne souffraient que parce qu'ils ne manquaient plus de rien.

Leur sommeil devint moins paisible ; durant les belles nuits d'été, ils s'asseyaient par groupes sur les hauteurs, et au lieu de contempler avec bonheur, comme autrefois, le cours des astres et la beauté de la voûte céleste, ils soupiraient tristement, et dans leurs cantiques éplorés ils demandaient à Dieu de faire cesser leur ennui.

Alors il y en eut qui dirent : — Les bêtes souffrent les maladies du corps, et elles meurent ; les hommes ne sont pas soumis aux maux de la chair, et ne meurent pas. Bénissons Dieu. Mais l'esprit de l'homme souffre une douleur dont il ne sait pas le remède. Demandons à Dieu qu'il nous ôte la réflexion, et nous laisse seulement l'intelligence nécessaire pour commander aux animaux.

Mais cet avis fut combattu par quelques-uns, qui considéraient la richesse de leur intelligence comme ce qu'ils avaient de plus précieux au monde.

Il y en eut alors d'autres qui s'avisèrent d'un désir plus noble, et dirent : Nous avons comparé le sommeil paisible des bêtes aux aspirations de nos veilles brûlantes, et nous avons découvert les causes de nos ennuis ; dépêchons les oiseaux en messagers aux hommes de tous les pays. Et quand la foule, accourue de toutes parts, se fut réunie autour de ces sages, debout sous le portique des temples, ils parlèrent ainsi :

— Le malheur de l'homme ne vient pas d'une cause accidentelle ; cette cause est son organisation défectueuse et le triste destin qu'il accomplit dans l'univers. C'est un être borné dans ses jouissances, quoique infini dans ses désirs. Il souffre, et ne sait comment se guérir : cela est injuste, car les animaux connaissent la plante qui doit leur rendre l'appétit lorsqu'ils l'ont perdu, et l'âme de l'homme ne peut embrasser le but de ses vagues désirs. Mais ce n'est pas le seul avantage que les bêtes aient sur nous. Elles sont divisées en sexes différents ; c'est pourquoi elles se cherchent, se rapprochent et s'unissent dans une extase qui les élève au-dessus d'elles-mêmes, et qui nous est inconnue. Le charme qui les attire est si puissant, qu'il n'est aucune caresse, aucune menace de l'homme, aucun attrait de la gourmandise, aucune injonction de la faim qui les empêche de courir au fond des bois et des vallées à la suite les unes des autres. Le tigre ou le lion enfermé loin de sa compagne se couche en rugissant, et semble renoncer à la vie, car il refuse toute nourriture. Le cheval séparé de la cavale, le taureau de la génisse, au temps de leurs amours, deviennent indociles, et brisent les chariots. Tous devinent l'approche de leur compagne : le loup sent venir la louve du fond des forêts ténébreuses ; le chien hurle et tressaille à l'arrivée de la lice sans la voir ni l'entendre ; l'oiseau sait se frayer une route au travers des plaines immenses de l'air pour aller rejoindre sa compagne : il n'a vu qu'un point noir vers l'horizon, et pourtant il ne se trompe pas ; l'ibis ne court point après la grue, ni le chardonneret après la mésange. Qui donc leur enseigne ces merveilleux instincts qui ne sont pas donnés à l'homme ? C'est l'amour qu'ils ont pour un sexe différent du leur.

Quant à nous, nous ne connaissons pas ces sublimes extases, ces transports de joie et ces caresses enivrantes : nous aimons à converser ensemble, à partager nos repas ; mais cette amitié n'est pas assez puissante pour que la séparation soit désespérée, ni pour que le battement du cœur nous annonce l'approche de l'ami absent. Nous n'avons que des peines légères et des joies tièdes. Dieu seul, Dieu notre immortel principe, nous ravit d'une joie inaccoutumée ; mais pouvons-nous toujours penser à lui ? Sa grandeur, que nous adorons, nous défend-elle de comparer notre destinée à celle des autres créatures, et de leur envier les biens que nous n'avons pas ? —

D'autres hommes se levèrent à leur tour, et dirent : — Les bêtes ont encore un avantage que nous n'avons pas. Elles se reproduisent d'elles-mêmes, elles donnent la vie à des créatures de leur espèce, qui sont leur chair et leur sang. Il y a plusieurs siècles, avant que la terre fût tranquille et féconde, la reproduction nous semblait une tâche pénible, un sceau de misère imprimé à la matière. Nous avions compassion de la jument obligée de porter son fruit dans son flanc durant le cours de plusieurs lunes, de la perdrix forcée de couver patiemment ses œufs et de les féconder par la chaleur de son sein. Nous pensions que l'homme avait assez de cultiver la terre et de protéger les animaux ; que Dieu, dans sa sagesse, l'avait dispensé du rude travail de la génération, et lui avait donné l'immortalité, la jeunesse et la santé éternelle, pour marquer sa royauté sur la terre. Mais aujourd'hui nos grands travaux sont accomplis. Les animaux, libres et paisibles sous notre domination, s'aiment avec plus de bonheur encore, et nous voyons en eux des joies et des forces que nous n'avons pas. Nous admirons le soin avec lequel l'hirondelle nourrit sa compagne accroupie sur ses œufs, nous admirons surtout la mère qui décrit de grands cercles dans les cieux pour attraper une pauvre mouche, dont elle se prive afin de l'apporter à ses enfants, car les oiseaux à cette époque sont maigres et malades ; mais le gazouillement de leurs oisillons semble les réjouir plus que toutes les graines d'un champ, et plus encore peut-être que les caresses de l'amour. Les plus faibles créatures acquièrent alors une folle audace pour la défense de ce qu'elles ont de plus cher : la brebis défend son agneau contre le loup, et la poule, cachant ses poussins sous son aile, glousse avec colère quand le renard approche ; c'est elle qui meurt la première, et l'ennemi est forcé de passer sur son cadavre pour s'emparer de la famille abandonnée.

Tout cela n'est-il pas digne d'admiration ? et s'il y a des fatigues et des douleurs attachées à ces devoirs, n'y a-t-il pas des ravissements et des émotions qui les rachètent ? Quand ce ne serait que pour chasser l'ennui que nous éprouvons, ne devrions-nous pas les demander à Dieu ? —

Quand ceux-là eurent dit, il y en eut d'autres qui répondirent : — Avez-vous songé à ce que vous proposez ? Si l'homme se reproduisait sans cesser d'être immortel, la terre ne pourrait bientôt lui suffire. Voulez-vous accepter la maladie, la vieillesse et la mort en échange des biens et des maux dont vous parlez ? Lequel de nous peut concevoir l'idée de mourir ? N'est-ce pas demander à Dieu qu'il fasse de nous la dernière créature du monde ? Lequel de nous voudra renoncer à être ange ?

— Nous ne sommes pas des anges, reprirent les premiers. Les anges que nous voyons dans nos rêves ont des ailes pour parcourir l'immensité, et quoiqu'ils se révèlent à nous sous une forme à peu près semblable à la nôtre, cette forme n'est pas saisissable ; nous ne pouvons les retenir au matin, lorsqu'ils s'éloignent ; nous embrassons le vide, ils nous échappent comme notre ombre au soleil. Ils n'ont de commun avec nous que l'esprit, lequel n'est que la moitié de nous-mêmes. Nous appartenons à la terre où notre corps est à jamais fixé. Si nous sommes condamnés à la misère d'exister corporellement, pouvons-nous sans injustice être privés des avantages accordés aux autres animaux ? Pourquoi serions-nous imparfaits et déshérités du bonheur qui leur est échu ? —

Ces différents avis excitèrent dans l'esprit des hommes une douloureuse inquiétude. Les uns pensaient qu'en effet la partie physique était incomplète chez eux; les autres répondaient que l'immortalité, l'absence de maladie et de caducité, étaient des compensations suffisantes à cette absence de sexe.

Et, en effet, rien n'était plus suave et plus paisible en ce temps-là que le sort de l'homme. N'éprouvant que des besoins immédiatement satisfaits par la fécondité de la terre et la liberté commune, la faim, la soif et le sommeil étaient pour lui une source de jouissance douce et jamais de douleur. La privation était inconnue; aucun despotisme social n'imposait les corvées et la fatigue; il n'y avait ni larmes, ni jalousies, ni injustices, ni violences. Rien n'était un sujet de rivalité ou de contestation. L'abondance régnait avec l'amitié et la bienveillance.

Mais cette secrète inquiétude, qui est la cause de toutes les grandeurs et de toutes les misères de l'esprit, tourmentait presque également ceux qui désiraient un changement dans leur sort et ceux qui le redoutaient.

Alors les hommes firent de grandes prières dans les temples, et ils invoquèrent Dieu afin qu'il daignât se manifester.

Mais l'Éternel garda le silence; car il veut que les hommes et les anges soient librement placés entre l'erreur et la vérité. Autrement l'ange et l'homme seraient Dieu.

III.

Mais comme le cœur de l'homme était humble et doux en ce temps-là, la sagesse éternelle fut touchée; car les hommes ne disaient pas : — Il nous faut cela, fais-le; mais ils disaient : — Tu sais ce qui nous convient, sois béni; — et ils souffraient sans blasphémer.

La Sagesse, la Miséricorde et la Nécessité, les trois essences infinies du Dieu vivant, tinrent conseil dans le sein de l'Éternel; et comme il fallait que l'homme connût l'amour ou la mort, la matière ne pouvant s'augmenter indéfiniment, l'Esprit saint dit par la bouche de la sagesse :

« Livrons l'homme aux chances de sa destinée; que sa vie sur la terre soit éphémère et douloureuse, qu'il connaisse le bien et le mal, et qu'entre les deux il soit libre de choisir. »

Alors le Verbe de miséricorde ajouta : « Que dans la douleur il ait pour remède l'espérance, et dans le bonheur pour loi la charité. »

Jehovah envoya donc ses anges sur la terre en leur disant : « Qu'il soit fait à chaque homme selon son désir. »

Et l'ange étant entré la nuit dans la demeure des hommes, et au nom de l'Éternel ayant interrogé leurs pensées, il n'en trouva qu'un seul qui désirât l'amour au point d'accepter la mort sans crainte. C'était un de ceux qui n'avaient jamais rien demandé au Seigneur. Il vivait retiré sur une montagne, occupé le soir à contempler les étoiles, et le jour à nourrir les chevrettes et les chamois. C'était une âme forte et un des plus beaux parmi les anges terrestres.

L'ange du sommeil l'appela, et lui dit comme aux autres hommes : — Fils de Dieu, demandes-tu la fille de Dieu? Et cet homme, au lieu de répondre en frissonnant comme les autres : Que la volonté de Dieu soit faite, s'écria, en se soulevant sur sa couche : — Où est la fille de Dieu? L'ange lui répondit : — Sors de ta demeure, tu la trouveras au bord de la source, elle vient vers toi, elle vient du sein de Dieu.

Alors l'ange disparut, et l'homme, s'étant levé plein de surprise, se sentit accablé d'une grande tristesse; car il pensa que c'était un vain songe, et que la fille de Dieu n'était pas au bord de la source.

Cependant il se leva et sortit de sa demeure, et il trouva la fille de Dieu qui marchait vers lui, mais qui, le voyant venir, s'arrêta tremblante au bord de la source.

Et comme la source était sombre, et qu'il distinguait à peine une forme vague, il lui dit : — Êtes-vous la fille de Dieu ? — Oui, répondit-elle, et je cherche le fils de Dieu.

— Je suis le fils de Dieu, reprit l'homme, vous êtes ma sœur et mon amour. Que venez-vous m'annoncer de la part de Dieu ?

— Rien, répondit la femme, car Dieu ne m'a rien enseigné, et je ne sais pourquoi il m'envoie. Il y a un instant que j'existe ; j'ai entendu une voix qui m'a dit : « Fille de Dieu, va sur la terre, et tu trouveras le fils de Dieu qui t'attend. » J'ai reconnu que c'était la voix de l'Éternel, et je suis venue.

L'homme lui dit : — Suis-moi, car tu es le don de Dieu, et tout ce qui m'appartient t'appartient.

Il marcha devant elle, et elle le suivit jusqu'à la porte de sa demeure, qui était faite de bois de cèdre et recouverte d'écorce de palmier. Il y avait un lit de mousse fraîche ; l'homme cueillit les fleurs d'un rosier qui tapissait le seuil, et, les effeuillant sur sa couche, il y fit asseoir la femme en lui disant : — L'Éternel soit béni.

Et, allumant une torche de mélèze, il la regarda, et la trouva si belle qu'il pleura, et il ne sut quelle rosée tombait de ses yeux, car jusque-là l'homme n'avait jamais pleuré.

Et l'homme connut la femme dans les pleurs et dans la joie.

Quand l'étoile du matin vint à pâlir sur la mer, l'homme s'éveilla ; il ne faisait pas encore jour dans sa demeure. Se souvenant de ce qui lui était arrivé, il n'osait point tâter sa couche, car il craignait d'avoir fait un rêve, et il attendit le jour, désirant et redoutant ce qu'il attendait.

Mais la femme, qui s'était éveillée, lui parla, et sa voix fut plus douce à l'homme que celle de l'alouette qui venait chanter sur sa fenêtre au lever de l'aube.

Mais aussitôt il se mit à verser des pleurs d'amertume et de désolation.

Ce que voyant, elle pleura aussi, et lui dit : — Pourquoi pleures-tu ?

— C'est, dit l'homme, que je t'ai, et que bientôt je ne t'aurai plus, car il faut que je meure ; c'est à ce prix que je t'ai reçue de l'Éternel. Avant de te voir, je ne m'inquiétais pas de mourir ; la faiblesse et la peur sont entrées en moi avec l'amour. Car tu vaux mieux que la vie, et pourtant je te perdrai avec elle.

La femme cessa de pleurer, et, avec un sourire qui fit passer dans le cœur de l'homme une espérance inconnue, elle lui dit : — Si tu dois mourir, je mourrai aussi, et j'aime mieux un seul jour avec toi que l'éternité sans toi.

Cette parole de la femme endormit la douleur de l'homme. Il courut chercher des fruits et du lait pour la nourrir, et des fleurs pour la parer. Et, dans le jour, quand il se remit au travail, il planta de nouveaux arbres fruitiers, en songeant au surcroît de besoins que la présence d'un nouvel être apportait dans sa retraite, sans songer qu'un arbre serait moins prompt à grandir que lui et la femme à mourir.

Cependant le souci avait pénétré chez lui avec la femme. La pensée de la mort empoisonnait toutes ses joies. Il priait Dieu avec plus de crainte que d'amour ; les moindres bruits de la nuit l'effrayaient, et, au lieu d'écouter avec une religieuse admiration les murmures des grandes mers, il tressaillait sur son lit, comme si la voix des éléments eût pleuré à son oreille, comme si les oiseaux de la tempête lui eussent apporté des nouvelles funèbres. La femme était plus courageuse ou plus imprévoyante. Ses faibles membres se fatiguaient vite, et, quand son époux trouvait dans le travail une excitation douloureuse, elle s'étendait nonchalante sur les fleurs de la montagne, et s'endormait dans une sainte langueur en murmurant des paroles de bénédiction pour son époux et pour son Dieu.

Elle ne savait rien des choses de la terre où elle venait d'être jetée ; elle trouvait partout de la joie, et ne s'effrayait de rien. La brièveté de la vie, si terrible pour l'homme, lui semblait un bienfait de la Providence. L'homme la contemplait chaque jour avec une surprise et une admiration nouvelles. Il la regardait comme supérieure à lui, malgré sa faiblesse, et souvent il lui disait : — Tu n'es pas ma sœur, tu n'es pas ma femme, tu es un ange que Dieu m'a envoyé pour me consoler, et qu'il me reprendra peut-être dans quelques jours, car il est impossible que tu meures. Une si belle création ne peut pas être anéantie. Promets-moi que, si tu me vois mourir, tu retourneras aux cieux, pour n'appartenir à personne après moi.

Et elle promettait en souriant tout ce qu'il voulait, car elle ne savait pas si elle était immortelle ; elle ne s'en inquiétait pas, pourvu que son époux lui répétât sans cesse qu'il l'aimait plus que sa vie.

Or, ils vivaient sur une montagne élevée, loin des lieux habités par les autres hommes ; car l'époux de la femme, tourmenté de crainte, avait transporté sa demeure et ses troupeaux dans le désert, afin de mieux cacher le trésor qui faisait son bonheur et ses angoisses.

— Je ne comprends pas, lui disait-il, le sentiment que vous m'avez inspiré pour mes frères. Je les chérissais avant de vous connaître, et, malgré mon goût pour la solitude, j'aurais tout partagé volontiers avec eux. Quand je descendais dans la vallée aux jours de fête, leur vue réjouissait mon âme, et je priais avec plus de ferveur prosterné au milieu d'eux dans le temple. Aujourd'hui leur approche m'est odieuse, et quand je les vois de loin je me cache, de peur qu'ils ne m'abordent et ne cherchent à pénétrer aux lieux où vous êtes. A la seule idée qu'un de mes frères pourrait vous apercevoir, je frissonne comme si l'heure de ma mort était venue. L'autre jour j'ai vu près d'ici la trace d'un pied humain sur le sable, et j'aurais voulu être un rocher pour attendre au bord du sentier l'audacieux qui pouvait revenir, et l'écraser à son passage. Mais, hélas! ajoutait-il, les autres hommes sont immortels, et seul je puis craindre la chute d'un rocher. Si je tombais dans un précipice, vous descendriez dans la vallée pour être nourrie et protégée par un autre homme, et vous m'auriez bientôt oublié; car il n'est pas un de ces immortels qui ne fît le sacrifice de son immortalité pour vous posséder. C'est pourquoi, malgré mon amour pour vous, je ne puis m'empêcher de désirer que la mort vous atteigne aussitôt que moi.

Et la femme lui répondait : — Si tu tombais dans un ravin, je m'y jetterais après toi; et si Dieu me refusait la mort, je mutilerais mon corps et je détruirais ma beauté pour ne pas plaire à un autre.

Lorsque la femme mit au monde son premier né, il lui sembla que sa mort était proche, car elle sentait de grandes douleurs; et comme son époux criait avec angoisses vers le Seigneur, elle lui dit : Ne pleurez point et réjouissez-vous, car mon corps se brise, et mon âme est heureuse de ce qui m'arrive ; je sens que je ne suis pas immortelle, et que je ne resterai pas sans vous sur la terre.

L'époux de la femme fut rencontré dans les montagnes par quelques-uns de ses frères, et ceux-ci virent qu'il était pâle et maigri, et qu'une singulière inquiétude était répandue sur sa figure. Ils racontèrent ce qu'ils avaient vu ; et comme jusque-là les fatigues et l'ennui n'avaient point été assez rudes à l'esprit de l'homme pour que son corps indestructible pût en recevoir une telle altération, chacun s'étonna de ce qu'il entendait de la bouche de ces témoins, comme s'ils eussent annoncé l'apparition d'une nouvelle race dans le monde, ou une perturbation dans l'ordre de la nature.

Plusieurs, entraînés par la curiosité, s'enfoncèrent dans les montagnes pour chercher leur frère ; mais il avait si bien caché sa demeure derrière les lianes des forêts et les pics des rochers qu'il se passa plusieurs années avant qu'on la découvrît. Enfin il fut rencontré, et ceux qui le virent s'écrièrent : — Homme, quel mal as-tu fait pour être ainsi vieilli et malade comme les animaux périssables? Il répondit : — Je ne ressemble pas à mes frères, mais je n'ai fait aucun mal, et Dieu m'a visité et révélé plusieurs secrets que je vous enseignerai. Il parlait ainsi pour donner le change à leur curiosité, et pendant la nuit il essaya de transporter sa famille dans un lieu encore plus inaccessible. Mais le jour le surprit avant qu'il fût parvenu à sa nouvelle retraite, et il fut rencontré avec sa femme montée sur un âne sauvage, et ses enfants, dont le plus jeune était dans ses bras.

A cette vue, les voyageurs se prosternèrent ; la femme leur parut si belle qu'ils la prirent pour un ange ; et, malgré la résistance de l'époux, ils l'entraînèrent dans la vallée, la firent entrer dans le temple, et, lui élevant un autel, ils l'adorèrent. Ce fut la première idolâtrie.

L'époux espérait que le respect les empêcherait de convoiter cette femme ; mais elle, craignant d'offenser le Seigneur, brisa les liens de fleurs dont on l'avait enlacée, et tomba dans les bras de son époux en s'écriant :
— Je ne suis point une divinité, mais une esclave de Dieu, une créature périssable et faible, la femme et la sœur de cet homme. Je lui appartiens, parce que Dieu m'a envoyée vers lui ; si vous essayez de m'en séparer, je me briserai la tête contre cet autel, et vous me verrez mourir, car je suis mortelle, et mon époux l'est aussi.

A ces mots, les voyageurs éprouvèrent une émotion inconnue, et furent saisis d'une sympathie étrange pour ces deux infortunés ; comme ils étaient bons et justes, ils respectèrent la fidélité de la femme. Ils la contemplèrent avec admiration, prirent ses enfants dans leurs bras, et, ravis de leur beauté délicate et de leurs naïves paroles, ils se mirent à les aimer.

Alors le peuple immortel, tombant à genoux, s'écria :
— O Dieu, ôte-nous l'immortalité, et donne à chacun de nous une femme comme celle-ci ; nous aimerons ses enfants, et nous travaillerons pour notre famille jusqu'à l'heure où tu nous enverras la mort ; nous te bénirons tous les jours si tu exauces notre vœu.

La voûte du temple fut enlevée par une main invisible, un escalier ardent, dont chaque marche était une nuance de l'arc-en-ciel, parut se dérouler jusqu'à la terre. Du sommet invisible de cet escalier, on vit descendre des formes vagues et lumineuses, qui peu à peu se dessinèrent en se rapprochant ; des chœurs de femmes plus belles que toutes les fleurs de la terre et toutes les étoiles des cieux remplirent le sanctuaire en chantant ; un ange était venu s'abattre sur le dernier degré, et à chaque femme qui le franchissait, il appelait un homme qu'il choisissait selon les desseins de Dieu, et mettait la main de l'époux dans la sienne.

Quelques hommes, cependant, voulurent conserver leur immortalité. Mais l'amour de la femme était si enivrant et si précieux, qu'ils ne purent résister au désir de le goûter, et qu'ils essayèrent de séduire les femmes de leurs frères. Mais ils moururent de mort violente ; Dieu les châtia, afin que le premier crime commis sur la terre n'eût point d'imitateurs.

Pendant long-temps, malgré les souffrances de cette race éphémère, l'âge d'or régna parmi les hommes, et la fidélité fut observée entre les époux.

Mais peu à peu le principe divin et immortel qui avait animé les premiers hommes s'affaiblissant de génération en génération, l'adultère, la haine, la jalousie, la violence, le meurtre et tous les maux de la race présente se répandirent dans l'humanité ; Dieu fut obligé de voiler sa face et de rappeler à lui ses anges. La Providence devint de plus en plus mystérieuse et muette, la terre moins féconde, l'homme plus débile, et sa conscience plus voilée et plus incertaine. Les sociétés inventèrent, pour se maintenir, des lois qui hâtèrent leur chute ; la vertu devint difficile et se réfugia dans quelques âmes choisies. Mais Dieu infligea pour châtiment éternel à cette race perverse le besoin d'aimer. A mesure que les lois plus absurdes ou plus cruelles multipliaient l'adultère, l'instinct de mutuelle fidélité devenait de jour en jour plus impérieux : aujourd'hui encore il fait le tourment et le regret des cœurs les plus corrompus. Les courtisanes se retirent au désert pour pleurer l'amour qu'elles n'ont plus droit d'attendre de l'homme, et le demandent à Dieu. Les libertins se désolent dans la débauche et appellent avec des sanglots furieux une femme chaste et fidèle qu'ils ne peuvent trouver. L'homme a oublié son immortalité ; il s'est consolé de ne plus être l'égal des anges, mais il ne se consolera jamais d'avoir perdu l'amour, l'amour qui avait amené la mort par la main, et si beau qu'il avait obtenu grâce par la laideur de cette sœur terrible : il ne sera guéri qu'en le retrouvant ; car écoutez les Juifs : ils disent que la femme a apporté en dot le péché et la mort, mais ils disent aussi qu'au dernier jour elle écrasera la tête du serpent, qui est le génie du mal...

Comme Myrza achevait les derniers versets de son poème, des prophètes austères, qui l'avaient entendue, dirent au peuple assemblé autour d'elle : — Lapidez cette femme impie ; elle insulte à la vraie religion et à toutes les religions, en confondant sous la forme allégorique les dogmes et les principes de toutes les genèses. Elle joue sur les cordes de son luth avec les choses les plus saintes, et la poésie qu'elle chante est un poison subtil qui égare les hommes. Ramassez des pierres et lapidez cette femme de mauvaise vie, qui ose venir ici prêcher les vertus qu'elle a foulées aux pieds ; lapidez-la, car ses lèvres souillées profanent les noms de divinité et de chasteté.

Mais le peuple refusa de lapider Myrza. — La vertu, répondit un vieux prêtre d'Esculape, est comme la science : elle est toujours belle, utile et sainte, quelle que soit la bouche qui l'annonce, et nous tirons des plantes les plus humbles que chaque jour le passant foule sur les chemins un baume précieux pour les blessures. Laissez partir cette sibylle ; elle vient souvent ici, nous la connaissons et nous l'aimons. Ses fictions nous plaisent, à nous vieux adorateurs des puissants dieux de l'Olympe, et les jeunes partisans des religions nouvelles y trouvent un fonds de saine morale et de douce philosophie. Nous l'écoutons en souriant, et nos femmes lui font d'innocents présents de jeunes agneaux et de robes de laine sans tache. Qu'elle parte et qu'elle revienne, nous ne la maudissons point ; et si ses voies sont mauvaises, que Minerve les redresse et l'accompagne.

— Mais nous parlons au nom de la vertu, reprirent les prophètes ; nous avons fait serment de ne jamais connaître un embrassement féminin.....

— Hier, interrompit une femme, d'autres prophètes nous engageaient, au nom de je ne sais quel nouveau dieu, à nous abandonner à notre appétit ; et la veille, d'autres nous disaient d'être esclaves d'un seul maître : les uns fixent la chasteté d'une femme au nombre de sept maris, les autres veulent qu'elle n'en ait point ; nous ne savons plus à qui entendre. Mais ce que dit cette Myrza nous plaît : elle nous amuse et ne nous enseigne point. Que ses fautes soient oubliées, et qu'elle soit vêtue d'une robe de pourpre, pour être conduite au temple du Destin, qui est le dieu des dieux.

Et comme les disciples des prophètes furieux s'acharnaient à la maudire et ramassaient de la boue et des pierres, le peuple prit parti pour elle, et voulut la porter en triomphe. Mais elle se dégagea, et, montant sur le dromadaire qui l'avait amenée, elle dit à ce peuple en le quittant : — Laissez-moi partir, et si ces hommes vous disent quelque chose de bon, écoutez-le, et recueillez-le de quelque part qu'il vienne. Pour moi, je vous ai dit ma foi, c'est l'amour. Et voyez pourtant que

je suis seule, que j'arrive seule, et que je pars seule...
Alors Myrza répandit beaucoup de larmes, puis elle ajouta : — Comprenez-vous mes pleurs, et savez-vous où je vais ?

Et elle s'en alla par la route qui mène au désert de Thébaïde.

FIN.

UNE VISITE
AUX CATACOMBES.

— · —

.... *Terra parens.*

Ce qui nous frappa le plus en visitant les Catacombes ce fut une source qu'on appelle le Puits de la Samaritaine.

Nous avions erré entre deux longues murailles d'ossements, nous nous étions arrêtés devant des autels d'ossements, nous avions foulé aux pieds de la poussière d'ossements. L'ordre, le silence et le repos de ces lieux solennels ne nous avaient inspiré que des pensées de résignation philosophique. Rien d'affreux, selon moi, dans la face décharnée de l'homme. Ce grand front impassible, ces grands yeux vides, cette couleur sombre aux reflets de marbre, ont quelque chose d'austère et de majestueux qui commande même à la destruction. Il semble que ces têtes inanimées aient retenu quelque chose de la pensée et qu'elles défient la mort d'effacer le sceau divin imprimé sur elles. Une observation qui nous frappa et nous réconcilia beaucoup avec l'humanité, fut de trouver un infiniment petit nombre de crânes disgraciés. La monstruosité des organes de l'instinct ou l'atrophie des protubérances de l'intelligence et de la moralité ne se présentent que chez quelques individus, et des masses imposantes de crânes bien conformés attestent, par des signes sacrés, l'harmonie intellectuelle et morale qui réunit et anima des millions d'hommes.

Quand nous eûmes quitté la ville des Morts, nous descendîmes encore plus bas et nous suivîmes la raie noire tracée sur le banc de roc calcaire qui forme le plafond des galeries. Cette raie sert à diriger les pas de l'homme dans les détours inextricables qui occupent huit ou neuf lieues d'étendue souterraine. Au bas d'un bel escalier, taillé régulièrement dans le roc, nous trouvâmes une source limpide incrustée comme un diamant sans facettes dans un cercle de pierre froide et blanche ; cette eau, dont le souffle de l'air extérieur n'a jamais ridé la surface, est tellement transparente et immobile, qu'on la prendrait pour un bloc de cristal de roche. Qu'elle est belle et comme elle semble rêveuse dans son impassible repos ! Triste et douce nymphe assise aux portes de l'Érèbe, vous avez pleuré sur des dépouilles amies ; mais dans le silence de ces lieux glacés, vos larmes se sont répandues dans votre urne de pierre, et maintenant on dirait une large goutte de l'onde du Léthé. Aucun être vivant ne se meut sur cette onde ni dans son sein ; le jour ne s'y est jamais reflété, jamais le soleil ne l'a réchauffée d'un regard d'amour, aucun brin d'herbe ne s'est penché sur elle, bercé par une brise voluptueuse : nulle fleur ne l'a couronnée, nulle étoile n'y a réfléchi son image frémissante. Ainsi, votre voix s'est éteinte, et les larves plaintives qui cherchent votre coupe pour s'y désaltérer ne sont point averties par l'appel d'un murmure tendre et mélancolique. Elles s'embrassent dans les ténèbres, mais sans se reconnaître, car votre miroir ne renvoie aucune parcelle de lumière ; et vous aussi, immortelle, vous êtes morte, et votre onde est un spectre.

Larmes de la terre, vous semblez n'être point l'expression de la douleur, mais celle d'une joie terrible, silencieuse, implacable. Cavernes éplorées, retenez-vous donc votre proie avec délices, pour ne la rendre jamais à la chaleur du soleil? Mais non! on est frappé d'un autre sentiment en parcourant à la lueur des torches les funèbres galeries des carrières qui ont fourni à la capitale ses matériaux de construction. La ville souterraine a livré ses entrailles au monde des vivants, et, en retour, la cité vivante a donné ses ossements à la terre dont elle est sortie. Les bras qui creusèrent le roc reposent maintenant sous les cryptes profondes qu'ils baignèrent de leurs sueurs. L'éternel suintement des parois glacées retombe en larmes intarissables sur les débris humains. Cybèle en pleurs presse ses enfants morts sur son sein glacé, tandis que ses fortes épaules supportent avec patience le fardeau des tours, le vol des chars et le trépignement des armées, les iniquités et les grandeurs de l'homme, le brigand qui se glisse dans l'ombre et le juste qui marche à la lumière du jour. Mère infatigable, inépuisable nourrice, elle donne la vie à ceux-ci, le repos à ceux-là; elle alimente et protége, elle livre ses mamelles fécondes à ceux qui s'éveillent, elle ouvre ses flancs pleins d'amour et de pitié à ceux qui s'endorment.

Homme d'un jour, pourquoi tant d'effroi à l'approche du soir? Enfant poltron, pourquoi tressaillir en pénétrant sous les voûtes du tombeau? Ne dormiras-tu pas en paix sous l'aisselle de ta mère? Et ces montagnes d'ossements ne te feront-elles pas une place assez large pour t'asseoir dans l'oubli, suprême asile de la douleur? Si tu n'es que poussière, vois comme la poussière est paisible, vois comme la cendre humaine aspire à se mêler à la cendre régénératrice du monde! Pleures-tu sur le tronc du vieux chêne abattu dans l'orage, sur le feuillage desséché du jeune palmier que le vent embrasé du sud a touché de son aile? Non, car tu vois la souche antique reverdir au premier souffle du printemps, et le pollen du jeune palmier, porté par le même vent de mort qui frappa la tige, donner la semence de vie au calice de l'arbre voisin. Soulève sans horreur ce vieux crâne dont la pesanteur accuse la fatigue d'une longue vie. A quelques pieds au-dessus du sépulcre où ce cadavre d'aïeul est enfoui, de beaux enfants grandissent et folâtrent dans quelque jardin paré des plus belles fleurs de la saison. Encore quelques années, et cette génération nouvelle viendra se coucher sur les membres affaissés de ses pères. Et pour tous la paix du tombeau sera profonde, et toujours la caverne humide travaillera à la dissolution de ses squelettes. Bouche immense, avide, incessamment occupée à broyer la poussière humaine, à communier pour ainsi dire avec sa propre substance, afin de reconstituer la vie, de la retremper dans ses sources inconnues et de la reproduire à sa surface, faisant sortir ainsi le mouvement du repos, l'harmonie du silence, l'espérance de la désolation. Vie et mort, indissoluble fraternité, union sublime, pourquoi représenteriez-vous pour l'homme le désir et l'effroi, la jouissance et l'horreur? Loi divine, mystère ineffable, quand même tu ne te révélerais que par l'auguste et merveilleux spectacle de la matière assoupie et de la matière renaissante, tu serais encore Dieu, esprit, lumière et bienfait.

FIN.

QUELQUES RÉFLEXIONS

SUR

JEAN-JACQUES ROUSSEAU.

FRAGMENT D'UNE RÉPONSE A UN FRAGMENT DE LETTRE.

FRAGMENT DE LA LETTRE.

« . . . . J'allai de là visiter les Charmettes. Pour arriver à l'humble enclos, il faut suivre un petit vallon que traverse un petit ruisseau, et dont les pentes sont tapissées de prairies semées de jeunes taillis et bordées de vieux arbres. C'est un site frais, solitaire et tranquille, qui rappelle un peu nos traînes de *la Renardière*. Après un quart d'heure de marche, on est en face de la maisonnette. — Un toit en croupe dont l'ardoise ternie imite à s'y méprendre des rebardeaux usés par le temps, des contrevents verts, une petite terrasse fermée par une barrière rustique, et, dans son prolongement, le jardinet où Jean-Jacques aimait à cultiver des fleurs. — Le jardin a toujours ma première visite. J'y cherchai le cabinet de houblon ; mais il a disparu. Je cueillis pour vous quelques rameaux d'un vieux buis, que je suppose être un des plus anciens hôtes de cet enclos. L'on assure que l'intérieur des appartements n'a point été changé : c'est un carreau de pièces inégales, des murs peints à la détrempe, avec des oiseaux et des fleurs imaginaires sur les impostes. A part une petite épinette, où Rousseau s'exerça sans doute bien souvent à déchiffrer la musique de Rameau, le surplus du mobilier rappelle beaucoup celui de Philémon ; mais propre et rangé comme si le maître n'était parti que d'hier. Tout ici respire la simplicité, l'innocence et le bonheur. Que de douces et tristes pensées évoque la vue de ces chaumières ! leur histoire est celle de nos plus beaux jours ! jours trop tôt écoulés, et dont il n'est pas sage de rêver le retour !

» Le chemin que j'ai pris pour retourner à Chambéry doit être celui que suivait Rousseau en faisant sa prière du matin, et l'admirable horizon qui s'y déroule de toutes parts est bien fait pour attirer l'âme au ciel. C'est un cadre de hautes montagnes ceignant une vaste plaine variée de prairies, de vergers, de riches guérets, et que découpent en larges festons les flots capricieux de l'Isère, etc. . . . . »

FRAGMENT DE LA RÉPONSE.

« . , ... Surtout, cher Malgache, n'oublie pas le rameau de buis. Nous le mettrons en guise de sinet dans cette vieille Bible hollandaise que mon grand père lui prêta pour composer *le Lévite d'Éphraïm*, et nous léguerons ces reliques à nos petits-enfants.

» *L'histoire de ces chaumières est celle de nos plus beaux jours!* Ce que tu dis là est bien vrai ! Qui de nous n'a pas vécu en imagination aux Charmettes les plus beaux jours de sa jeunesse ! Mon Dieu ! comme ce livre des *Confessions* nous a impressionnés ! Comme il a rempli toute une période de notre vie ! Comme nous l'avons aimé, ce Jean-Jacques, avec tous ses travers et tous ses défauts ! Comme nous avons suivi chacun de ses pas dans la montagne, chacune de ses transformations dans la vie, et comme nous l'avons pleuré en lisant ses dernières pages, les plus belles qu'il ait écrites avec les premiers livres des *Confessions !*

» Comme nous l'avons aimé ! » Dirai-je « comme nous l'aimons encore ? Quant à moi, oui, je lui reste fidèle ; ou plutôt je suis revenu à lui après un refroidissement de quelques années. Il a tant de contradictions apparentes, qu'à l'âge où, moins enthousiastes, nous devenons plus sévères, nous sommes un peu effrayés des taches que nous lui découvrons. Te répéterai-je pourquoi et comment j'ai subi ces alternatives de vénération, de terreur et d'amour ? Tu le sais : nous avons parlé si souvent des *Confessions* sous nos ombrages de la Vallée-Noire ! Souviens-toi que nous tombions toujours d'accord sur ce point, et que c'était même notre conclusion : *Jean-Jacques a été l'un des esprits les plus avancés du siècle dernier, quoiqu'à certains égards il ait conservé des préjugés barbares, qu'il ne faut imputer qu'à l'époque où il écrivait, et qu'il proscrirait aujourd'hui s'il recommençait son œuvre.* Ceci posé et démontré pour nous avec la plus grande évidence, nous nous sentions à l'aise pour entrer avec un respect mêlé de tendresse et de douleur dans la vie privée, dans la conscience intime, dans les *Confessions* de l'immortel ami. L'homme et l'œuvre, c'est-à-dire la conduite et les écrits, si contradictoires en apparence, et si souvent opposés l'un à l'autre dans les déclamations haineuses du temps, nous semblaient au contraire rentrer l'un dans l'autre, et s'expliquer mutuellement, sans qu'il fût besoin de charger la mémoire du grand homme ou de flétrir ceux de ses contemporains qu'il appela ses ennemis, et qui n'eurent d'autre tort que de ne pouvoir le comprendre. Quoique la lecture de ses plaintes éloquentes nous identifiât aux douleurs du philosophe persécuté, et nous fît parfois prendre en haine ceux qui concoururent involontairement au lent suicide de sa vie, nous reconnaissions leur devoir beaucoup de ménagements quand nous examinions de près les choses, quand nous lisions les pièces de ce long et amer procès intenté par lui à eux dans les *Confessions*, par eux à lui dans les mémoires où ils ont essayé de le rabaisser pour se justifier, quand nous songions surtout que cette cause est encore pendante devant le tribunal de l'opinion, et qu'elle affecte diversement les esprits sans avoir reçu la solution définitive que les parties ont réclamée avec tant de chaleur, et que Jean-Jacques, en plusieurs endroits, demande à la postérité d'un ton à faire tressaillir les juges les plus farouches.

» Te souviens-tu comme nous avons compulsé le dossier de cette grande affaire dans le précis qui accompagnait l'édition de 1824? Ce soin consciencieux qu'on avait alors de justifier Jean-Jacques par des faits fut très-louable, et il a porté ses fruits. Mais à mesure que le temps marche et que les impressions personnelles, les haines de parti, les susceptibilités de famille et les préjugés de caste s'effacent derrière nous, le jugement des hommes devient plus impartial, et l'auteur d'*Émile*, excusé et justifié sur certains points, reste inexcusable et injustifiable sur certains autres. Quelle sera donc l'impression de nos fils lorsque, fermant ce livre, si attachant et si fatigant, tantôt si brillant de poésie et tantôt si lourd de réalité, cynique et sublime tour à tour, ils se demanderont, au milieu du scepticisme de l'époque, ce que c'est que la grandeur humaine, et à quoi servent l'éloquence, les hautes inspirations, les rêves généreux, si toutes ces choses aboutissent, dans la vie de Jean-Jacques, au crime, au désespoir, à la misère, à l'isolement, à la folie, au suicide peut-être ?

» Cette question de toute une jeune génération n'est pas sans importance, et ce serait un devoir sérieux d'y répondre. Le temps n'est plus où l'on se tirait d'affaire en cachant les clefs de la bibliothèque, tandis que le bourreau lacérait solennellement de sa main souillée les protestations de la liberté morale, et qu'un mot de madame de Pompadour étouffait la voix des philosophes. Les modernes arrêts de l'intolérance administrative frappent aujourd'hui plus vainement encore, et nos enfants lisent, malgré les cuistres de tout genre qui aspirent à la direction des idées. Les œuvres de Voltaire et de Jean-Jacques sont dans la poche des étudiants tout aussi bien que sur le bureau des prétendus gardiens de la morale publique. Tous s'y complaisent, ceux qui condamnent sans appel comme ceux qui approuvent sans restriction. Si Jean-Jacques vivait, il irait encore en prison ou en exil; il se trouverait encore des mains pleines de péché pour lui jeter des pierres, et des âmes pleines d'amour pour le consoler. La fureur des uns, l'enthousiasme des autres, le placeraient-ils à son véritable rang? J'en doute beaucoup!

» Mais puisque nous voici sur ce chapitre de causerie, qui en vaut bien un autre, essayons à nous deux de le bien juger, sans avoir recours à des preuves matérielles, sans dresser une enquête, et sans chercher ailleurs que dans l'examen philosophique des *Confessions* le sens de cette vie de philosophe, mêlée de bien et de mal, pleine d'amour et d'égoïsme, et présentant ce contraste monstrueux, ces deux faits : la création d'*Émile* et l'abandon de ses propres enfants à la charité publique. En un mot, au lieu de nous attacher à la lettre du plaidoyer, efforçons-nous d'en saisir l'esprit. Il se passera encore du temps avant que cette manière d'envisager les causes soit introduite dans la législation, et que les hommes appelés à prononcer sur d'autres hommes aient vraiment l'intelligence du cœur humain ou se soucient de l'acquérir.

» De tout temps le progrès s'est accompli, n'est-ce pas, par le concours de deux races d'hommes opposées en apparence et même en fait l'une à l'autre, mais destinées à se réunir et à se confondre dans l'œuvre commune aux yeux de la postérité ? La première de ces races se compose des hommes attachés au temps présent. Habiles à gouverner la marche des événements et à en recueillir les avantages, ils sont pleins des passions de leur époque, et ils réagissent sur ces passions avec plus ou moins d'éclat. On les appelle communément *hommes d'action*, et, parmi ces hommes-là, ceux qui réussissent à se mettre en évidence sont appelés *grands hommes*. Je te demanderai la permission, pour te faire mieux entendre ma définition, de les appeler *hommes forts*.

» Ceux de la seconde race sont inhabiles à la science des faits présents, incapables de gouverner les hommes d'une façon directe et matérielle, par conséquent de diriger avec éclat et bonheur leur propre destinée et d'élever à leur profit l'édifice de la fortune. Les yeux toujours fixés sur le passé ou sur l'avenir, qu'ils soient conservateurs ou novateurs, ils sont également remplis de la pensée d'un idéal qui les rend impropres au rôle rempli avec succès par les premiers. On les nomme ordinairement hommes de méditation, et leurs principaux maîtres, appelés aussi *grands hommes* dans l'histoire, je les appellerai *grands* par exclusion ; bien que, dans ma pensée, les autres soient aussi revêtus d'une grandeur incontestable, mais parce que le mot de grandeur s'applique mieux, selon moi, à l'homme détaché de toute ambition personnelle, et celui de force à l'homme exalté et inspiré par le sentiment de son individualité.

» Ainsi donc, deux sortes d'hommes illustres : les forts et les grands. Dans la première série, les guerriers, les industriels, les administrateurs, tous les hommes à succès immédiat, brillants météores jetés sur la route de l'humanité pour éclairer et marquer chacun de ses pas. Dans la seconde, les poëtes, les vrais artistes, tous les hommes à vues profondes, flambeaux divins envoyés ici-bas pour nous éclairer au delà de l'étroit horizon qui enferme notre existence passagère. Les forts déblaient le chemin, brisent les rochers, percent les forêts ; ce sont les sapeurs de l'ambulante phalange humaine. Les autres tracent des plans, projettent des lignes au loin, et lancent des ponts sur l'abîme de l'inconnu. Ce sont les ingénieurs et les guides. Aux uns la force de l'esprit et de la volonté, aux autres la grandeur et l'élévation du génie.

» Je ne prétends pas que ma définition ne soit pas très-arbitraire dans la forme. Selon ma coutume, je demande que tu t'y prêtes, et que tu ne m'interrompes pas en me citant des noms propres, exceptions apparentes qui ne détruiraient pas mon raisonnement quant au fond. Selon cette définition, Napoléon ne serait qu'un *homme fort*, et je sais parfaitement qu'il serait contraire à tous les usages de la langue française de lui refuser l'épithète de *grand*. Je la lui donnerais d'ailleurs d'autant plus volontiers, qu'à bien des égards sa vie privée me semble empreinte d'une véritable grandeur de caractère qui me le fait admirer au milieu de ses fautes plus qu'au sein de ses victoires. Mais, philosophiquement parlant, son œuvre personnelle n'est pas grande, et la postérité en jugera ainsi. Ce que je dis de lui s'applique à tous les hommes de sa trempe que nous voyons dans l'histoire.

» Ainsi je divise les hommes éminents en deux parts, l'une qui arrange le présent, et l'autre qui prépare l'avenir. L'une succède toujours à l'autre. Après les penseurs, souvent méconnus et la plupart du temps persécutés, viennent des hommes forts qui réalisent le rêve des grands hommes et l'appliquent à leur époque. Pourquoi ceux-là, me diras-tu, ne sont-ils pas grands eux-mêmes, puisqu'ils joignent à la force de l'exécution l'amour et l'intelligence des grandes idées? C'est qu'ils ne sont point créateurs; c'est qu'ils arrivent au moment où la vérité, annoncée par les penseurs, est devenue évidente pour tous, à tel point que les masses consentent, que tous les esprits avancés appellent, et qu'il ne faut plus qu'une tête active et un bras vigoureux (ce qu'on appelle aujourd'hui une grande *capacité*) pour organiser. L'obstacle au succès immédiat des penseurs et à la gloire durable des applicateurs, c'est l'absence de foi au progrès et à la perfectibilité. Faute de cette notion, les institutions ont toujours été incomplètes, défectueuses, et forcément de peu de durée. L'homme fort a voulu toujours se bâtir des demeures pour l'éternité, au lieu de comprendre qu'il n'avait à dresser que des tentes pour sa génération. A peine avait-il fait un pas, grâce aux grands hommes du passé, que, méconnaissant les grands hommes du présent, les traitant de rêveurs ou de factieux, il asseyait sa constitution nouvelle sur des bases prétendues inamovibles, et croyait avoir construit une barrière infranchissable. Mais le flot des idées, montant toujours, a toujours emporté toutes les digues, et il n'y a plus sur les bancs un seul professeur ni un seul écolier qui croient à la perfection de la république de Lycurgue.

» Le jour où la notion du progrès sera consacrée comme principe fondamental de toute législation sur la terre, où la loi, au lieu d'être considérée comme un poteau de mort autour duquel il faut accumuler les cadenas et les chaînes pour enserrer les hommes, mais comme un arbre de vie dont la sève, entretenue avec soin, doit toujours pousser des branches nouvelles pour abriter et protéger l'humanité, ce jour-là les institutions seront revêtues d'un caractère durable, parce que l'essence même de la loi sera le renouvellement perpétuel des formes. Alors il ne sera plus nécessaire qu'une loi tombe en décrépitude et devienne odieuse ou absurde au point d'être violemment abrogée au milieu des convulsions sociales. Toute loi sera développée, continuée, perfectionnée, et, par là, éternelle dans son essence. Les formes successives qu'elle aura revêtues en traversant les siècles pourront être enregistrées dans les archives de la famille humaine et gardées avec respect comme les monuments du passé, au lieu d'être lacérées et foulées aux pieds dans un jour de colère comme des prétentions tyranniques et des obstacles injustes.

» Quand ce jour, dont nous saluons l'aube dans notre pensée, sera venu pour nos descendants, cette vaine distinction des hommes forts et des grands hommes, des penseurs et des réalisateurs, des philosophes et des administrateurs, s'effacera comme un rêve de ténèbres. Le penseur, n'étant plus gêné dans son essor, pourra voir la société accepter ses décisions, et il ne sera plus nécessaire dans les vues providentielles que le martyre sanctionne toute démonstration nouvelle, tout essor de grandeur. L'homme d'action pourra donc être un homme de méditation, n'ayant plus à lutter contre les obstacles sans nombre et sans cesse renaissants qui absorbent et tuent aujourd'hui la raison et la vérité dans les âmes les plus énergiques. Et réciproquement, le penseur, n'étant plus livré à la risée des sots ou à la brutalité des puissants, ne risquera plus comme aujourd'hui de s'égarer à travers les abîmes et de tomber, par l'effet d'une réaction inévitable, dans des erreurs ou dans des travers causés par l'amertume et l'indignation de la souffrance. Jusque-là, nous verrons encore souvent, comme nous voyons toujours dans le passé, ces deux principes en lutte, le présent et l'avenir; et, au lieu de s'unir et de s'entendre dans une œuvre commune, les hommes forts et les grands hommes se livrer une guerre acharnée; les premiers, inintelligents et grossiers malgré tout leur génie d'application, ne voyant que le jour présent et ne produisant que des faits éphémères sans valeur et sans effet le lendemain; les seconds, injustes ou insensés, ne connaissant point assez les hommes de leur époque faute de pouvoir les étudier en paix et en liberté, présumant ou désespérant trop d'eux, se faisant de trop riantes illusions ou se livrant à de trop sombres découragements; astres presque toujours voilés, flambeaux tourmentés par le vent, qui presque tous s'éteignent dans l'orage sans avoir éclairé au delà d'un certain point de la route, malgré de rapides éclairs et de brillantes lueurs.

» Disons-le encore une fois et posons-le en fait : cette erreur de la société engendre des vices inévitables chez ces hommes divers. Les hommes de force sont nécessairement enivrés et corrompus par l'ambition. Le besoin d'agir à tout prix sur des hommes ignorants ou vicieux les force d'abjurer dans leur cœur l'amour de la vérité et de la vertu. Voilà pourquoi je ne puis me résoudre à les placer aussi haut qu'ils le voudraient dans la hiérarchie des intelligences. Leur œuvre est facile, parce qu'ils profitent des éléments qu'ils trouvent dans l'humanité, au lieu d'imprimer à l'humanité une grandeur émanée de Dieu et d'eux-mêmes. Ce ne sont que d'habiles arrangeurs; ils ne créent rien : une conscience timorée est un obstacle qu'ils ne connaissent plus, et, cet obstacle mis de côté, on ne sait pas combien la fortune et la puissance sont faciles à conquérir avec tant soit peu d'intelligence et d'activité. Pour agir dans un milieu corrompu, il est impossible de ne pas se corrompre soi-même, quoiqu'on soit parti avec une bonne intention. — De leur côté, les penseurs, les grands hommes, toujours rebutés par le spectacle de cette corruption, et toujours exaltés par le rêve d'un état meilleur, arrivent aisément à l'orgueil, à l'isolement, au dédain, à l'humeur sombre et méfiante, heureux quand ils s'arrêtent à l'hypocondrie et ne vont pas jusqu'à l'égarement du désespoir.

» De là, Jean-Jacques d'une part; Jean-Jacques le

penseur, l'homme de génie et de méditation, l'homme misérable, injuste et désespéré. De l'autre, Voltaire, Diderot et les *holbachiens*, les hommes du jour, les critiques pleins d'action et de succès (applicateurs de la philosophie du dix-huitième siècle), désorganisant la société sans songer sérieusement au lendemain, pensant, dénigrant et philosophant avec la multitude, hommes puissants, hommes forts, hommes nécessaires, chers au public, portés en triomphe, écrasant et méprisant le misanthrope Rousseau au lieu de le défendre ou de le venger des arrêts de l'intolérance religieuse, contre lesquels il semble qu'ils eussent dû, conformément à leurs principes, faire cause commune avec lui.

» C'est que ces hommes si forts pour détruire (et la destruction était l'œuvre de cette époque-là, œuvre moins sublime mais aussi utile, aussi nécessaire que l'était l'œuvre de Jean-Jacques), c'est, dis-je, que ces hommes d'activité et de popularité ne méritaient pas, rigoureusement parlant, le titre de philosophes. On les appelait ainsi, parce que c'était la mode : tout ce qui n'était pas catholique ou protestant s'appelait philosophe ; mais ils n'étaient, à vrai dire, que des critiques d'un ordre élevé. Ce qui prouve la différence entre eux et Jean-Jacques, c'est que, dès ce temps, dans le monde, on appelait Jean-Jacques *le philosophe*, comme si on eût senti qu'il était le seul. On disait de Voltaire *le philosophe de Ferney :* il était un de ces philosophes du siècle, le plus grand, le plus puissant dans cet ordre de forces; mais Jean-Jacques était le philosophe de tous les temps comme celui de tous les pays. Les définitions instinctives d'une époque ont parfois un sens plus profond qu'on ne pense.

» Nous savons quelle était cette époque où naquit

Rousseau. Nous savons dans quel milieu il se développa. Il l'a exprimé dans ses *Confessions* avec un cynisme effrayant. Ce cynisme de certains détails, qu'un bon goût susceptible voudrait pouvoir supprimer, est pourtant bien nécessaire pour caractériser l'horreur et l'effroi de cet homme éminemment chaste par nature au milieu des turpitudes de son époque. Je ne pense pas que l'aveu des misères auxquelles il fut entraîné ait jamais été contagieux pour les jeunes gens qui l'ont lu. Lorsque, dépravé secrètement lui-même par l'imprudence ou l'abandon de ceux qui devaient veiller sur lui, il se charge consciencieusement de honte et de ridicule, il est difficile de l'accuser d'impudence. Lorsque, exposé à des dangers immondes, il se sent défaillir de dégoût et d'épouvante, il est impossible de méconnaître le sentiment qu'il veut inspirer à la jeunesse. Lorsqu'appelé dans les bras de madame de Warens, il éprouve quelque chose qui ressemble au remords de l'inceste, il faut bien reconnaître en lui une admirable pureté de sentiments. Enfin, lorsque à Venise il pleure sur la dégradation d'une belle courtisane, au lieu d'assouvir sa passion, on est vivement pénétré de cette soif de l'idéal, qui, en amour comme en philosophie, en fait de religion comme en fait de socialisme, domine toute la vie de Jean-Jacques Rousseau.

» Il arrive à Paris, au foyer de la civilisation et de la corruption. Le venin de la contagion s'empare de lui, car il est homme, et à quelle foi irait-il demander une force surhumaine ? Le catholicisme et le protestantisme tombent en ruine autour de lui, et, comme toutes les intelligences de son temps, il sent que son œuvre est de créer une foi nouvelle. Mais, au sortir d'une existence et d'un entourage comme ceux qu'il nous a dépeints dans la première partie des *Confessions*, où prendrait-il tout à coup cette vertu sauvage, cette réaction ardente contre la société, cette passion de la vérité et de la liberté vers lesquelles nous le voyons, plus tard, aspirer de toutes les forces de son âme?

« Jusque-là j'avais été bon : dès lors je devins ver» tueux, ou du moins enivré de la vertu. Cette ivresse
» avait commencé dans ma tête, mais elle avait passé
» dans mon cœur. Le plus noble orgueil y germa sur
» les débris de la vanité déracinée. Je ne jouai rien : je
» devins en effet tel que je parus ; et pendant quatre
» ans au moins que dura cette effervescence dans toute
» sa force, rien de grand et de beau ne peut entrer dans
» un cœur d'homme dont je ne fusse capable entre le
» ciel et moi. Voilà d'où naquit ma subite éloquence :
» voilà d'où se répandit dans mes premiers livres ce feu
» vraiment céleste qui m'embrasait, et dont pendant
» quarante ans il n'était pas échappé la moindre étin» celle, parce qu'il n'était pas encore allumé. » (*Confessions*, seconde partie, livre IX, 1756.)

» Cette page et les deux qui suivent, combien de fois je les ai méditées ! J'y ai vu Jean-Jacques tout entier, se connaissant, se jugeant et se dévoilant lui-même comme aucun homme ne s'est jugé, connu et confessé. Que pourrait lui demander le moraliste exigeant, lorsqu'après avoir montré comment il devint puissant par l'enthousiasme, il cessa de l'être par lassitude et par douleur? Certes, ce n'est pas là un homme qui se farde ou qui se drape : c'est un homme, un homme véritable, non pas tel que les hommes célèbres enivrés de leur supériorité consentent à se montrer, mais tel que Dieu les fait et nous les envoie. C'est un être sujet à toutes les faiblesses, capable de tous les héroïsmes ; c'est l'être *ondoyant et divers* de Montaigne, sensitive divine qui subit les influences délétères ou vivifiantes du milieu où elle s'élève, qui se crispe sous le vent et s'épanouit sous le soleil. Enfin c'est l'homme vrai, tel que la philosophie chrétienne l'avait en partie découvert et défini, toujours en butte au mal, toujours accessible au bien, libre et flottant entre les deux principes allégoriques d'un bon et d'un mauvais ange.

» Quand la philosophie et la religion de l'avenir auront étendu et développé cette définition, nous connaîtrons mieux nos grands hommes, et nous donnerons à ceux du passé leur véritable place dans un martyrologe nouveau. Jusque-là, nous flottons nous-mêmes entre une puérile intolérance pour leurs fautes, et un aveugle engouement pour leur grandeur. Nous prenons généralement le parti de nier tout ce que nous ne savons pas expliquer ; nous nous enrôlons sous des bannières exclusives ; nous sommes pour Voltaire ou pour Rousseau comme on était pour Gluck ou pour Piccini, lorsque nous devrions reconnaître que nous avons été engendrés spirituellement par les uns et par les autres, et que, s'il nous est permis d'avoir une sympathie particulière pour certains noms, ce doit être pour ceux qui ont le plus aimé, le plus senti et le mieux compris, plutôt que pour ceux qui se sont fait le plus admirer, le plus voir et le mieux comprendre.

» Acceptons donc les erreurs de Rousseau, nous qui l'aimons ; acceptons même ses crimes, car c'en fut un que l'abandon de ses devoirs de père ; et ne cessons pas pour cela de le vénérer, car il a expié ces jours d'erreur par de longs et cuisants remords. Ne l'eût-il pas fait, il nous faudrait encore vénérer en lui la vertu qui, après ces jours malheureux, vint rayonner dans sa pensée, et l'ardeur sainte qui en consuma les souillures.

» Entraîné par de mauvais exemples, séduit par des sophismes odieux, il avait abandonné ses enfants. Lorsqu'après des années de méditation il pesa l'énormité de sa faute, il écrivit l'*Émile*, et Dieu, sinon l'opinion des hommes, fit sa paix avec lui. Peut-être n'eût-il pas donné à son siècle ce livre qui devait faire une si grande révolution dans les idées, et qui, malgré ses défauts, a produit de si heureux résultats, s'il avait élevé paisiblement et régulièrement sa famille. Il eût sauvé quelques individus de l'isolement et de la misère; il n'eût pas songé à améliorer, ainsi qu'il l'a fait, toute une génération, et conséquemment toutes les générations de l'avenir. Ceci justifie la Providence seulement.

» Les remords de Jean-Jacques percent plutôt qu'ils ne sont avoués dans les *Confessions*. C'est dans ses derniers écrits, dans *les Rêveries*, que, sans jamais être explicites, ils se révèlent dans toute leur profondeur. A l'endroit des *Confessions* où il fait le récit de cette action capitale et terrible de sa vie, il ne montre pas, comme il l'a fait dans des aveux moins importants, une promptitude naïve et entière à s'accuser lui-même. Il rejette le tort sur les pernicieuses influences au milieu desquelles il s'est trouvé; il se défend d'avoir, durant plusieurs années, éprouvé le moindre repentir; enfin il fait valoir des motifs qui pourraient le justifier auprès de ceux-là seulement qui n'auraient jamais senti frémir en eux des entrailles paternelles. Mais ce sentiment-là est au nombre de ceux que l'humanité ne méconnaîtra plus jamais, et cet endroit de la vie de Rousseau n'a pas trouvé grâce devant elle.

» Mais est-il donc nécessaire d'arracher cette page

sinistre pour conserver le respect qu'on doit au grand homme infortuné ? Des générations se sont prosternées durant des siècles devant l'effigie de saints qui furent, pour la plupart, les plus grands pécheurs, les plus douloureux pénitents de l'humanité. La postérité n'a pas contesté l'apothéose des pères de l'église, en dépit des égarements et des turpitudes au sein desquels l'éclair de la grâce divine vint les trouver et les transformer. Le temps n'est pas loin où l'opinion ne fera pas plus le procès à saint Rousseau qu'elle ne le fait à saint Augustin. Elle le verra d'autant plus grand qu'il est parti de plus bas et revenu de plus loin ; car Rousseau est un chrétien tout aussi orthodoxe pour l'église de l'avenir, que le centenier Matthieu et le persécuteur Paul le sont pour l'église du passé. Dans un temps où tout dogme se voile et s'obscurcit sous l'examen de la raison épouvantée, l'âme de Rousseau reste foncièrement chrétienne; elle rêve l'égalité, la tolérance, la fraternité, l'indépendance des hommes, la soumission devant Dieu, la vie future et la justice divine, sous d'autres formes, mais non en vertu d'autres principes que les premiers chrétiens ne l'ont fait. Elle pratique l'humilité, la pauvreté, le renoncement, la retraite, la méditation, comme ils l'ont fait, et il couronne cette vie fortement empreinte de sentiments, sinon de formules chrétiennes, par un acte éclatant de christianisme primitif, par une confession publique. Cherchez un autre philosophe du dix-huitième siècle qui, en secouant les lois religieuses, conserve une conduite et des aspirations aussi pieusement conformes à l'esprit de la religion éternelle dont le christianisme est une phase, et où le scepticisme n'est qu'un accident !

» Résumons-nous. De tous les *beaux esprits* qui,

des salons du baron d'Holbach, se répandirent sur le siècle, Jean-Jacques est le seul philosophe, parce qu'il est le seul religieux. Enveloppée durant quarante ans dans un milieu détestable, sa grandeur éclate tout d'un coup, se révèle à lui-même et au monde entier. Mais combien d'obstacles ne rencontre-t-elle pas aussitôt, et quelles affreuses luttes ne va-t-elle pas soutenir! L'intolérance et le fanatisme des catholiques et des luthériens se réunissent contre lui; mais c'est trop peu pour son malheur et pour sa gloire. Il ne suffit pas des arrêts du parlement, de la persécution des petites républiques huguenotes, du fanatisme des paysans de Moutiers-Travers, des dépits rancuniers de l'aristocratie; ses plus amers, ses plus dangereux ennemis, ceux-là seuls dont le jugement peut le poursuivre et l'atteindre aux yeux d'une postérité désabusée de l'esprit de secte, ce sont ses anciens amis, ses illustres contemporains, les plus beaux esprits philosophiques et critiques de l'époque, et, pour rentrer dans ma définition, les hommes forts de son temps.

» Mais pourquoi donc de leur part cette haine mesquine, ou tout au moins ce persiflage cruel qui jeta tant d'amertume dans sa vie et d'égarement dans ses idées? C'est que les hommes d'action et les hommes de méditation sont ennemis naturels par le fait de la société et par l'absence de la notion de perfectibilité. Non-seulement les holbachiens ont nié la supériorité de Rousseau, parce qu'elle blessait leur vanité et irritait en eux les petites passions d'hommes de lettres; mais encore ils l'ont méconnue, parce qu'elle offusquait leurs idées d'hommes du dix-huitième siècle. Son amour subit et ardent pour des vertus qu'il n'avait pas pu pratiquer encore, et qui n'étaient pas immédiatement praticables (elles ne le furent pas pour Rousseau lui-même!) ne pouvait être compris que par des esprits évangéliques de la trempe du sien. Et l'on sait que les mœurs de l'athéisme dominaient alors. Ces hommes de mouvement, ne concevant pas qu'il pût chercher ailleurs que dans la vie réelle et le principe des institutions connues son rêve de grandeur et de félicité, ne comprirent ni ses douleurs, ni ses défaillances, ni ses erreurs de jugement. Ils lui reprochèrent de haïr les hommes, parce qu'il ne tolérait pas les ridicules et les vices de son temps, tout en portant l'humanité future dans ses entrailles. Ils le déclarèrent sauvage, misanthrope, parce qu'il méprisait les enivrements de la vanité et fuyait le théâtre des rivalités puériles. En un mot, ils firent comme les pharisiens de tous les âges à la venue des prophètes, et Dieu put dire d'eux aussi : « Je leur ai envoyé mon fils, et ils ne l'ont point connu. »

» Mais vous aussi, Jean-Jacques, vous fûtes aveuglé ; vous ne comprîtes point l'œuvre de ces hommes qui marchaient devant vous pour vous préparer le chemin. Ils aidaient à votre œuvre en vous faisant la guerre, et ils déblayaient les obstacles de la route où votre parole devait passer. A vous aussi la foi en l'avenir a manqué. Vous étiez dévoré de la soif du progrès ; vous en aviez le religieux instinct, puisque vous écriviez *le Contrat Social* et l'*Émile*. Si vous n'eussiez pas senti au fond de votre âme que l'homme est perfectible (vous qui en étiez une si auguste preuve), vous n'eussiez point cherché les moyens de le rendre heureux et juste ; mais votre calice fut si amer, que le découragement s'empara de vous, et que votre âme tomba dans l'angoisse. Au lieu de placer votre idéal devant vous, vous vous retournâtes douloureusement pour le trouver dans le passé, à l'aurore de la vie humaine, au fond de cette forêt primitive que vous alliez cherchant toujours, à l'île Saint-Pierre comme aux Charmettes, à l'ermitage de Montmorency comme à la ferme de Wooton, et qui vous fuyait toujours, parce que votre royaume n'était pas de ce monde, mais bien du monde que vous aviez d'abord aperçu en avant des siècles; non au berceau, mais à l'âge viril de l'humanité!.... »

FIN.

PRÉFACE

DES LETTRES A MARCIE.

Comme *Aldo le Rimeur* est un essai inachevé, les *Lettres à Marcie* ne sont qu'un fragment incomplet et sans aucune valeur philosophique. J'avais entrepris une sorte de roman sans événement, dont j'eusse voulu faire arriver tout l'intérêt, toutes les émotions, toutes les péripéties par les modifications et les transformations intimes et mystérieuses d'un seul être, d'une femme qu'on n'eût même pas vue, qui n'eût jamais écrit, et qu'on n'eût connue que par les lettres et les réflexions de son ami. C'était peut-être une entreprise impossible, et j'ignore si elle eût été digne d'un succès d'estime. Quoi qu'il en soit, les personnes qui ont lu les premières lettres, cette sorte de prologue où je peignais seulement pour commencer l'ennui de l'isolement, ont voulu y voir une exposition de principes, et une théorie pour ou contre le mariage, pour ou contre le christianisme. Il n'y avait pourtant rien de cela, et je ne crois pas que ces fragments aient aucune couleur déterminée dont on puisse tirer des inductions solides. Je n'ai pas fait le vœu de ne jamais m'expliquer sur le fond de mes idées relativement au mariage ; mais je ne crois pas non plus être dans l'obligation d'exposer une théorie quelconque. J'ai déjà dit que, soit pour me montrer coupable de mauvais principes envers la société, soit pour rendre ridicule la bonne foi de mes écrits, quelques moralistes de feuilleton m'avaient souvent mis au défi de dévoiler mes criminelles intentions à l'endroit du mariage. Je ne m'intéresse nullement à ces sortes de polémiques, et n'ai jamais cru devoir y répondre. Il est probable qu'en continuant ce roman intime des *Lettres à Marcie* j'aurais causé avec *elle* sur ces graves matières; mais le roman a été interrompu par des circonstances qui n'avaient rien de commun avec le sujet, et je puis les dire. Je ne me suis jamais senti propre à la fabrication rapide, pittoresque et habilement accidentée de ces romans dont l'intérêt se soutient malgré les hasards de la publication quotidienne. Je n'avais accepté l'honneur de concourir à la collaboration du journal *le Monde* que pour faire acte de dévouement envers M. La Mennais, qui l'avait créé et qui en avait la direction. Dès qu'il l'abandonna je me retirai, sans même m'enquérir des causes de cet abandon; je n'avais pas de goût et je manquais de facilité pour ce genre de travail interrompu et pour ainsi dire haché. N'ayant pas eu l'occasion de continuer en temps et lieu les *Lettres à Marcie*, j'ai eu bientôt oublié l'espèce de plan que j'avais conçu. On m'a reproché dans quelques journaux d'*émancipation* de reculer devant les difficultés de l'entreprise. Le hasard seul m'a forcé de m'arrêter; mais quand même j'aurais hésité à formuler mon prétendu système, je ne vois point que l'humanité en ait souffert beaucoup, ni que le salut des empires en ait été compromis sérieusement. Seulement, je proteste un peu, en remettant ces *Lettres à Marcie* sous les yeux des lecteurs, contre la trop bienveillante obstination de mon éditeur. Il me semble qu'un écrit incomplet n'a pas le droit de se montrer une seconde fois en public sans que l'auteur ait pris la peine d'y mettre la dernière main. Il m'est impossible en ce moment de le faire; et, en eussé-je le temps, je ne vois pas qu'une forme essayée vaille mieux qu'une autre forme qu'on pourrait tenter pour émettre l'idée dont on se sent dominé. Pour un artiste il n'y a de forme heureuse et féconde, à ses yeux, que celle qui l'inspire dans le moment même. L'ébauche d'hier est déjà flétrie pour lui, et chacun sait que les ouvrages d'imagination n'ont ni veille ni lendemain. Le peintre consciencieux n'aime plus son tableau quand il le voit sorti de son atelier, éclairé d'un autre rayon de soleil que celui sous lequel il s'était senti inspiré. O vous qui lisez et qui n'écrivez pas! vous ne savez pas combien le livre imprimé, et surtout réimprimé, paraît insipide et froid à celui qui l'a écrit avec quelque émotion sur un papier encore vierge, au reflet de sa lampe solitaire. Ceci est pour vous demander pardon en conscience de la réimpression des *Lettres à Marcie*, fragment sans portée, qui ne méritait pas l'honneur d'être lu deux fois.

Mai 1843.

LETTRES
A MARCIE.

I.

Vous êtes triste, vous souffrez, l'ennui vous dévore; vous redoutez l'avenir, le présent vous accable. Dans le passé, aucun souvenir n'est assez doux ou assez attachant pour ranimer les froides heures qui s'écoulent. Et cependant le temps marche, et quand le soir arrive vous êtes surprise, vous êtes effrayée de ce nombre de jours, de cette suite d'années qui se perdent dans un gouffre sans écho.

Vous peignez votre situation d'une manière touchante, et je suis pénétré de votre douleur, quoique je ne voie rien d'exceptionnellement malheureux dans votre situation matérielle; mais le dégoût qu'elle vous inspire constitue un malheur véritable. Là où l'âme ne se sent pas bien, l'existence est réellement troublée.

Il n'est au pouvoir de personne de vous guérir de cette langueur maladive. Le mal a sa racine dans les plus secrets retranchements de votre conscience. Il faut que vous soyez à vous-même votre médecin, et que, par un régime hardi et généreux, vous rendiez à votre âme la santé qu'elle a perdue.

Les inconvénients de votre position, que vous exprimez avec candeur, seraient peu de chose si vous les envisagiez sous le jour de la vérité. Les pointes de mille traits frivoles s'émousseraient sur vous, si vous n'aviez pas, dans un moment de fatigue et d'inertie, laissé choir votre bouclier. Relevez-le, tâchez de parer les coups d'une destinée facile à vaincre. Vous le devez, donc vous le pouvez.

La solitude où vous vivez est une rude épreuve si vous aimez le monde. Mais comment se ferait-il qu'avec la simplicité que je vous connais, vous aimassiez le monde ? Vous l'avez vu, vous savez ce qu'il peut vous offrir. Vous avez été frappée de la médiocrité des choses et des gens dont vous vous étiez fait la plus grande idée. Vous y avez vu que même les gens réellement distingués y perdaient l'apparence de leur supériorité, par la réserve qu'ils étaient forcés de s'y imposer, par la méfiance qu'ils y éprouvaient. Vous-même, vous vous y êtes sentie glacée et contristée, et les éloges que vous y avez reçus vous ont semblé plus blessants qu'agréables, car on y avait remarqué de vous tout ce que vous ne prisez pas, et on y avait méconnu tout ce qui eût dû être apprécié.

Eh bien, cependant, je crains que vous n'ayez rapporté de votre excursion dans le monde un peu d'envie d'y jouer votre rôle; non pour lui complaire, vous ne l'estimez pas assez pour cela, mais pour vous venger de lui en l'humiliant. Vous voudriez bien le fuir, mais vous aimeriez qu'on sût le mépris que vous en faites. L'idée que telle personne vous plaint de votre pauvreté et qu'on s'imagine vous inspirer des regrets, vous blesse et vous offense. Ne l'avouez pas si vous me trouvez trop pénétrant ; mais songez à extirper de votre repos cette plante parasite, l'opinion d'autrui, le vain bruit du monde, et dans l'énumération que vous faites de vos ennemis rayez celui-là. Écrasez-le comme une mouche importune, ce n'est rien de plus. Vous avez vingt-cinq ans, vous êtes belle, votre intelligence est cultivée, votre réputation est sans tache comme votre vie, mais vous êtes pauvre; et tandis que les filles les moins aimables et les plus mal faites trouvent un époux à prix d'or, vous semblez condamnée par les convenances d'un monde cupide à vivre dans la solitude.

Marcie, ne vous plaignez point trop, ne soyez point ingrate. Vous êtes belle, vous êtes instruite, vous êtes pure. Voilà de grandes supériorités, de véritables éléments de bonheur; et ces riches infortunées, qui sont réduites à acheter leurs époux, doivent vous inspirer une profonde pitié. O que leur tâche est rude, à celles-là! Qu'il faut de résignation à ces êtres flétris en naissant du sceau de la laideur et de l'ineptie! Leur existence est une humiliation que l'esprit de renoncement et d'humilité (mort, hélas! avec la foi évangélique) peut seul aider à porter avec dignité. Vous savez si la société, malgré ses tristes caresses, les dédommage des sévérités de la nature; vous savez si l'homme attaché à elles par un serment honteux peut feindre long-temps et leur cacher son dégoût et son aversion. J'ai connu une pauvre fille de seize ans qui avait quatre cent mille livres de rente. La mort semblait avoir posé sa main glacée sur ce jeune visage déjà décrépit, et courbé cette taille débile et contrefaite, toujours prête à se briser. Son âme était triste comme son front, souffrante comme son corps. Mais ce déplorable enfant de la vieillesse débauchée d'un riche avait en lui le trésor d'une angélique douceur. Un regard paternel était descendu d'en haut sur cette pauvre créature; un rayon céleste lui avait donné la force de vivre hors de sa misérable enveloppe.

Elle voulait se faire religieuse. Sa famille s'y opposa. On la pressa d'épouser un homme vain, que toutes les femmes vaines recherchaient, et qui, pour autoriser son insolence, avait besoin des vanités de la richesse. La jeune héritière eut un moment de doute, et l'esprit de Dieu s'affaiblit durant quelques jours dans son âme. Elle avait dévoré l'humiliation de sa laideur, mais elle ne s'était pas assez affermie dans l'amour des vrais biens. On lui persuada que son mari l'aimerait pour sa bonté, que cet amour la rendrait heureuse, qu'elle serait enviée de ses belles et orgueilleuses rivales. Elle n'avait pas une haute intelligence, quoiqu'elle eût un noble cœur. C'était un esprit médiocre avec un puissant caractère. Trop tard elle connut son erreur; ses vertus ne causèrent qu'ennui et dédain. Elle était dévote, disait le mari, parce qu'elle était laide. Elle recherchait l'amour et la reconnaissance des pauvres, parce qu'il lui fallait bien être aimée et vantée par quelqu'un. Je ne vous ferai pas l'affreux détail de ce qu'elle eut à souffrir. Tant d'infortune ranima sa piété; sa santé empira, et en même temps elle sentit son courage se réveiller. Je l'ai vue dépérir avec stoïcisme, et j'ai deviné ses vertus et ses maux plus que je ne les ai connus. Je crois la voir encore couchée sur l'or et la soie, expirant dans les plis de l'hermine, sous des lambris de lapis et d'agate, et disant que jusqu'à sa dernière heure elle voulait, pour se mortifier, contempler ce faste exécré, ces insignes de sa splendeur funeste. Elle fut calme et réservée jusqu'au bout, je n'ai jamais vu boire un plus amer calice avec moins d'hésitation et de regret. Sa famille n'entendit d'elle aucune plainte, et son mari ne fut pas même troublé dans ses plaisirs par le spectacle de ses souffrances. Nul n'a su quels rêves d'amour et de terrestres voluptés avaient pu dévorer cette oisive imagination. Nul n'a su ce qu'il avait fallu d'efforts pour renoncer sans colère à vivre ici-bas. Le crucifix d'or que j'ai vu dans ses mains crispées par l'agonie pourrait seul raconter combien de ruisseaux de larmes ont baigné ses pieds insensibles. Le pâle ange gardien, qui soutint dans ses bras paternels cette jeunesse pénible, a pu seul raconter à Dieu par combien de martyres elle avait expié l'éphémère désir de prendre place au banquet terrestre. Je ne prétends pas faire ressortir de ce douloureux exemple que toutes les femmes laides doivent se vouer à la solitude. Quelques-unes ont eu le bonheur, grâce à leurs qualités morales, ou au charme de leur esprit, d'inspirer des affections vives et durables. Mais les hommes capables de ressentir de telles affections ne sont pas en général guidés par la cupidité, et on peut les voir choisir la compagne de leur vie partout ailleurs qu'au faîte de la richesse.

Ainsi pourquoi désespérez-vous de trouver, dans cette société injuste et corrompue, une âme d'exception comme la vôtre, qui s'associerait irrévocablement à vos destinées, et qui déjà peut-être de son côté vous cherche afin de vous saluer du nom d'épouse et de sœur ? Et quand vous ne trouveriez pas cet appui nécessaire aux femmes, votre vie serait-elle impossible ? n'êtes-vous pas tellement forte que vous ne puissiez entrer dans une voie d'exception sublime ? Je ne sais si je me trompe, mais il me semble que rien n'est impossible à un grand courage aidé de la réflexion. Vous vous êtes élevée au-dessus de votre sexe en d'autres occasions.

Toutes les fois que nous faisons des actes de force, nous nous élevons au-dessus de la nature humaine vulgaire. Vous savez que de grandes destinées morales sont condamnées à une sorte d'isolement, et que l'esprit de sagesse dans tous les temps, dans toutes les religions, a amplement dédommagé ceux qui se retirent de la route commune pour entrer volontairement dans la vie intérieure.

Malheureusement, après avoir vécu sagement et en vous-même, vous avez voulu traverser le tumulte du monde pour satisfaire une vaine curiosité, et maintenant le miroir de votre âme est terni par le reflet de mille fantômes vains, par le souffle malsain des passions vulgaires : vous trouvez dans votre sort des tribulations que vous n'aviez pas aperçues auparavant, ou que vous aviez supportées avec philosophie. Étrange contradiction ! Vous avez vu le règne de la faiblesse et de la vanité, et vous êtes tombée dans les mêmes servitudes que ces esclaves par vous méprisés.

Mais c'est que ce rôle de *vieille fille*, dites-vous, est bien pitoyable ! On vous raille, si vous êtes laide et vieille ; et on vous hait, parce qu'on vous suppose jalouse et méchante. Si au contraire vous êtes jeune et belle, on vous plaint ; et cette pitié, dites-vous encore, et avec raison, est le dernier des outrages.

Vous devriez ne pas vous apercevoir de cette pitié, Marcie ; mais, puisque vous n'avez pas la force de vous placer au-dessus, il est un moyen certain de la repousser et de la changer en respect. C'est d'accepter énergiquement et joyeusement votre sort. C'est d'avoir dans le cœur le calme de la résignation, et sur le front la sérénité de la vertu. Vous avez voulu montrer dans les salons votre pâleur studieuse, votre gravité mélancolique ; et ces hommes, incapables de comprendre le peu qu'ils valent, se sont imaginé que loin d'eux votre vie était un supplice. Qu'alliez-vous faire parmi eux ?

Et voilà qu'au lieu de les faire mentir, au lieu de sourire de leur vanité, vous leur donnez raison en détestant la retraite à laquelle vous devez pourtant ce que vous avez de meilleur. Vous rapportez du dehors le désordre des pensées, le scepticisme de l'esprit, vous les laissez pénétrer dans l'asile dont ces enfants du néant n'auraient pas dû franchir le seuil.

Vous dites que la foi est éteinte, que le genre humain dévie, que les sectes nouvelles ont peut-être raison, que l'amour n'est qu'une chimère, la fidélité un joug ; vous demandez à quoi sert la vertu, si le monde en profite, si Dieu la récompense ! Vous pleurez avec les enfants de la terre sur les autels des dieux renversés dans la fange. Pénétrée de douleur, vous vous écriez : Comment n'être pas entraînée dans l'orage ? comment rester debout sous tant de ruines qui ne s'arrêtent pas de crouler ?

Étendez les bras, Marcie ; étendez vos bras vers le ciel, et vos bras porteront les ruines du monde, et vous ne serez point écrasée. Essayez ce que peut la foi contre les éléments conjurés contre la colère céleste elle-même. Souvenez-vous de l'arche de Noé au milieu du déluge, admirable figure de la lutte que soutiennent aujourd'hui les derniers croyants sous la nuée qui s'épanche au sein des abîmes qui s'entr'ouvrent !

Oh ! nous ne savons pas ce que peut l'espérance, car nous n'essayons plus ce que peut la prière. Moi qui vous parle, j'ai plus de mal que vous ; mais je ne voudrais pas périr sans résister jusqu'au bout ; je ne voudrais pas me laisser balayer avec les feuilles sèches que disperse le vent de la mort. Protestez, Marcie, protestez en vous-même contre ces influences funestes : vous ne savez pas qu'un front sans tache peut arrêter la voûte croulante des cieux. Laissez aux hommes forts le soin de rebâtir leurs temples ; vous, triste et chaste colombe, reconstruisez votre nid solitaire ; ange silencieux, prosternez-vous dans l'ombre du parvis. En apercevant votre front pâle et radieux, quelques-uns diront : Il y a encore de l'amour dans les cieux, car il y a encore de l'espérance sur la terre.

Et quant à ces dangereuses tentatives qu'ont faites quelques femmes dans le saint-simonisme pour goûter le plaisir dans la liberté, pensez-en ce que vous voudrez, mais ne vous y hasardez pas, cela n'est pas fait pour vous. Vous ne sauriez aimer à demi, et si vous aimez un jour vous aimerez à jamais. Vous aurez accepté un hommage libre, et bientôt vous aurez horreur de ce droit d'infidélité que se sera réservé votre époux. Si vous vous soumettez par engagement aux principes d'une étrange vertu, à cette immolation de votre orgueil légitime, vous souffrirez, vous souffrirez long-temps, toujours peut-être ; car les organisations fortes ont de forts attachements, elles ne sont pas mobiles comme le vulgaire, aucune considération d'intérêt ou de vanité ne peut les arracher à la douleur de leurs blessures. Elles se dévorent elles-mêmes et sont plus inhabiles à se guérir que les âmes faibles ; un sang brûlant et intarissable coule à longs flots de leurs larges veines. Que serait donc une société nouvelle où les belles âmes n'auraient pas le droit d'étendre leurs ailes et de se développer dans toute leur étendue, où le fort serait de *par la loi* le jouet et la dupe du faible ? Et comment cela n'arriverait-il pas sans cesse sous un régime qui l'autoriserait, puisque cela arrive si souvent sous un régime qui le prohibe? Étrange remède à la corruption d'une société, que de lui ouvrir toutes grandes les portes de la licence ! Ce que l'homme rêve, ce qui seul le grandit, c'est la permanence dans l'état moral. Le caractère des grandes choses dans l'ordre matériel, c'est la durée ; et c'est aussi à quoi dans l'ordre moral comme dans l'ordre matériel l'homme atteint le plus difficilement. A Dieu seul est réservée l'immutabilité sublime. Mais tout ce qui tend à fixer les désirs, à raffermir les volontés et les affections humaines, tend à ramener sur la terre ce *règne de Dieu*, qui ne signifie autre chose que l'amour et la pratique de la vérité.

La vérité, c'est l'amour de la perfection, et la perfection c'est l'éternelle tentative de l'esprit pour dompter la matière. C'est la dure victoire sur les appétits ardents ; c'est l'austère immolation des satisfactions vulgaires. Il ne s'agit pas pour vous, Marcie, qui avez admiré toute votre vie dans les grands hommes le reflet de la puissance céleste, pour vous qui demandez sincèrement le secret d'être heureuse, et qui, fatalement, par l'élévation de votre caractère, ne pouvez trouver ce secret hors de la grandeur; il ne s'agit pas, dis-je, de vous créer des principes qui vous procurent des plaisirs et de la liberté matérielle. Il s'agit, âme pure, âme triste et fière, d'adopter des principes qui vous fassent de plus en plus grande, de plus en plus pure, qui vous assurent les vrais biens, et fondent votre liberté morale sur des bases inébranlables.

Peut-être qu'on pourrait donner à tous les hommes la même assurance, et leur prédire qu'ils ne trouveront pas une forme sociale durable et satisfaisante hors de ces grands instincts de l'humanité, qu'on semble traiter aujourd'hui comme si un décret céleste les avait supprimés, comme si avec les machines à vapeur et les merveilles de l'industrie on avait trouvé la solution de tous les problèmes de l'intelligence, la satisfaction de tous les besoins de l'âme. Mais ce serait viser trop haut, et c'est déjà trop d'honneur pour moi, Marcie, que d'avoir eu un instant droit de conseil sur un esprit comme le vôtre.

II.

Vous dites, Marcie, que vous vous efforcerez d'atteindre à cette vertu tranquille et sereine, mais que vous n'espérez pas beaucoup y parvenir; qu'il vous faudrait l'aide de plusieurs conditions extérieures, dont les plus simples sont irréalisables. La poésie manque à votre vie, dites-vous; et cependant vous sentez qu'elle seule pourrait ennoblir vos tristesses et ranimer vos esprits, qui s'éteignent dans un air lourd et plat. Vous trouvez que de si grandes résolutions à prendre, de telles révoltes à combattre ont besoin des grandes scènes de la nature et de l'air libre des voyages. Vous voudriez changer de place, prier sur la terre de Jérusalem, chercher les cryptes des pères du désert, gémir dans une horrible tempête, aller les pieds nus et saignants sur les rochers, souffrir davantage, afin de sentir quelque chose, fût-ce la douleur avec énergie.

Ces inquiétudes m'affligent et ne me retracent que trop celles qui dévorent souvent mon propre cœur. Je ne suis pas plus héroïque que vous, Marcie; mais ne sommes-nous pas insensés dans nos mécontentements;

et n'est-ce pas une chose digne de pitié que de voir de si chétifs atomes avoir besoin de tant d'espace et de bruit pour y promener une misère si obscure et si commune? Nous ne sommes qu'enflure et vanité ; nos plaintes ne sont qu'emphase et blasphème. Qu'avons-nous donc fait de si grand pour trouver les autres hommes si petits et vouloir fuir jusqu'à la trace de leurs pas? Marcie, notre esprit est malade, et, quand nous cherchons à nous préserver d'un mal, nous tombons dans un pire. Nous haïssons les vaines occupations du monde, ses paradoxes impies, ses fausses maximes. Nous fuyons ce commerce dangereux, cet air délétère. Mais, au lieu de chercher autour de nous des âmes simples et des esprits droits, nous nous jetons dans la haine du genre humain ; nous osons devenir orgueilleux dans le sens méchant et superbe du mot : car l'orgueil a deux faces, comme toute faculté humaine, une divine et une infernale. Eh bien, quand nous avons conquis la première, si nous cessons un instant de nous observer, nous tombons dans l'autre ; et alors, avec notre vaine sagesse et notre fausse grandeur, nous devenons pires que les hommes corrompus du siècle. Nous craignons de nous salir en les touchant, nous ne pouvons respirer dans leur air. Sublime philosophie chrétienne, est-ce là ce que tu nous enseignais?

Et cependant, Marcie, la grandeur est partout sans que nous nous en doutions. Autour de nous, sous le voile d'une humble obscurité, dans les conditions les plus pauvres, sous notre main, sous nos pieds en apparence, il y a des hommes meilleurs que nous, des hommes plus forts, plus intelligents, plus patients que nous. De grossiers habits et de rudes manières couvrent des trésors de bonté ou de sagesse, que nous méconnaissons ou que nous dédaignons d'apercevoir. Nous demandons les cimes du Liban et les sapins de Morven, comme si la vue d'un homme vertueux, le sourire d'une âme évangélique n'étaient pas un plus beau spectacle que toutes les montagnes et toutes les forêts. Comme si d'ailleurs les étoiles ne brillaient pas sur notre tête de tous les points de la terre, comme si une nuance de plus à la pourpre du matin pouvait guérir les blessures d'une âme fermée à toute sympathie pour ses semblables. Tenez, Marcie, nous sommes infortunés! Toute notion du devoir est effacée en nous. Nous avons des obligations sacrées, nous ne cherchons pas notre remède dans leur accomplissement. Votre mère est aveugle, mon enfant est malade. Les soigner, les distraire, leur donner tout le bonheur que nous n'avons pas, rendre notre tendresse si ingénieuse et si active qu'ils ne regrettent pas la santé, et se jettent dans notre sein chaque soir en disant ces mots admirables que j'ai entendus sortir d'une bouche chérie : « Je prie Dieu de ne pas me guérir vite; » ne serait-ce pas là, si nous étions vertueux, le but de notre vie, la récompense de nos fatigues, la gloire douce et cachée de nos souvenirs? Aurions-nous le loisir de songer à l'impossible si nous faisions seulement le nécessaire? Serions-nous désespérés si nous rendions l'espérance à ceux qui n'ont pas d'autre ressource? Tenez, Marcie, je suis si triste et si abattu aujourd'hui, je confonds tellement dans mon angoisse ma misère et la vôtre, qu'il m'est impossible de vous donner des conseils. Je tâcherai d'y suppléer par un récit. En pensant à vous l'autre soir, je me suis rappelé une anecdote que j'ai voulu écrire pour vous l'envoyer. J'ai bien fait, car aujourd'hui elle suppléera à toute exhortation. D'ailleurs j'ai foi à la puissance des exemples. La parabole fut l'enseignement des simples. Enseignement sublime, que sont tous nos poëmes au prix de tes naïves allégories?

Le curé d'une petite ville de Lombardie, où j'ai passé quelque temps, avait trois nièces, toutes trois agréables et parfaitement élevées. Orphelines et sans fortune, elles furent recueillies par leur oncle, et, grâce à leur économie, à leur bon caractère et leur zèle, elles apportèrent, en même temps que le bonheur et la gaieté, un surcroît d'aisance dans le presbytère. Le bon vieillard, en retour, sut leur inspirer tant de sagesse par ses leçons qu'elles renoncèrent à l'idée peut-être un peu caressée jusque-là de se marier. Il leur fit entendre qu'étant pauvres elles ne trouveraient que des maris au-dessous d'elles par l'éducation, ou tellement pauvres eux-mêmes que la plus profonde misère serait le partage de leur nouvelle famille. La misère n'est point un opprobre, leur disait-il souvent en ma présence, honte à quiconque ne redoublerait pas de respect pour ceux qui la supportent dignement, et de compassion pour ceux qui en sont accablés. Mais c'est une si rude épreuve que le besoin! N'y a-t-il pas une témérité bien grande à risquer la paix et la soumission de son âme dans un si terrible pèlerinage? Il fit si bien qu'il éleva leurs esprits à un état de calme et de dignité vraiment admirable. Lorsqu'il voyait un nuage sur la figure de l'une d'elles : — Eh bien! qu'as-tu? disait-il avec cette liberté de la plaisanterie italienne. *Nipotina*, ôtez-vous de la fenêtre ; car si les jeunes gens qui passent dans la rue vous voient ainsi, ils vont croire que vous soupirez après un mari ; et aussitôt le sourire de l'innocence et d'un juste orgueil reparaissait sur le visage mélancolique. Vous pensez bien que cette famille vivait dans la plus austère retraite. Ces jeunes filles savaient trop bien qu'elles devaient éviter jusqu'au regard des hommes, vouées, comme elles étaient, au célibat. S'il y eut des inclinations secrètement écloses, secrètement aussi elles furent comprimées et vaincues. S'il y eut quelques regrets, il n'y eut entre elles aucune confidence, quoiqu'elles s'aimassent tendrement ; mais la fermeté et le respect de soi-même étaient si forts en elles, qu'il y avait une sorte d'émulation tacite à étouffer toute semence de faiblesse sans la mettre au jour. L'amour-propre, mais un amour-propre touchant et respectable, tenait en haleine la vertu de ces jeunes recluses. Et il faut croire que la vertu n'est pas un état violent dans les belles âmes, qu'elle y pousse naturellement et s'y épanouit dans un air pur ; car je n'ai jamais vu de visages moins hâves, de regards moins sombres, d'aspects moins farouches. Fraîches comme trois roses des Alpes, elles allaient et venaient sans cesse, occupées au ménage ou à l'aumône. Lorsqu'elles se rencontraient dans les escaliers de la maison ou dans les allées du jardin, elles s'adressaient toujours quelque joyeuse et naïve attaque, elles se serraient la main avec cordialité. Je demeurais dans le voisinage et j'entendis leurs voix fraîches gazouiller par tous les coins du presbytère ; aux jours de fête, elles se réunissaient dans une salle basse pour faire quelque pieuse lecture à haute voix à tour de rôle. Après quoi elles chantaient en partie quelque cantique. Par les fenêtres entr'ouvertes, je voyais et j'entendais ce joli groupe à travers les guirlandes de roses blanches et de liserons écarlates qui encadraient la croisée. Avec leurs magnifiques chevelures blondes, et des bouquets de fleurs naturelles dont se coiffent les jeunes Lombardes, c'était vraiment le trio des Grâces chrétiennes.

La cadette était la plus jolie. Il y avait plus d'élégance

naturelle dans ses manières, plus de finesse dans son esprit; je dirais aussi plus de magnanimité dans son caractère, si je ne craignais de détruire dans mes souvenirs l'admirable unité de ces trois personnes, en n'admettant pas que le trait d'héroïsme que je vais vous raconter n'eût pas été possible à toutes trois également.

Arpalice était le nom de cette cadette. Elle aimait la botanique et cultivait une plate-bande de fleurs exotiques le long d'un mur du jardin qui recevait les pleins rayons du soleil et en conservait la chaleur jusqu'à la nuit. De l'autre côté du mur s'élevaient, à peu de distance, les fenêtres d'une jolie maison voisine, qu'une riche famille anglaise loua pour un été. Lady C*** avait avec elle deux fils : l'un phthisique, et qu'elle essayait de rétablir à l'air pur des campagnes alpestres; l'autre, âgé de vingt-cinq ans, plein d'espérance, beau de visage et doué d'un esprit fort droit, d'un caractère équitable et généreux. Ce jeune homme voyait de sa fenêtre la belle Arpalice arroser ses fleurs; et, dans la crainte de la mettre en fuite, il l'observait chaque jour, et tout le temps qu'elle demeurait, par la fente des rideaux de la *tendina*. Il en devint amoureux, et tout ce qu'il apprit d'elle et de son entourage le captiva si fort qu'il la demanda en mariage, avec l'agrément de lady C***, laquelle, voyant dépérir son fils ainé, et craignant d'éloigner par sa rigueur le second, fit le sacrifice de ses préjugés aristocratiques et donna son consentement. Grande fut la surprise dans la maison anglaise quand le curé, après avoir consulté sa nièce, remercia poliment et refusa net pour elle l'offre d'un nom illustre, d'une immense fortune, et, ce qui était plus digne de considération, d'un amour honorable. Le jeune lord crut que la fierté du presbytère avait été blessée par la précipitation de sa démarche ; il montra tant de douleur que lady C*** se décida à aller en personne trouver Arpalice, et lui demanda avec instance de devenir sa bru. La beauté, le grand sens et la grâce de cette jeune personne la frappèrent tellement qu'elle partagea presque le chagrin de son fils en la trouvant inébranlable dans sa résolution. Le jeune C*** tomba malade, et, au même temps, son frère aîné mourut. Le séjour de la famille anglaise se prolongea dans la petite ville. Le curé alla trouver lady C***, lui offrit de délicates consolations, s'enquit avec intérêt de la santé du jeune lord, et s'efforça, par les soins les plus empressés, d'adoucir leur triste situation. A peine rétabli, lord C***, qui avait fait mettre son lit auprès de la fenêtre, afin d'apercevoir de temps en temps Arpalice, se glissa le long du jardin du presbytère, cacha des billets doux dans les fleurs qu'Arpalice venait cueillir, lui en fit parvenir d'autres, la suivit à l'église, et enfin il lui fit une cour assidue, mystérieuse et romanesque, dont elle n'avait guère le droit de s'offenser, puisqu'il avait si bien prouvé à l'avance l'honnêteté de ses vues.

Un mois s'écoula ainsi, et un matin Arpalice avait disparu. Grand effroi et grande rumeur dans le presbytère ; déjà les deux sœurs désolées couraient en se tordant les mains vers la rue pour avoir des nouvelles de la fugitive, lorsque le curé, sortant de sa chambre d'un air ému, mais non affligé, leur dit de se tenir tranquilles, de ne montrer aux gens du dehors aucune surprise, et de ne point avoir d'inquiétude. C'était lui-même, disait-il, qui avait envoyé Arpalice à Bergame pour une affaire à lui personnelle, et dont il priait ses chères nièces de ne lui demander compte qu'après le retour de leur sœur. Trois jours après cette matinée, la famille anglaise partit pour Venise, et de là pour Vienne. Le jeune lord paraissait consterné, mais il ne voulut pas souffrir que sa mère renouvelât ses instances. En même temps qu'ils prenaient, à l'est, la route de Brescia, le curé prit, à l'ouest, celle de Bergame ; et le lendemain Arpalice était de retour avec lui au presbytère. Elle était fort pâle et se disait souffrante ; mais elle était aussi affectueuse et aussi sereine qu'à l'ordinaire. Elle pria ses sœurs de ne pas la questionner, et ce ne fut qu'au bout de six mois, après que les brillantes couleurs de la santé eurent reparu sur ses joues, qu'il fut permis au curé de trahir son chaste secret. Arpalice avait aimé lord C*** ; mais, par tendresse pour ses sœurs, elle n'avait pas voulu se marier.

Voici la lettre que l'oncle avait trouvée dans sa serrure le jour où Arpalice avait pris la fuite. Le bonhomme, en essayant de me la lire, était si ému qu'il ne put achever, et, me la jetant sur les genoux : « Tenez, me dit-il, j'y renonce, quoique je la sache par cœur. » J'ai pris copie de cette lettre avec sa permission, et la voici : « Mon oncle, ne me blâmez pas de la faiblesse qui m'accable, j'ai tout fait pour lutter contre mon cœur. Il faut que *cette passion qu'on appelle inclination* (je traduis textuellement) soit bien plus difficile à gouverner que je ne croyais. Apparemment qu'il plaît au Seigneur de m'éprouver pour me ramener au sentiment de la crainte et de l'humilité. Hélas ! mon bon oncle, gardez-moi le secret. Rien au monde n'eût pu me déterminer à avouer à mes pauvres sœurs pourquoi j'étais malade ; mais vous êtes mon confesseur et mon père en Dieu ; je viens vous avouer avec honte que c'est le chagrin qui m'a vaincue. J'ai eu l'imprudence de recevoir plusieurs lettres de ce jeune homme, je vous les

renvoie, mon oncle : brûlez-les, que je ne les revoie
jamais ; elles m'ont fait trop de mal ! Elles ont troublé
le zèle de mes jours et le repos de mes nuits. J'ai laissé
le venin de la flatterie s'insinuer dans mon âme, et en
un instant, chose étrange et déplorable ! l'estime de cet
étranger m'est devenue plus précieuse que les bénédictions de ma famille. Tandis que les plus tendres caresses de mes sœurs, tandis que vos plus bienveillantes
paroles me tiraient à peine d'une secrète mélancolie, les
phrases insensées que mylord m'écrivait, et que je dévo-
rais avec mystère, me faisaient monter le feu au visage,
et mon cœur bondissait comme s'il allait se briser. O mon
cher oncle, quelle chose puissante que la louange, quelle
chose faible et lâche que notre cœur quand nous en
avons ouvert l'accès ! Le désordre de mon âme, arrivé
si subitement lorsque je me croyais si affermie, est un
mystère pour moi. Je ne comprendrai jamais comment un
homme que je ne connais pas a pu m'inspirer plus d'attachement pendant quelques instants que vous et mes
sœurs. Un sentiment si injuste, si aveugle, ne peut être
qu'une embûche de Satan.

» Lorsque je l'ai repoussé la première fois, vous m'a-
vez dit de bien réfléchir ; vous m'avez engagée à suivre
mon penchant, vous m'avez répété les paroles sacrées :
*Il est écrit : La femme quittera son père et sa
mère.* Je sais que c'est la loi des anciens temps. Mais
aujourd'hui, qu'il y a tant de filles à marier qui ne demandent pas mieux, je ne crois pas que les hommes
soient en peine de trouver à s'établir ; et, dès ce premier jour, comme j'avais l'esprit calme et que je ne
sentais rien pour mylord, il m'a semblé que je devais
refuser, par amour pour mes deux pauvres sœurs, une
fortune si différente de la leur. Madame sa mère m'a

bien dit qu'elle les doterait, qu'elle les emmènerait avec moi; vous ne pouviez quitter votre état, vous, mon oncle, et je n'ai pu souffrir l'idée de me séparer de vous, et de cette chère petite maison où nous vivons si heureux, pour aller porter de grandes robes et rouler carrosse dans des pays que je ne connais pas; et puis je me suis dit que, comme ce n'était pas la fortune qui pouvait me tenter et me faire épouser mylord, ce n'était pas non plus en faisant part de cette fortune à mes sœurs que je pourrais les consoler si elles ne trouvaient pas le bonheur dans ma nouvelle famille. Et puis encore, que sait-on? j'aurais peut-être été heureuse dans le mariage, et mes sœurs, voyant cela, auraient peut-être souhaité se marier aussi, et peut-être qu'elles ne l'auraient pas pu. Et si elles s'étaient mariées, peut-être n'eussent-elles pas fait d'heureux ménages; et voilà toutes nos existences si tranquilles, bouleversées; voilà notre bonheur changé en soucis, en regrets, en déplaisirs sans remède et sans terme. Enfin mon cerveau n'était pas malade : ce jour-là je vis tout d'un coup, et aussi clairement que si j'eusse lu dans un livre, tous les inconvénients de ce mariage; je vous les démontrai à vous-même, et je vous persuadai de m'affermir dans mon refus si je venais à changer malheureusement d'avis. Mais, après ce refus, les plaintes de mylord devinrent si grandes qu'elles endormirent ma raison; et quoique je ne lui aie pas donné par mes actions, mes paroles ou mes regards, la moindre espérance, voilà qu'aujourd'hui, après lui avoir écrit assez durement de me laisser en repos et de ne jamais compter me faire changer d'avis, je me suis évanouie dans ma chambre, et, après être revenue à moi-même, je me suis sentie fondre en larmes, comme si on fût venu m'annoncer votre mort ou celle d'une de mes sœurs. Épouvantée de me sentir si faible, et ne comprenant rien à la force subite de cette inclination, j'ai vu qu'il était temps de prendre quelque parti irrévocable, car je n'étais plus sûre de moi. J'ai donc ajouté au bas de ma réponse à mylord en peu de mots que je m'en allais, et ne reviendrais que lorsqu'il aurait lui-même quitté le pays. J'ajoutai que je croyais trop à son honneur pour craindre qu'il laissât ainsi errer long-temps une pauvre fille sans asile, éloignée de sa maison et de ses parents. J'espère qu'il ne me fera pas attendre son départ, et que vous viendrez me chercher, mon cher oncle, aussitôt qu'il se sera mis en route.

» Mais, mon oncle, ne pensez pas que le sacrifice soit au-dessus de mes forces, et que votre tendresse trop indulgente ne vous porte pas encore cette fois-ci à me faire revenir de ma détermination. Au nom du ciel, si vous m'aimez, si vous m'estimez, si vous croyez que mon espoir n'est pas de ce monde, et que je suis digne d'aspirer à la gloire de Dieu, ne confiez pas un mot de tout ceci à mes sœurs; elles viendraient se jeter à mes pieds, et, sans me fléchir, elles rendraient mon effort plus difficile. Écoutez, mon bon oncle, mon cher confesseur, je sais ce que je fais. Je souffre, mais je peux souffrir à présent que j'ai passé une nuit en prière. »

Ici le caractère de l'écriture indiquait une interruption et une main plus ferme.

« Écoutez, mon oncle, ne me grondez pas. Vous m'aviez fait promettre de ne jamais prononcer un vœu quelconque à notre Seigneur, ou à la Vierge, ou aux saints, sans vous consulter à l'avance. Eh bien, pardonnez-moi, j'ai vu que vous étiez plus faible pour moi que moi-même, et je viens de m'engager, au lever du soleil, par un vœu irrévocable, à rester dans le célibat.

Je n'ai pas agi à la légère, je vous en réponds. J'ai prié l'Esprit-Saint de m'éclairer. J'ai pris mon temps. L'étoile du matin brillait, et la nuit était encore noire. Je me suis dit : Je méditerai jusqu'à ce que la clarté du jour ait effacé cette étoile. Et je me suis mise à genoux devant ma fenêtre en face de l'orient, qui est la figure de la venue du Fils de l'homme sur la terre. J'ai senti que la grâce descendait en moi. Oui, je l'ai senti ; car à mesure que la fraîcheur du matin soulageait mes membres rompus, je sentais comme une brise du ciel qui soulageait mon cœur. Et à mesure que l'étoile pâlissait, la flamme de mon coupable amour s'affaiblissait. Et à mesure que l'orient s'embrasait, mon espérance et ma foi se ranimaient. Enfin, quand le premier bord du soleil a dépassé la haie du jardin, j'ai été saisie comme d'une extase ; j'ai cru voir la face du Sauveur rayonner dans ce globe de feu, mon cœur s'est brisé en sanglots de bonheur, et je me suis levée par un mouvement involontaire, en tendant les bras vers lui et en m'écriant : *Je jure.*

» Tout est dit, mon oncle, il ne faut plus me parler de mariage ; depuis un quart d'heure je me sens si joyeuse que je vois bien que j'ai pris le bon parti et que j'ai accompli la volonté de Dieu. Que ni vous ni mes sœurs ne m'en fassiez un mérite. Vous n'existeriez pas que je prendrais encore le parti de conserver à Dieu cette âme libre qui jusqu'ici n'a adoré que lui, et qui n'a jamais trouvé ni souffrance, ni mécompte, ni effroi dans cet amour.

» Maintenant je pars pour Brescia. Je descendrai chez notre cousine l'aveugle. Je lui dirai que c'est vous qui m'envoyez acheter une devanture d'autel, et je vous attends, cher oncle. A bientôt, j'espère. »

Lorsque Giulia et Luigina, les deux autres sœurs, connurent cette lettre, elles voulurent courir se jeter dans les bras d'Arpalice ; mais le curé, qui avait choisi, pour la leur communiquer, l'heure à laquelle Arpalice cultivait ses fleurs, les pria, au contraire, de ne point lui en parler. Redoublez de tendresse et de soins pour elle, leur dit-il, rendez-la plus heureuse encore que vous ne faites, s'il est possible ; aimez-la, estimez-la davantage si vous pouvez, laissez-lui de temps en temps entendre, dans les occasions délicates, que vous savez de quelle haute vertu elle est capable ; mais promettez-moi de ne jamais entrer en explication sur ce sujet. Elles le promirent, et furent fidèles à leur engagement. Et quand je demandai au curé, qui me racontait ces détails, pourquoi il avait exigé si expressément ce silence : — Voyez, dit-il en souriant, tout acte sublime a une explication naturelle, et l'explication naturelle n'empêche pas l'acte d'être sublime ; il y a dans Arpalice un immense, un vénérable orgueil, si je puis m'exprimer ainsi. En même temps il y a tant de foi et de droiture qu'elle regarde son sacrifice comme la dernière chose du monde, tandis que ses hésitations, son entraînement vers ce jeune homme, et les regrets qu'elle a étouffés depuis, lui apparaissent comme des faiblesses dont elle rougit ; et je sais, moi qui connais tous les replis de son cœur, qu'en vantant la grandeur de son courage ses sœurs l'eussent beaucoup plus humiliée que flattée... Et puis, qui sait si, en lâchant la bride à ces conversations dangereuses, la tête des deux autres ne se fût pas enflammée de quelque vaine curiosité ? Qui sait si l'amour d'Arpalice ne fût pas sorti de ses cendres ? Tout le monde se trouve bien de cet arrangement. J'ai voulu dire à Giulia et Luigina ce qu'elles devaient de reconnaissance et d'admiration à leur sœur. Ne pas le dire, c'eût été frustrer Arpalice de ce redoublement d'amour qui lui était dû, comme la récompense de sa grande action. Mais ces sortes de tragédies doivent se jouer dans le plus profond mystère de la conscience, et n'avoir pour spectateur que Dieu.

Au reste, ajouta-t-il, mes nièces sont restées unies par une invincible tendresse. Le presbytère n'a rien perdu de sa propreté, ni le jardin de son éclat. Arpalice est plus fraîche que jamais, comme vous voyez ; on chante toujours, on rit toujours comme devant ; on lit toujours l'Imitation ; on prie avec ferveur, et Dieu bénit les cœurs simples. Si une personne chez nous est plus sereine et plus contente de son sort que les autres, c'est certainement Arpalice.

III.

JE conviens que votre situation est loin de vous offrir des dédommagements aussi réels que ceux dont je vous ai fait le tableau fidèle dans l'histoire d'Arpalice. Je sais bien que votre âme est aimante et généreuse ; je ne doute pas qu'avec une pensée de dévouement, avec l'échange de vives et saintes affections, vous n'eussiez pu accomplir de semblables sacrifices. Chère Marcie, je sais que vos souffrances ne sont point imaginaires, et mon cœur est pénétré de compassion au spectacle de cet isolement fatal, sans diversion, sans terme peut-être, et que l'agitation du monde rend plus profond encore. Mais n'aggravez pas votre mal, je vous en supplie, par une fausse appréciation de vous-même et des choses extérieures. Je vous vois maintenant prendre le dessus, remporter la victoire sur les passions de la femme; mais en même temps que j'admire ce courage, je suis effrayé de vous entendre maudire la condition de votre sexe en ce qu'elle a précisément de meilleur et de plus sagement établi. Vous voudriez donner le change à vos souffrances par l'enivrement de la vie d'action. Vous vous croyez propre à un rôle d'homme dans la société, et vous trouvez la société fort injuste de vous le refuser.

Je crains, Marcie, que les promesses impuissantes d'une philosophie nouvelle ne vous aient fait du mal. Soit que vous ayez mal compris la véritable pensée du saint-simonisme, soit que, dans ses hésitations et ses recherches, le saint-simonisme n'ait pas trouvé le mot de vos destinées, vous y avez puisé le désir de l'impossible. J'éprouverai toujours de la répugnance à faire la guerre à l'apostolat éphémère des hommes qui avaient entrepris la régénération de l'homme par le travail et l'association ; mais je suis forcé de vous répéter que, par rapport à vous personnellement, il n'a rien été statué là qui pût vous être bon. Le saint-simonisme appelait les femmes à se déclarer, à se prononcer elles-mêmes sur leurs droits et sur leurs devoirs, à en tracer la limite absolue. En vérité, le pouvaient-elles? En est-il une seule, au temps où nous vivons, qui le puisse faire, même d'une manière générale? Ne sommes-nous pas, hommes et femmes, dans une époque de doute, d'examen, d'incertitude? Ne savons-nous pas tous trop et trop peu sur toutes choses? Qui osera prescrire une forme arbitraire au progrès qui nous saisit, une marche rigide au torrent qui nous entraîne? Jamais il ne fut plus difficile de s'éclairer sur les véritables besoins d'une génération. Ne faudra-t-il pas attendre que la vérité se manifeste et sorte éclatante de toutes nos clameurs ? N'est-il pas des infortunes plus urgentes à soulager que l'ennui de celui-ci et la fantaisie de celui-là ? Le peuple est aux prises avec des questions vitales ; il y a là des abîmes à découvert. Nos larmes y tombent en vain, elles ne peuvent les combler. Au milieu de cette *misère* si réelle et si profonde, quel intérêt voulez-vous qu'excitent les plaintes superbes de la froide intelligence ? Le peuple a faim ; que les beaux esprits nous permettent de songer au pain du peuple avant de songer à leur édifier des temples. Les femmes crient à l'esclavage ; qu'elles attendent que l'homme soit libre, car l'esclavage ne peut donner la liberté. Laissez les temps s'accomplir et les idées venir à terme ; cela ne sera peut-être pas aussi long qu'on l'espère d'un côté et qu'on le craint de l'autre. En attendant, faudra-t-il compromettre l'avenir par l'impatience du présent ? Faudra-t-il à tout hasard, pour satisfaire la fantaisie personnelle, trancher des questions que des siècles n'ont pas encore résolues, risquer tout en voulant tout emporter d'assaut, semer tous les trésors de courage et de dévouement sur un sol qui n'est pas encore assis, au pied des volcans à peine fermés ?

Vous, Marcie, qui n'avez jamais pu supporter la pensée d'appartenir, soit par nécessité, soit par caprice, à tout autre qu'à un homme sérieusement aimé de vous, n'avez-vous pu trouver en vous-même assez de sagesse pour repousser le désir du vain pouvoir et de la vaine gloire ? Des velléités d'ambition se sont trahies chez quelques femmes trop fières de leur éducation de fraîche date. Les complaisantes rêveries des modernes philosophes les ont encouragées, et ces femmes ont donné d'assez tristes preuves de l'impuissance de leur raisonnement.

Il est à craindre que les vaines tentatives de ce genre et ces prétentions mal fondées ne fassent beaucoup de tort à ce qu'on appelle aujourd'hui la cause des femmes. Les femmes ont des droits, n'en doutons pas, car elles subissent des injustices. Elles doivent prétendre à un meilleur avenir, à une sage indépendance, à une plus grande participation aux lumières, à plus de respect, d'estime et d'intérêt de la part des hommes. Mais cet avenir est entre leurs mains. Les hommes seront un jour à leur égard ce qu'elles les feront : confiants quand les femmes seront dignes de confiance, généreux et fidèles lorsque, dans leurs âmes aigries, de folles exigences ou d'injustes révoltes ne refouleront pas tout bon mouvement. Si les femmes étaient dans une bonne voie et dans de saines idées, elles auraient certainement meilleure grâce à se plaindre de la rigidité de certaines lois et de la barbarie de certains préjugés. Mais qu'elles agrandissent leur âme et qu'elles élèvent leur intelligence avant d'espérer faire fléchir le cercle de fer de la coutume. En vain elles se rassemblent en clubs, en vain elles engageront des polémiques, si l'expression même de leur mécontentement prouve qu'elles sont incapables de bien gérer leurs affaires et de bien gouverner leurs affections. Hommes et femmes, ne murmurons pas trop contre notre abaissement et notre servitude ! la faute en est à nous-mêmes ; si nous sommes avilis, c'est que nous n'avons pas la force de la vertu. C'est notre corruption qui fait notre esclavage, et quand nous régnerons sur nos propres volontés, nous verrons tomber en poussière les volontés brutales et les résistances inintelligentes.

Mais vous, Marcie, vous n'êtes pas une de ces femmes vaines et bornées qui aspirent à des honneurs puérils. Vous avez la conscience d'une valeur réelle, vous êtes accablée de votre inaction. La vie de famille vous est refusée par un caprice de la fortune. Il vous reste, pour lot, une vie toute d'intelligence, et c'est précisément l'emploi de cette intelligence que la société vous interdit. Vous sentez en vous trop de jeunesse et de sympathie pour faire de votre génie un emploi isolé. Vous vous dites qu'à vingt-cinq ans l'homme le mieux doué ne saurait se retirer au désert et se consacrer à une philosophie toute personnelle. Dieu aurait-il départi à la femme une force supérieure à celle de l'homme? Non, dites-vous : qu'on me laisse donc m'élancer dans la vie d'action; je me sens guerrier, je me sens orateur, je me sens prêtre; je veux, je peux combattre, discuter, enseigner. Si vous le pouvez, Marcie, vous êtes une exception, et dans des temps héroïques vous eussiez pu vous nommer Jeanne d'Arc, madame Roland, Héloïse. Mais, que voulez-vous être aujourd'hui? Cherchez dans la hiérarchie sociale, dans tous les rangs du pouvoir ou de l'industrie, quelque position où la pensée de vous installer ne vous fasse pas sourire. Vous ne pouvez être qu'artiste, et cela, rien ne vous en empêchera. Mais supposons qu'il y ait aujourd'hui dans les discussions parlementaires et dans l'exercice du pouvoir quelque chose qui puisse tenter une âme généreuse ou un esprit élevé; supposons que plusieurs femmes, excentriques par leur éducation et leurs facultés, brûlent de trouver leur place dans le monde, et, entravées par les lois, périssent consumées dans l'inaction et le regret; entre nous, Marcie, je ne crois pas qu'il y ait une seule de ces femmes en Europe à l'heure où nous parlons. N'importe; vous m'accorderez que le nombre n'en est pas grand, et qu'il serait bien imprudent de faire, à cause de ce petit nombre de prodiges, une loi qui admettrait au pouvoir déjà si fourvoyé, et à la discussion déjà si déplorable des intérêts du pays, toutes les femmes que nous ne connaissons pas, et même les premières d'entre celles que nous connaissons le mieux. Ainsi, quant à vous, grande âme cachée, sachez vous effacer, sachez vous anéantir plutôt que de désirer, pour satisfaire un besoin personnel, que le genre humain fasse un acte de démence.

Mais, pardonnez-moi, Marcie; vous êtes malheureuse, et je me laisse aller à l'ironie au lieu de chercher à vous consoler; je discute au lieu de verser sur votre front abattu les larmes de la sympathie et le baume de l'amitié. Je cherche le côté faible de votre raison, le côté malade de votre cerveau, sans songer que, plus vous serez malade et faible, plus je serai coupable et grossier de vous le faire sentir. Je vous le dis humblement, pardonnez-moi ; mais sérieusement, je vous dis : préservez-vous de ces ambitions folles. Les femmes ne sont pas propres aux emplois que jusqu'ici les lois leur ont déniés. Ce qui ne prouve nullement l'infériorité de leur intelligence, mais la différence de leur éducation et de leur caractère : ce premier empêchement pourra cesser avec le temps ; le second sera, je pense, éternel. Toujours, quel que soit le progrès de la raison superbe, le cœur des femmes sera le sanctuaire de l'amour, de la mansuétude, du dévouement, de la patience, de la miséricorde, en un mot des reflets les plus doux de la divinité et des inspirations indestructibles de l'Évangile. Ce sont elles qui nous conserveront à travers les siècles les traditions de la sublime philosophie chrétienne. Ce sont elles encore aujourd'hui qui, au milieu du débordement de nos passions grossières, sauvent à travers le naufrage les débris du spiritualisme et de l'esprit de charité. Ainsi, vous le voyez, loin de moi cette pensée que la femme soit inférieure à l'homme. Elle est son égale devant Dieu, et rien dans les desseins providentiels ne la destine à l'esclavage. Mais elle n'est pas semblable à l'homme, et son organisation comme son penchant lui assignent un autre rôle, non moins beau, non moins noble, et dont, à moins d'une dépravation de l'intelligence, je ne conçois guère qu'elle puisse trouver à se plaindre. La Providence, qui a déposé entre ses bras et attaché à son sein l'enfance de l'homme, ne lui a-t-elle pas donné un amour plus ardent de la progéniture, une industrie sublime pour cette première occupation, et des joies ineffables dont la puissance est un mystère pour la plupart des hommes? Qui nous peindra les transports d'une mère au premier baiser de son enfant? Qui nous expliquera comment l'attrait chaste et divin de cette simple caresse la dédommage au centuple des labeurs de l'enfantement, des fatigues et des sollicitudes souvent cruelles de l'allaitement? Mais, quoi! la vie de l'homme n'est-elle pas difficile et rude dans la nature comme dans la société? Tout n'est-il pas incertitude, travail, combat dans sa destinée? Et ses amours, et ses conquêtes et son repos, tout n'est-il pas acheté de son sang et arrosé de ses sueurs? Examinons la vie dans son ordre le plus social et en même temps le plus naturel. A commencer par l'amour, l'homme provoque une affection qu'il n'inspire pas encore. Faire partager cet amour est pour lui un combat et une souffrance; et pour la femme ce n'est encore qu'un examen, qu'une attente, qu'un désir vague plein de fierté douce et de sage retenue. Si le choix est libre et réfléchi, l'union est assortie et paisible. La femme a les fatigues du *ménage*, et l'époux celles de l'*établissement*, deux manières diverses, mais également nécessaires et par conséquent nobles, de travailler pour la famille. L'union est-elle troublée (et dans la généralité l'on peut croire que le mal vient des deux côtés), la femme a des consolations certaines, un but bien déterminé ; les joies de la maternité sont immuables pour elle. Quelles que soient les douleurs de son âme, les troubles de sa conscience, les incertitudes de son esprit, le sourire de ses enfants a toujours le même charme ; leurs moindres mouvements recèlent toujours cette magique influence qui répand sur tout l'être maternel une satisfaction céleste. Qu'on ne dise pas que la femme aime l'enfant à proportion de l'amour que lui inspire l'époux ; cela n'est vrai que pour de déplorables exceptions ou pour des âmes malades. Il y a deux natures distinctes dans la femme, celle de l'amante et celle de la mère. L'amante est passionnée, inégale, fantasque, souvent sublime, souvent injuste et souvent infortunée ; la mère est toute équité, toute bonté, toute sérénité. Elle est animée d'un sentiment angélique ; elle se sent revêtue malgré elle, et quelle qu'elle soit par elle-même, d'une mission divine. Elle transmet la vie, et, n'importe la valeur de l'être qu'elle a mis au jour, elle le protége et le conserve. Là est sa grandeur, là est sa gloire. Qu'elle ne cherche pas les joies étrangères, car elles lui feraient négliger la première de toutes.

Poursuivons le parallèle. L'époux que sa femme trahit et tourmente cherche au dehors l'agitation ou la gloire. Vaine ou fondée, cette gloire ne le console pas entièrement. Utile ou dangereuse, cette agitation ne l'étourdit pas toujours. La perte du bonheur domestique est souvent irréparable. L'homme a moins d'amour physique pour la progéniture que la femme ; la sympathie morale est subordonnée à trop de chances pour que ses enfants lui donnent à coup sûr des satisfactions aussi vives que cet amour des entrailles, privilége exclusif de la mère. Sa tendresse, moins aveugle parce qu'elle est moins vive, est plus utile aux enfants, mais elle est moins douce à lui-même ; et forcément il doit attacher plus d'importance à la vie extérieure, aux soucis des affaires, aux faveurs de l'opinion. Ses relations avec la société ont toujours pour but direct ou indirect l'avenir de la famille. Car je prends pour type un homme ordinaire, dépourvu des hautes vertus qui font l'enthousiasme, mais préservé des vices affreux qui détruisent les sentiments humains. Cet homme est arrivé à l'âge où les affections personnelles ont fourni leur carrière ; il sent peu à peu se développer en lui un sentiment plus large, celui qui fait le citoyen, l'amour de la famille en grand, l'intérêt privé sympathique aux intérêts généraux, en un mot, le patriotisme plus ou moins éclairé, plus ou moins généreux. Des liens nombreux se sont formés entre l'individu et la société. Or, il trouve là des occupations attachantes, souvent même des jouissances vives dont la femme aurait le droit d'être jalouse si elle n'en avait de relatives dans la présence assidue et dans l'espèce de possession immédiate de ces êtres qu'instinctivement et moralement elle préfère à tout. Ainsi, tant qu'elle n'est pas opprimée dans l'exercice de ses véritables devoirs, elle trouve dans ces devoirs mêmes la source de ses félicités, ou tout au moins de ses consolations.

Dans la vieillesse, la destinée de l'homme pâlit sensiblement, non parce que les joies matérielles lui échappent : tout se compense ; et s'il a moins d'aptitude à la vie active, il a en revanche plus de ressources matérielles acquises pour assurer son bien-être ; mais parce qu'à mesure qu'il approche du terme de sa vie, il devient moins nécessaire à la famille. Dans cet effacement progressif de l'individu dont la tâche est accomplie, la seule joie qui ne lui échappe pas, c'est l'estime et le respect de la famille sociale et de la famille privée. C'est alors que la progéniture devenue indépendante et l'opinion devenue impartiale récompensent la tendresse paternelle et la conduite civique par une tendresse et une considération proportionnées aux services rendus. Alors le vieillard s'endort paisible et consolé de sa dure carrière s'il espère que la semence de ses sentiments et de ses idées fructifiera dans une génération sortie de lui et des siens. La mère est moins occupée de la grande famille humaine et de l'avenir des idées que de la vie matérielle des êtres nés de son sein. Elle se console de la mort par la seule certitude de la vie qu'elle a donnée et qui subsiste après elle. Comme la fleur en s'effeuillant mêle son dernier parfum aux parfums naissants des boutons qui s'entr'ouvrent sur sa tige, j'ai vu l'aïeule rustique mourir en échangeant son dernier sourire avec celui de l'enfant qui venait de naître.

Ainsi le rôle de chaque sexe est tracé, sa tâche lui est assignée, et la Providence donne à chacun les instruments et les ressources qui lui sont propres. Pourquoi la société renverserait-elle cet ordre admirable, et comment remédierait-elle à la corruption qui s'y est glissée, en intervertissant l'ordre naturel, en donnant à la femme les mêmes attributions qu'à l'homme ? La société est pleine d'abus. Les femmes se plaignent d'être asservies brutalement, d'être mal élevées, mal conseillées, mal dirigées, mal aimées, mal défendues. Tout cela est malheureusement vrai. Ces plaintes sont justes, et ne doutez pas qu'avant peu mille voix ne s'élèvent pour remédier à ces maux. Mais quelle confiance pourraient inspirer à des juges intègres des femmes qui, se présentant pour réclamer la part de dignité qu'on leur refuse dans la maison conjugale, et surtout la part sacrée d'autorité qu'on leur refuse sur leurs enfants, demanderaient pour dédommagement, non pas la paix de leur ménage, non pas la liberté de leurs affections maternelles, mais la parole au forum, mais le casque et l'épée, mais le droit de condamner à mort ?

Vous m'avez entraîné sur le terrain de la discussion, et j'en ai trop dit sur ce sujet; je me suis donné trop de peine pour combattre en vous une rêverie qui a pu traverser un instant votre esprit dans un jour de souffrance et d'exaltation maladive. Je me suis bien écarté de mon sujet principal, qui était de vous réconcilier, s'il se peut, avec votre situation personnelle. Vous souffrez de votre isolement. Le mariage, la famille vous présentèrent d'abord un tableau digne de vos plus nobles aspirations, je le conçois. Mais je ne concevrai pas qu'il y eût dans les hallucinations de la vanité féminine un rêve digne de vous. Dans tous les cas, ce rêve est irréalisable, celui de vivre un jour en famille ne l'est pas, et votre malheur présent n'est que l'ennui et l'effroi de l'attente ! Pauvre âme, ayez patience et ne perdez pas courage ; il me paraît très-probable que vous serez appelée par de meilleures circonstances, par la rencontre imprévue de ces bonheurs dont l'ange de notre destinée nous murmure quelquefois le secret à l'oreille, à réaliser votre premier vœu. Si la fortune continue à vous maltraiter, vous serez plus forte qu'elle ; vous tournerez vos aspirations vers des hauteurs sublimes, vous chercherez entre le mysticisme et la philosophie un rôle d'exception, une mission de vierge et d'ange; si votre âme n'y atteint pas, vous souffrirez long-temps avant de vous résoudre à risquer votre sagesse sur des promesses incertaines, sur des espérances trompeuses. Vous mourrez plutôt que d'accepter la fortune et le plaisir de quelque source impure.

Et n'ayez pas d'amertume contre moi, amie infortunée. Ne dites pas que vous me défiez de joindre l'exemple au précepte. Qu'est-ce que cela prouverait pour ou contre la vérité? La vérité est immuable; le culte plus ou moins fidèle, plus ou moins épuré que nous lui rendons, n'altère ni n'augmente sa toute-puissance. Elle est au-dessus de nos négations, comme elle est au-dessus de nos hommages; c'est une source vive qui ne se refuse jamais à nos lèvres, mais qui ne saurait être tarie et ensablée par notre abandon. D'ailleurs, il faudrait que je fusse bien préoccupé, bien maladroit à exprimer ma pensée, si je vous semblais, en cette circonstance, occupé un seul instant à me prévaloir d'aucune espèce de supériorité sur vous. Je vous l'ai dit, je vous le répète, mon âme est aussi troublée, aussi effrayée que la vôtre; et quand je vous exhorte au courage, c'est à nous deux que je parle.

Adieu! attendez la manifestation de la volonté divine. Il est une puissance invisible qui veille sur nous tous, et, quand même nous serions oublié, il y a un état de délaissement préférable aux rigueurs de la destinée. Il y a une abnégation meilleure que l'agitation vaine et les passions aveugles. Vous êtes au sein des mers orageuses comme une barque engravée. Les vents soufflent, l'onde écume, les oiseaux de tempête rasent d'un vol inquiet votre voile immobile; tout éprouve la souffrance, le péril, la fatigue; mais tout ce qui souffre participe à la vie, et ce banc de sable qui vous retient, c'est le calme plat, c'est l'inaction, image du néant. Mieux vaudrait, dites-vous, s'élancer dans l'orage, fût-ce pour y périr en peu d'instants, que de rester spectateur inerte et désolé de cette lutte où le reste de la création s'intéresse. Je comprends bien et j'excuse ces moments d'angoisses où vous appelez de vos vœux l'heure de la destruction qui seule consommera votre délivrance. Cependant si les flots pouvaient parler et vous dire sur quels graviers impurs, sur quels immondes goëmons ils sont condamnés à se rouler sans cesse; si les oiseaux des tempêtes savaient vous décrire sur quels récifs effrayants ils sont forcés de déposer leurs nids, et quelles guerres des reptiles impitoyables livrent à leurs tremblantes amours; si, dans les voix mugissantes de la raffale, vous pouviez saisir le sens de ces cris inconnus, de ces plaintes lamentables que les esprits de l'air exhalent dans des luttes terribles, mystérieuses, vous ne voudriez être ni la vague sans rivage, ni l'oiseau sans asile, ni le vent sans repos. Vous aimeriez mieux attendre l'éternelle sérénité de l'autre vie sur un écueil stérile; là, du moins, vous avez le loisir de prier, et la résignation de la plus humble espérance vaut mieux que le combat du plus orgueilleux désespoir.

IV.

Dans un siècle sans foi et sans crainte, lorsque soi-même on est entraîné par l'esprit d'examen et de doute, il est impossible, dites-vous, de trouver dans le vague des idées religieuses la consolation et la force que nos pères puisaient dans un dogme absolu. Il est vrai, Marcie, que nous traversons une époque fatale, et que, de toutes celles qui enfantèrent des révolutions importantes dans la marche de l'esprit humain, aucune peut-être ne fut aussi féconde en souffrances et en terreurs.

Il y avait naguère encore un dogme et une doctrine, un maître, un législateur, un Dieu ami, et de là un culte, un commerce direct et brûlant entre les âmes d'élite et celui qu'on appelait le Fils de l'homme. La foi a perdu son mystère ; l'homme a contesté au maître et à l'ami son humble et ineffable divinité. Les lares chrétiens ont disparu de notre chevet, les pieds de Jésus n'ont plus reçu les baisers des vierges, les plis du voile sans tache de Marie n'ont plus essuyé les larmes des solitaires. L'homme a dit au Christ : Je n'ai plus besoin de toi, je suis assez sage, assez fort ; garde tes miracles pour les simples, réserve tes préceptes pour les faibles, présente ton hostie aux lèvres des petits enfants ; pour nous, il nous faut un Dieu plus neuf, une philosophie plus facile, une éducation plus rapide. Ton temple est vieux, ton culte est usé ; ton nom sert de glaive et de bandeau dans la main des princes de la terre. Tes prêtres ont scellé de la croix et des insignes de tes martyrs la vente de nos âmes et de nos vies ; ils ont fait servir ta parole à épaissir les ténèbres de notre entendement. Sois donc le Dieu des despotes et le Dieu des esclaves ; nous voulons être libres. S'il faut passer par l'athéisme, s'il faut renverser ton Calvaire et maudire ton père Jehovah, nous le ferons plutôt que de rester courbés sous des lois iniques et sous un fouet sanglant.

Et ainsi, tandis que des prêtres impies livraient de nouveau le Christ aux Pharisiens, les fidèles trompés et découragés abandonnaient leur maître, et la foule resta sans doctrine et sans loi. Ce qu'on appela dès lors la philosophie fut l'absence de toute philosophie, car avec le christianisme on perdit le précepte de toute morale sentie et raisonnée, et l'habitude de veiller humblement sur soi-même, si salutaire, et qu'aucune sagesse ne peut remplacer. Quelques hommes essayèrent de faire revivre d'antiques doctrines, saints monuments des temps antérieurs au christianisme, mais insuffisantes après lui, et n'apportant pas plus d'éléments de vie que des cadavres exhumés du cercueil. Il n'était pas donné à la raison humaine de rompre la chaîne des temps. La logique inflexible de l'éternel mouvement entraîne nos intelligences vers l'avenir. Si nous devons saluer le passé avec respect, nous ne pouvons pas rétrograder vers lui. Comment Épicure et Platon, comment Zénon et Épictète pourraient-ils éclairer le Christianisme, dont la seule sagesse les résume et les perfectionne tous ?

L'étude de ces vieux maîtres était bonne par elle-même ; mais la chaleur factice que ces mânes illustres pouvaient nous rendre un instant fit bientôt place au froid du tombeau. Nous sentîmes leurs reliques tomber en poussière, tandis que la voix du Christ criait encore au fond de nos âmes et que son sang coulait toujours, rare, mais chaud et vivifiant, des veines de la Montagne sainte. Un instant nous vîmes Rome et Sparte secouer leurs fantômes héroïques sur le monde des vivants. De grands actes de délivrance s'accomplirent sous leurs auspices, mais leurs vastes linceuls ne furent pas longtemps à notre taille. Les exploits homériques de l'empire napoléonien ajoutèrent encore quelques jours d'illustration à notre rêve d'antiquité. Puis, après les guerres de la délivrance et celles de l'ambition, l'homme retomba des enivrements de la gloire dans les soucis de la réalité. Il se retrouva en présence d'un Dieu long-temps oublié qu'il ne savait plus ni invoquer ni entendre. Il n'y avait plus de médiateur entre le ciel et la conscience humaine. Les anciens rois et les anciens prêtres revenaient en procession solennelle et ridicule, portant sur leur bannière un Christ souillé et défiguré, une idole honteuse revêtue des emblèmes divins, Baal effrontément courbé sous la couronne d'épines, sous le bois sacré de la croix, apportant aux hommes la servitude et l'abrutissement au nom du Père des hommes et du Sauveur des nations. Plus que jamais dégoûtés du mensonge, nous nous sommes retrouvés face à face avec nous-mêmes, avec un nouvel homme, vide de foi et de volonté, avec un spectre qui revendiquait pour substance la fange de la matière, pour pères les dieux les plus aveugles et les plus grossiers, les monstres que Jupiter et Brama n'avaient pu terrasser, et dont le Christ délivra l'humanité tremblante, le Hasard et la Fatalité.

Voilà les fétiches hideux que nous sauvâmes dans le naufrage; et voilà pourquoi nous sommes une génération infortunée, une colonie errante dans l'infini du doute, cherchant comme Israël une terre de repos, mais abandonnée, sans prophète, sans guide, sans étoile, et ne sachant même pas où dresser une tente dans l'immensité du désert.

Voilà aussi pourquoi l'ennui nous dévore, les passions nous égarent, et le suicide, démon des ténèbres, nous attend à notre chevet ou nous attire le soir sur le bord des eaux. Nous n'avons plus de fond solide pour y jeter l'ancre de la volonté, et cette ancre inutile s'est brisée dans nos mains ; nous avons perdu la garde de nous-même, l'empire de nos affections, la conscience de nos forces. Nous doutons même de notre existence éphémère, de notre rapide passage sur cette terre maudite, et on nous voit sans cesse arrêtés devant le spectacle de notre propre vie comme un homme qui s'agite dans la fièvre et s'éveille en criant : Que signifie ce rêve ?

Voilà où nous en sommes venus, ô Marcie, et voilà pourquoi vous et moi nous sommes accablés du poids de l'existence comme si l'ordre de l'univers était troublé, comme si l'homme et le monde se trouvaient tout à coup en désaccord et venaient donner un démenti à la sagesse de Dieu. Mais il y a une grande loi des esprits semblable à celle du cours des fleuves ; c'est une marche éternelle qui détruit tout pour tout renouveler, ou, pour mieux dire, qui emporte tout pour tout replacer ; car rien ne se détruit que ce qui est faux, et tout ce qui est vrai subsiste éternellement. Le malheur des temps présents est un hommage terrible mais éclatant rendu à la vérité. Si nous l'avions étouffée gaiement dans nos cœurs, si nous étions descendus avec sincérité dans les abîmes du doute, si nous avions perdu la foi sans gémir et sans blasphémer, il serait prouvé que Dieu n'est pas nécessaire à l'homme, et alors Dieu ou l'homme n'existerait pas. Mais nous souffrons, mais nous nous sentons pleins de terreur et de colère, et les hommes des faux biens souffrent plus encore sous leur masque et derrière leur forfanterie que nous, rêveurs et poètes, dans nos détresses solitaires. Et toute cette douleur est un autel qui s'élève, c'est un chant barbare encore et féroce comme le furent dans un autre ordre d'idées ceux des druides, et pourtant c'est un hymne à la vérité. A travers nos souffrances et nos délires, nous ne pouvons plus concevoir qu'un Dieu irrité, ennemi de l'homme, et pour l'apaiser nous lui offrons des hécatombes sinistres, les larmes de nos nuits sans repos, le sang de nos cœurs sans espoir. Le suicide immole encore des victimes humaines dans la nuit et dans l'orage.

Mais le nuage sombre qui voile la face du Seigneur se dissipera; ne regardons pas en arrière, ne nous arrêtons pas où nous sommes. Si nous ne pouvons marcher, traînons-nous. Tant qu'il y aura de l'espace devant nous, il y aura aussi de l'espérance; quelque effrayante que soit notre situation, luttons contre elle; quelque éloigné que paraisse le terme, soyons sûrs qu'il importe beaucoup d'avoir fait un pas pour s'en rapprocher, fallût-il rester encore trois cents ans dans le désert, puisque le moindre terrain gagné amène l'accomplissement des desseins providentiels et prépare le sentier à la génération qui nous suit.

Quel remède en effet assigner à la perte de nos croyances? Autant vaudrait essayer d'arrêter le vol brûlant des comètes que d'espérer retenir dans sa chute un trône ou un temple qui s'écroule. L'humanité procède historiquement, en vertu de son libre arbitre; et la souveraine intelligence qui la gouverne l'abandonne à toutes ses chances d'erreur et d'infortune, parce qu'elle l'a douée d'un principe vital qui ne périt point, parce qu'elle sait que la vérité renaît toujours de ses propres cendres et que l'on ne l'enterre pas sous des ruines. Jamais, quoi qu'on fasse, on ne détruit l'esprit de vie des religions; on ne brise que de vains simulacres, on ne souille que des vêtements, on n'altère que des formes extérieures. L'humanité tombe un instant haletante et comme épuisée; puis elle reprend courage et se relève aussi ardente à rebâtir qu'elle le fut à détruire; elle répare, quand les jours de santé sont revenus, le mal qu'elle a fait dans les jours de délire. Elle reconstruit tous les édifices, et c'est toujours à l'*Éternel,* à la perfection et à la vérité qu'elle les dédie. Elle rejette tous les mauvais matériaux et tous les faux procédés qui causèrent la ruine de l'œuvre ancienne, et, faisant usage d'éléments mieux éprouvés, elle rétablit promptement un nouvel ordre approprié à ses besoins nouveaux. Ainsi, sous les régions tropicales, la nature robuste et généreuse recommence son travail après de grands orages, et l'on voit la végétation, pressée de réparer le temps perdu, reverdir en un jour et cacher sous un luxe magique les désastres de la veille.

Laissez-vous soutenir au sein de votre désespoir par une mâle certitude, par une sévère consolation. Vous êtes un holocauste nécessaire; vos larmes ne tomberont pas en vain sur cette page de l'histoire religieuse. Ces armes précieuses des âmes mystiques fécondent un germe de salut. Vous n'êtes point impie pour avoir donné accès en vous au scepticisme du grand poète. Byron est entre le passé et l'avenir de la foi un lien rude et sanglant, mais entier et solide. C'est un de ces *ponts d'enfer* qu'on rencontre dans les montagnes près des cimes, et qui sont jetés sur des gouffres. Ils sont perdus dans les nuées du ciel autant que dans la fumée des cataractes, et, quoique ébranlés par la furie du torrent, ils ne sont point emportés et scellent les deux lèvres de l'abîme par un arc de granit. On les traverse en tremblant; quelques-uns y sont saisis de vertige et se précipitent d'en haut; d'autres disent: Il faudrait briser ce pont, œuvre téméraire, insensée, impie, qui leurre le voyageur et brave les éléments. Mais ces esprits faibles ne songent pas qu'il faut arriver à l'autre bord. Car dans ce pèlerinage des temps, il n'est pas permis de reculer, et les chemins qui vous conduisent sont enlevés par les orages aussitôt que vous y avez passé. Traversez donc hardiment. Le scepticisme est le défilé périlleux que nous ne sommes plus libres de tourner; les hommes sans tête et sans cœur y périssent, les hommes vaillants et forts s'y engagent sans se demander comment ils en sortiront; ils portent l'arche d'alliance des générations futures, et la voix du Seigneur leur crie d'avancer sans regarder à leurs pieds.

Eh bien, il est vrai, nous n'avons plus de culte; nous prions sur les montagnes et dans les forêts, car nos temples sont renversés et profanés. Nous errons parmi des abîmes, et nous les franchissons souvent sur des planches qui tremblent sous nos pieds. Dans ce dur pèlerinage, nos rites se sont perdus, et nous avons oublié jusqu'à la formule de nos prières; nous n'osons plus invoquer Jésus, nous craignons qu'il ne soit pas assez Dieu pour nous absoudre. Nous n'osons invoquer Jehovah, nous craignons qu'il soit trop grand pour nous entendre; trop orgueilleux ou trop humbles avec la divinité, n'ayant plus ni règles, ni mesure, ni communion, ni symbole, nous faisons entendre sur nos sentiers perdus de grands cris de détresse, prière instinctive qui monte aux cieux, non plus comme un cantique, mais comme un sanglot.

Heureux ceux qui n'ont pas douté! quelques élus ont marché sans crainte et sans fatigue par des chemins bénis; ils ont gravi des pentes douces à travers de riantes vallées. Conduits par l'étoile mystérieuse de l'espérance, ces justes ont franchi le temps et les révolutions sans être un seul instant ébranlés dans leur sainte confiance. Ils ont dépouillé sans effort ni terreur le fond de sa forme, l'erreur du mensonge ; ils ont tendu la main à ceux qui tremblaient, ils ont porté dans leurs bras les débiles et les accablés. Déjà ils pourraient sans doute formuler le christianisme futur, si le monde voulait les écouter ; et, quant à eux, ils ont placé leur temple sur les hauteurs au-dessus des orages, au-dessus du souffle des passions humaines. Ceux-là ne connaissent ni indignation contre la faiblesse, ni colère contre l'incertitude, ni haine contre la sincérité. Peut-être l'avenir n'acceptera-t-il pas tout ce qu'ils ont conservé des formes du passé ; mais ce qu'ils auront sauvé d'éternellement durable, c'est l'amour, élan de l'homme à Dieu ; c'est la charité, rapport de l'homme à l'homme.

Quant à nous, qui sommes les enfants du siècle, nous chercherons dans notre Eden ruiné quelques palmiers encore debout, pour nous agenouiller à l'ombre et demander à Dieu de rallumer la lampe de la foi. Nous tâcherons de sauver dans nos croyances passées quelques-unes de ces grandes sympathies poétiques, filles de l'enthousiasme, mères de la vérité. Là où notre conviction restera impuissante à percer le mystère de la lettre, nous nous rattacherons à l'esprit de l'Évangile, doctrine céleste de l'idéal, essence de la vie de l'âme. Avec cet aliment sain et robuste, cette morale toute tracée et si facile à ramener à son vrai sens, avec le charme de cette philosophie chrétienne qui se rattache à ce qu'il y a de plus beau et de plus pur dans les philosophies antérieures, avec la ferme volonté de tout sacrifier à l'amour et à la recherche de la vérité, je pense que nous pouvons atteindre à une sorte de calme ou du moins à un grand rassérénement de l'âme. Comment la pureté, ou tout au moins l'épuration de la conscience, ne conduirait-elle pas à la lucidité de l'esprit, à un meilleur équilibre du caractère? Avant de nous formuler une doctrine, sans doute il nous faudrait atteindre naïvement et sincèrement le premier point. C'est peut-être tout ce que pourra faire cette génération, et c'est déjà beaucoup. L'existence d'un *Dieu-Perfection* nous est si intimement révélée qu'elle ne peut être révoquée en doute dans l'état de santé morale. Pour guérir les athées, il ne faudrait peut-être qu'observer une hygiène intellectuelle, combattre l'orgueil, la sensualité, l'égoïsme, entrer de bonne foi dans une réforme douce et graduée, suivre, en un mot, ne fût-ce que comme essai, un régime d'esprit et de corps. Je crois qu'au bout de peu de temps, et à leur propre insu d'abord, ce besoin de croire et d'aimer reviendrait naturellement germer dans leur sein. De ce besoin à la puissance de le satisfaire, il y a une progression infaillible, pleine de charmes, que beaucoup d'entre nous ont connue, soit dans la guérison de quelque passion funeste, soit au déclin de quelque maladie physique. La nature opère et renouvelle le miracle de vie dans le monde de l'esprit comme dans celui de la matière. De même que le grain de blé devient un épi sous l'influence mystérieuse des éléments, de même la semence divine fructifie rapidement dans le cœur de l'homme au souffle vivifiant d'une invisible sollicitude.

Pour vous, Marcie, qui croyez et qui aimez, la seule inquiétude est de trouver un cadre qui resserre vos principes et les fortifie en les résumant. C'est là ce que vous regrettez amèrement dans ce catholicisme auquel vous dites cependant ne pouvoir retourner; faute de cette formule, malgré des idées saines, de nobles instincts et une vie pure, vous vous sentez atteinte d'une sorte de vertige, et votre conscience est ébranlée. La plupart des femmes sont dans ce cas, Marcie, et à cet égard elles montrent beaucoup plus d'insouciance ou beaucoup plus de regret que les hommes. Une légèreté naturelle les livre aisément à l'oubli de toute religion, ou bien une extrême sensibilité leur fait sentir le besoin impérieux d'un culte; à ces dernières, il faut la splendeur des rites, les émotions du sanctuaire, la richesse ou la grandeur des temples, ce concours de sympathies explicites, l'autorité du prêtre, en un mot tout ce qui frappe l'imagination et satisfait ou irrite le sens pratique, si développé et en même temps si délicat chez elles. Il y a dans ce luxe d'organisation quelque chose de trop excitable et qu'il serait bon peut-être de contenir ou de modifier. Il faudra que les femmes sachent renoncer à faire du culte un spectacle. Il serait bon déjà, pour celles qu'une foi naïve et sans doute respectable ne tient plus sous le joug des pratiques minutieuses, de s'habituer à un culte plus mâle, à des communications plus directes, plus intimes avec la Divinité.

Encore une fois, je n'oserais arracher du pied des autels une âme croyante et soumise, pour l'initier à un examen dont elle n'aurait pas senti le besoin. Mais à vous, Marcie, qui avez cru devoir secouer la poussière du parvis sur les dernières marches de l'église, je crois pouvoir vous donner un conseil qui me semble faire partie de la sagesse du siècle présent : c'est de ne vous astreindre à aucune formalité aveugle, et pourtant de vous faire des habitudes soutenues et une règle constante dans l'exercice de la foi. Prière en inspiration, méditation, lecture, examen quotidien de la conscience, travail assidu pour combattre les mauvais penchants et tendre à la perfection. C'est de ne fermer l'oreille ou l'esprit à aucune nouvelle philosophie, de quelque forme qu'elle soit revêtue. Il est important, à une époque où tout cherche à réorganiser les lois de la conscience, de connaître et de juger tous les efforts qui tendent à ce but de bonne foi. Chaque siècle porte en soi les germes qui doivent en se développant alimenter les siècles futurs. C'est donc encore un devoir pour tout être intelligent d'examiner et d'analyser ces germes avant qu'ils éclosent, afin de séparer l'ivraie du bon grain, et d'aider à la fécondation de la pure semence. C'est en cela que, faute de prêtres intelligents et sincères, nous sommes tous prêtres et devons exercer un ministère humble et zélé, chacun dans la mesure de nos forces et dans l'étendue de nos attributions. Ne vous découragez donc pas, Marcie, et ne déplorez plus ni votre isolement ni votre inaction. Pour quiconque sent vivre en son cœur le principe de la fraternité humaine, il y a des devoirs à accomplir, des conseils à donner ; et pour nous tous qui sommes les créatures de Dieu, il y a des droits à ressaisir, un libre examen à exercer.

Puisque Dieu a placé notre vie entre une foi éteinte et une foi à venir, puisque le prêtre qui tenait sur ses genoux le livre de la destinée humaine n'a pas voulu tourner le feuillet et nous lire la seconde parole du Seigneur, Marcie, il est temps de pourvoir à nos pensées et à nos actions. Ce qui a péri avait sa raison de périr, n'allons donc pas nous lamenter. S'il est encore des âmes croyantes, laissons-les s'endormir, pâles fleurs, parmi l'herbe des ruines ; mais l'homme ne vit et ne marche qu'avec une idée, un désir, un but. Quand les oracles se taisent, l'homme s'interroge lui-même et frappe aux portes de la vie éternelle. Dans un passé, aujourd'hui poussière, ronce et ortie des tombeaux, cherchons si la mort a pu vivre, si la destruction a pu durer. Évidemment non. Ce qui a duré, c'est le devoir et le dévouement que le Christ a divinisés; le bien, le bon, le beau, n'attendent pas pour éclore un soleil qui ne s'est pas levé. Ce bien, son but et son idéal ne sauraient changer à chaque pas que fait l'humanité; autrement où irait-elle éternellement, si ce n'est vers un leurre éternel? Tenons-nous-en à cette loi des siècles, si bien résumée par le Christianisme, car elle a duré et elle durera. Ne refaisons pas nos vies d'après un type inconnu encore à créer, si nous voulons trouver l'accord tant cherché de la vie sociale et de la tradition divine. Par la vertu, nous arriverons à la vérité; nous voulons vivre, nous devons vivre : or, la vie, pour la famille humaine, c'est la foi, c'est la charité. Or cette vie ne peut se réaliser qu'à la condition d'une règle chez l'individu, d'une préparation sérieuse à la bonté, au sacrifice. Du jour où nous aimerons, nous serons religieux et Dieu nous visitera.

Marcie, il est une heure dans la nuit que vous devez connaître, vous qui avez veillé au chevet des malades ou sur votre prie-Dieu, à gémir, à invoquer l'espérance : c'est l'heure qui précède le lever du jour; alors tout est froid, tout est triste; les songes sont sinistres et les mourants ferment leurs paupières. Alors j'ai perdu les plus chers d'entre les miens, et la mort est venue dans mon sein comme un désir. Cette heure, Marcie, vient de sonner pour nous; nous avons veillé, nous avons pleuré, nous avons souffert, nous avons douté; mais vous, Marcie, vous êtes plus jeune; levez-vous donc et regardez : le matin descend déjà sur vous à travers les pampres et les giroflées de votre fenêtre. Votre lampe solitaire lutte et pâlit; le soleil va se lever, son rayon court et tremble sur les cimes mouvantes des forêts; la terre, sentant ses entrailles se féconder, s'étonne et s'émeut comme une jeune mère, quand, pour la première fois, dans son sein, l'enfant a tressailli.

V.

Chère Marcie, je suis profondément touché de la déférence que vous accordez à mon avis, et je serais aujourd'hui plein d'orgueil, s'il y avait pour vous dans mon cœur place à un autre sentiment que l'affection. Il faut qu'en cherchant de bonne foi quelle était pour vous la meilleure destinée, j'aie rencontré juste en quelque point, car votre réponse est remplie d'une confiance qui m'honore et d'une émotion qui me pénètre. Que tout l'honneur en revienne à la vérité dont la puissance se manifeste quelquefois par les organes les plus indignes !

Mais vous allez plus loin que je ne voudrais ; en plus d'un endroit vous avez mal saisi le sens de mes paroles (la faute en est à mon insuffisance), ou bien votre esprit ardent et généreux s'est élancé au delà de ma pensée, et la faute en est encore à moi, car j'aurais dû prévoir qu'avec une âme comme la vôtre, il y aurait excès de force dans l'enthousiasme, comme il y avait un excès de sensibilité dans la douleur.

Non, mon amie, jamais ma pensée n'a été de vous amener à un renoncement éternel, et si je n'espérais obtenir encore un peu de votre confiance, je serais effrayé de voir éclore en vous ce dessein extrême. Mais vous y réfléchirez et vous ne prononcerez pas un vœu téméraire, insensé, dans la position où vous êtes.

Je ne m'attribue pas tout l'honneur ni tout le danger de ce que vous appelez si gracieusement, Marcie, votre conversion. Je pense que, le hasard vous ayant conduite au couvent des Bénédictins de X..., le tableau si poétiquement tracé par vous de cette vie monastique vous a frappée plus encore que mes amicales démonstrations. Cette vie est belle en effet pour un artiste, et je conçois que vous ayez été sensible à tout ce charme mis en relief peut-être avec quelque habileté naïve pour vous séduire et vous attirer. Mais remarquez à quelles conditions cette vie est possible. Remarquez quelle faible déviation à l'orthodoxie peut la rendre tout à coup odieuse et impraticable.

Depuis long-temps vous avez dépouillé ce vêtement des religions qu'on appelle le culte; je ne vous ai jamais rien enseigné ni rien conseillé à cet égard. Vous ne m'avez jamais consulté et vous avez tranché librement la question, élaguant de vos croyances tout ce qui n'avait plus de pouvoir sur vous. Si j'ai essayé dernièrement d'exhumer de votre cœur tout ce que vous aviez sauvé et enseveli des débris du vieil édifice, et de le rattacher aux hardies conceptions de l'édifice nouveau, c'est avec la certitude que je ne pouvais rien vous ôter ni rien vous donner; vous êtes ce que vous vous êtes faite vous-même, selon les conseils de votre sagesse ou les nécessités de votre destinée. Que feriez-vous donc dans un couvent avec cette liberté d'examen et ce droit d'interprétation auxquels vous ne sauriez certainement plus renoncer? Vous savez bien que la fidélité au serment ne tient pas tant à la force personnelle de l'homme qu'à la sainteté du serment en lui-même. Le jour où un vœu réputé nécessaire et sacré tombe dans le domaine de l'examen, s'il lui arrive d'être regardé comme inutile et vain, la conscience fait bien vite bon marché des formules et des solennités de l'engagement ; si le vœu est injuste ou impossible, elle sait que Dieu l'a repoussé et qu'il n'a point été enregistré dans les archives célestes ; s'il n'est que puérilement orgueilleux, s'il ne produit qu'une vertu de luxe, une superfluité de sagesse, on se flatte que Dieu pardonne la rupture et consent à l'effacer du livre divin ; en un mot, pour garder un tel vœu, il faut croire aveuglément et s'incliner devant les mystères du dogme, ou bien il faut s'être formulé un dogme personnel tellement éclairé, tellement épuré, tellement acceptable, qu'on ne craigne plus d'avoir à y revenir et à le renverser pour le premier perfectionnement venu. Or vous n'êtes, Marcie, ni dans le premier ni dans le second cas. Votre catholicisme est tombé dans les ténèbres du doute. Votre christianisme est à son aurore de foi et de certitude. Vous cherchez la lumière et l'enseignement, vous ne les trouverez point chez moi. Mais si vous les cherchez au couvent, vous les y trouverez encore moins, car on abaissera sur votre visage un voile épais, et l'on vous dira que ce voile doit fermer à jamais les yeux de votre corps au spectacle des passions humaines, et ceux de votre intelligence à l'esprit de la lettre sacrée. Vous le promettriez en vain, l'intelligence transplantée sur certaines hauteurs ne peut plus redescendre. Quoique les cimes soient perdues dans les nuages, elle les préférera désormais au séjour de la terre. Elle se précipiterait en vain, tête baissée, dans de muets abîmes, elle en ressortirait bientôt ou ébranlerait son refuge dans les convulsions terribles de son agonie.

Enfin vous le savez, vous le déclarez vous-même, vous ne pouvez rentrer sous cette loi du passé. Votre désir d'être religieuse s'exprime comme un regret, parce que vous sentez qu'il faudrait porter dans le cloître une âme aveugle et soumise; mais ce que vous semblez vous proposer, ce vœu d'abstinence que vous êtes tentée violemment, dites-vous, de prononcer dans le secret de votre cœur, afin de mettre entre les vaines espérances et vous une barrière insurmontable, me paraît un remède pire que la mort.

D'abord je vois dans votre avenir beaucoup de fondement à réaliser ces espérances de mariage et de maternité que je n'appellerai pas vaines, car elles sont justes et saintes, et Dieu sans doute les exaucera. Ensuite je sais que, s'il ne le fait pas, il vous en dédommagera magnifiquement; car la vertu trouve sa récompense en elle-même et en Dieu, qui sont une seule et même essence divine. Il vous fera entrer dans une voie de perfection que vous devez attendre et accepter, et non provoquer par l'impatience. Vous connaîtrez alors ces joies suprêmes de la sagesse victorieuse, *ces mâles voluptés de l'abstinence* dont parle un grand écrivain moderne. Cette quiétude de l'âme, cette force du sentiment et de l'intelligence dans la vie ascétique, sont à coup sûr la condition la plus noble et la plus précieuse que l'esprit humain puisse attendre. Mais c'est une destinée d'exception, une sorte de prêtrise libre et sublime que Dieu consacre dans le mystère, en versant sur certaines têtes d'élite tous les parfums de son amour, tous les bienfaits de son adoption. Mais où seront ceux qui oseront prétendre à cette intimité avec la perfection céleste, à cette fusion avec l'infini, sans avoir mérité de telles faveurs par de rudes combats, par de longues souffrances? Quel esprit audacieux s'imaginera qu'il suffit d'entrer dans le temple et de soulever le voile du sanctuaire pour embrasser la divinité! Il faut passer bien des jours et bien des nuits à genoux sur les marches du parvis, il faut avoir affronté bien des soleils dévorants, essuyé bien des pluies glacées, avoir été battu par l'orage, courbé jusqu'à terre par le vent, ou bien il faut n'avoir pas eu un instant de faiblesse, une heure de langueur et de doute dans sa vie ; il faut n'avoir rien commis ou tout expié, pour oser se présenter à la communion intime de la haute sagesse et de la haute piété. Si telle est votre ambition, Marcie, songez que c'est une ambition subite, ardente, audacieuse, et qu'à votre point de vue religieux et philosophique il n'est peut-être donné aujourd'hui à dix personnes de réaliser. Ces épreuves terribles que les prêtres de Memphis faisaient subir à leurs adeptes avant de leur révéler les mystères sacrés sont une image de la persévérance et de l'humilité qui devraient préluder à de telles initiations.

D'ailleurs il faudrait savoir si de semblables résolutions sont possibles à soutenir sans le concours des circonstances extérieures, sans une règle, sans une volontaire captivité, sans l'appareil des monastères, sans la consécration du vœu formulé, sans l'appui, l'aide et la force toujours éveillée d'une autorité matérielle solidaire envers le monde. L'Église catholique a jugé ces contraintes domestiques et sociales nécessaires à l'observation des vœux, et, voulant admettre tous ses lévites à l'état sublime de virginité, elle a dû procéder par tous les moyens pour éviter le scandale des chutes ou pour cacher le désespoir des regrets.

Il ne m'appartient pas d'examiner une question aussi grave que serait celle de la nécessité de ce vœu chez le prêtre. Pour ma part, j'y ai toujours cru, même dans les plus superbes jours d'examen et de doute ; mais, outre que je n'oserais rien trancher à cet égard, il n'importe aucunement à notre sujet. Vous voulez disposer de votre sort par un vœu séculier, en dehors d'une religion formulée. Je crois que la chose n'est ni utile ni possible. Permettez-moi d'ailleurs de vous dire, Marcie, que ces volontés extrêmes, ces aveugles élans vers un but auquel il ne faudrait songer qu'en frissonnant, ne sont pas la marque certaine d'une véritable guérison. Ce sont des rayons de soleil vers la fin de l'orage, des fleurs épanouies aux approches du printemps. Mais il y aura encore des bourrasques terribles, il y aura de sombres nuits d'hiver. Tenez-vous en garde contre ces réactions, vous ne les éviterez pas; sachez les supporter sans désespoir de voir renaître le calme et recommencer l'été. Combien ne seriez-vous pas troublée et épouvantée si de nouvelles crises survenaient après un serment où votre conscience et votre raison se trouveraient engagées au delà de vos forces! Ne jurez pas, Marcie, ne jurez pas! Le destin peut sourire et la vie venir comme une coupe de miel s'offrir à vos lèvres pures. Aliéner la liberté de répondre aux secrets desseins d'une Providence dont vous n'avez pas le droit de douter, ce serait presque un crime. Je ne vous ai cité l'exemple d'Arpalice que pour vous montrer quelles douceurs peut offrir le célibat quand on a de fortes raisons pour s'y dévouer; mais ces raisons n'existent pas pour vous, et vous n'avez pas conservé la foi naïve qui anima cette jeune fille: vos principes doivent vous suggérer des desseins moins romanesques, mais plus réfléchis. De toutes les résolutions, la plus héroïque est justement celle que vous avez à suivre. Il s'agit d'*attendre*, et c'est en effet ce que l'homme supporte le plus difficilement dans toutes les positions. Agir contre sa souffrance ne demande que de l'énergie ; la subir quand on ne peut agir contre elle, c'est le fait de la force. Il est aisé dans un jour d'enthousiasme de disposer de soi et de sacrifier un avenir qui se présente sous la forme d'un rêve. Mais gouverner ses passions et ses volontés, jour par jour, heure par heure, recommencer chaque matin un ouvrage menacé et troublé chaque jour, reprendre au réveil une chaîne pesante, s'endormir tous les soirs en rattachant les anneaux de cette chaîne sans cesse brisée, ne se haïr et ne s'enorgueillir jamais, prendre patience avec soi-même, tendre le dos aux coups de la tempête en ne désespérant jamais de toucher le port, c'est là une grande tâche, et ne croyez pas que vous pussiez la supporter si on vous ôtait le désir d'un état plus doux. Vous tomberiez dans une inertie dont la nature a horreur et contre laquelle elle proteste en retournant au néant. Si vous n'aviez pas cette espérance parfois amère et irritante, votre souffrance ne se sentirait pas ennoblie. Allez, la souffrance est bonne, la douleur est sainte quand on sait les accepter comme des épreuves venant d'en haut. Il est également coupable d'en provoquer et d'en éviter les atteintes. Le destin n'est impitoyable qu'à ceux qui entrent en révolte contre lui.

Et après tout, soyez de bonne foi. Cet état de l'âme où la douceur de l'espoir et le stoïcisme de l'abnégation tiennent la balance égale n'est pas dépourvu de joies secrètes et de mystérieux triomphes. Il y a de chastes rêves où l'objet des regrets et des désirs apparaît sous des formes angéliques, plus beau mille fois qu'il ne le fut ou qu'il ne le sera dans la vie réelle. Il y a des mouvements de fierté légitime où le témoignage d'une conscience pure nous défend et nous venge de la vaine compassion d'un monde insensé. Il y a surtout des heures d'effusion où l'âme, victorieuse de ses épreuves, croit sentir le regard de Dieu se poser doucement sur elle et l'inonder d'une chaleur vivifiante. Ces lueurs sont fugitives; elles traversent rarement nos ténèbres. Telle est la volonté du ciel. Nul homme ne voudrait vivre et souffrir avec ses semblables s'il lui suffisait de se retirer du bruit et de se mettre à genoux pour recevoir l'ineffable rosée de l'amour. Mais à ceux qui acceptent la vie d'ici-bas telle qu'elle est imposée, à ceux qui boivent humblement un calice inévitable, Dieu se manifeste assez souvent et assez sensiblement pour que l'âme attristée se ranime, tressaille, s'attendrisse et continue sa route sur le dur·sentier en se disant que Dieu la regarde et ne la laissera pas périr.

O mon Dieu, ô lumière, ô sagesse, ô amour! quand ton esprit passe, quelles sont ces larmes inattendues que le parfum d'un lis ou le chant d'un insecte attirent sur nos paupières desséchées? Après nos nuits d'angoisse, quand la sagesse humaine, lasse d'arguments sans conviction et de conseils sans puissance, tombe vaincue et brisée sous le poids de nos douleurs, quel est ce frisson inconnu qui parcourt nos veines et ce réveil de la confiance qui lève impérieusement nos bras vers toi, comme si nous avions senti ton souffle agiter l'univers? Pourquoi le vent qui froisse les roseaux et courbe les saules emporte-t-il notre angoisse comme une feuille sèche qui se perd dans l'espace? Quel pouvoir la brise du crépuscule a-t-elle sur mon esprit et sur mes sens? Pourquoi cette étoile qui va s'éteindre jette-t-elle tout à coup un éclat si vif que mon espoir s'envole vers elle et me fait bondir d'une joie insensée? Qu'y a-t-il de commun entre ce soleil perdu dans les abîmes de l'infini et moi, atome indiscernable, rampant à la surface d'un monde roulant dans les ténèbres? O étoile, me verrais-tu, me connaîtrais-tu, m'aimerais-tu? ô vent du matin, est-ce à moi que tu parles? O mes yeux, quelle main invisible a rouvert vos sources taries? O mes bras, quels fantômes avez-vous cru embrasser en vous dressant tout à coup vers le ciel?...

O Marcie! certains élans de l'âme, rapides comme l'éclair et vagues comme l'aube, suffisent à calmer ces lentes douleurs qui nous rongent, à faire crouler cette montagne de plaintes et d'ennuis si péniblement entassée durant nos lâches révoltes. Nous ne voyons pas d'où découle le baume, nous ne pouvons conserver la manne divine au delà du temps nécessaire pour ranimer nos forces et nous empêcher de mourir; mais elle tombe chaque jour dans le désert; et, quand nous doutons de la main qui la verse, c'est quand nous avons négligé de l'invoquer, c'est quand nous avons oublié de purifier le vase que le Seigneur a commandé de tenir toujours prêt à recevoir ses dons.

Marcie, ne promettez pas, demandez; ne refusez pas, acceptez; ne doutez pas, priez.

VI.

Les femmes, dites-vous, ne sont pas philosophes et ne peuvent pas l'être. Si vous ramenez le mot de philosophie à son sens primitif, amour de la sagesse, je crois que vous pouvez, que vous devez cultiver la philosophie. Je sais qu'aujourd'hui on donne le titre de philosophes aux hommes les moins voués à la pratique de la force et de la vertu. Il suffit qu'on ait étudié ou professé la science des sages, ou seulement qu'on ait rêvé quelque système de législation fantastique, pour être gratifié du titre que portèrent Aristote et Socrate. Mais l'œuvre de la philosophie est ouverte à vos regards, et vous pouvez y puiser tous les secours dont votre âme a besoin. C'est une œuvre immense, éternelle; une sorte d'encyclopédie de l'intelligence commencée avec le monde, et à laquelle le progrès de chaque siècle, résumé par la parole ou l'action de ses grands hommes, vient apporter son tribut de matériaux. Ce travail ne finira qu'avec la race humaine, et il faudrait nier la raison et la vérité, avant de prouver que cette seule vraie richesse, ce seul légitime héritage de l'humanité n'est accessible qu'à certains élus. Chaque âge, chaque sexe, chaque position sociale y doit trouver un aliment proportionné à ses forces et à ses besoins. On enseigne la philosophie aux jeunes garçons; on devrait nécessairement l'enseigner aux jeunes filles.

Je sais que certains préjugés refusent aux femmes le don d'une volonté susceptible d'être éclairée, l'exercice d'une persévérance raisonnée. Beaucoup d'hommes aujourd'hui font profession d'affirmer physiologiquement et philosophiquement que la créature mâle est d'une essence supérieure à celle de la créature femelle. Cette préoccupation me semble assez triste, et si j'étais femme je me résignerais difficilement à devenir la compagne ou seulement l'amie d'un homme qui s'intitulerait mon Dieu : car au-dessus de la nature humaine je ne conçois que la nature divine; et comme cette divinité terrestre serait difficile à justifier dans ses écarts et dans ses erreurs, je craindrais fort de voir bientôt la douce obéissance, naturellement inspirée par l'être qu'on aime le mieux, se changer en la haine instinctive qu'inspire celui qu'on redoute le plus. C'est un étrange abus de la liberté philosophique de s'aventurer dans des discussions qui ne vont à rien moins qu'à détruire le lien social dans le fond des cœurs, et ce qu'il y a de plus étrange encore, c'est que ce sont les partisans fanatiques du mariage qui se servent de l'argument le plus propre à rendre le mariage odieux et impossible. Réciproquement l'erreur affreuse de la promiscuité est soutenue par les hommes qui défendent l'égalité de nature chez la femme. De sorte que deux vérités incontestables, l'égalité des sexes et la sainteté de leur union légale, sont compromises de part et d'autre par leurs propres champions. Les aphorismes maladroits de la supériorité masculine n'ont pris cette âcreté, je vous l'ai dit, qu'à cause des prétentions excessives de l'indépendance féminine.

L'égalité, je vous le disais précédemment, n'est pas la similitude. Un mérite égal ne fait pas qu'on soit propre aux mêmes emplois, et pour nier la supériorité de l'homme il eût suffi de lui confier les attributions domestiques de la femme. Pour nier l'*identité* des facultés de la femme avec celles de l'homme, il suffirait de même de lui confier les fonctions publiques viriles; mais si la femme n'est pas destinée à sortir de la vie privée, ce n'est pas à dire qu'elle n'ait pas la même dose et la même excellence de facultés applicables à la vie qui lui est assignée. Dieu serait injuste s'il eût forcé la moitié du genre humain à rester associée éternellement à une moitié indigne d'elle; autant vaudrait l'avoir accouplée à quelque race d'animaux imparfaits. A ce point de vue, il ne manquerait plus aux conceptions systématiques de l'homme que de rêver pour suprême degré de perfectionnement l'anéantissement complet de la race femelle et de retourner à l'état d'androgyne.

Eh quoi ! la femme aurait les mêmes passions, les mêmes besoins que l'homme, elle serait soumise aux mêmes lois physiques, et elle n'aurait pas l'intelligence nécessaire à la répression et à la direction de ses instincts ? On lui assignerait des devoirs aussi difficiles qu'à l'homme, on la soumettrait à des lois morales et sociales aussi sévères, et elle n'aurait pas un libre arbitre aussi entier, une raison aussi lucide pour s'y former ! Dieu et les hommes seraient ici en cause. Ils auraient commis un crime, car ils auraient placé et toléré sur la terre une race dont l'existence réelle et complète serait impossible. Si la femme est inférieure à l'homme, qu'on tranche donc tous ses liens, qu'on ne lui impose plus ni amour fidèle ni maternité légitime, qu'on détruise même pour elle les lois relatives à la sûreté de la vie et de la propriété, qu'on lui fasse la guerre sans autre forme de procès. Des lois dont elle n'aurait pas la faculté d'apprécier le but et l'esprit aussi bien que ceux qui les créent seraient des lois absurdes, et il n'y aurait pas de raison pour ne pas soumettre les animaux domestiques à la législation humaine.

Non, Marcie, loin de moi, loin de vous cette pensée que vous n'êtes pas apte à concevoir et à pratiquer la plus haute sagesse que les hommes aient pratiquée ou conçue. La précipitation de vos desseins, l'ardeur de vos pensées inquiètes ne prouvent rien sinon que vous avez une âme forte et que vous n'avez pas encore trouvé la nourriture qu'elle réclame. Cherchez-la dans les livres sérieux. Appliquez-vous à les comprendre, et si vous sentez quelquefois vos facultés rebelles, sachez bien qu'elles sont ainsi par inexpérience et non par impuissance. Les femmes reçoivent une déplorable éducation ; et c'est là le grand crime des hommes envers elles. Ils ont porté l'abus partout, accaparant les avantages des institutions les plus sacrées. Ils ont spéculé jusque sur les sentiments les plus naïfs et les plus légitimes. Ils ont réussi à consommer cet esclavage et cet abrutissement de la femme, qu'ils disent être aujourd'hui d'institution divine et de législation éternelle. Gouverner est plus difficile qu'obéir. Pour être le chef respectable d'une famille, le maître *aimé* et *accepté* d'une femme, il faut une force morale individuelle, les lois sont impuissantes. Le sentiment du devoir, seul frein de la femme patiente, l'élève tout à coup au-dessus de son oppresseur. La famille, témoin équitable et juge désintéressé, porte son jugement et son respect exclusivement sur celui des époux qui se montre le plus sage et le plus attaché à la vertu. La haine du despote s'en accroît, et souvent la loi est forcée d'intervenir pour soustraire à ses fureurs une victime épuisée.

Pour autoriser cet oubli des devoirs et pour empêcher la femme d'accaparer par sa vertu l'ascendant moral sur la famille et sur la *maison*, l'homme a dû trouver un moyen de détruire en elle le sentiment de la force morale, afin de régner sur elle par le seul fait de la force brutale; il fallait étouffer son intelligence ou la laisser inculte. C'est le parti qui a été pris. Le seul secours moral laissé à la femme fut la religion, et l'homme, s'affranchissant de ses devoirs civils et religieux, trouva bien que la femme gardât le précepte chrétien de souffrir et se taire.

Le préjugé qui interdit aux femmes les occupations sérieuses de l'esprit est d'assez fraîche date. L'antiquité et le moyen âge ne nous offrent guère, que je sache, d'exemples d'aversion et de systèmes d'invectives contre celles qui s'adonnent aux sciences et aux arts. Au moyen âge et à la renaissance, plusieurs femmes d'un rang distingué marquent dans les lettres. La poésie en compte plusieurs. Les princesses sont souvent versées dans les langues anciennes, et il y a un remarquable contraste entre les ténèbres épaisses où demeure le sexe et les vives lumières dont les femmes de haute condition cherchent à s'éclairer. Ces honorables exceptions n'excitent aucune haine chez les contemporains, et sont au contraire mentionnées par les écrivains de leur siècle sur un pied d'égalité qui serait à tort ou à raison fort contesté dans les mœurs littéraires d'aujourd'hui. Les chefs de famille avaient-ils autrefois plus de gravité et de justice ? La foi religieuse leur inspirait-elle des sentiments plus doux et plus nobles envers leurs épouses ? Je le pense ; la loi de l'Église fondée sur les impérieux préceptes de saint Paul n'a jamais été réclamée par les maris avec plus d'âpreté que depuis la transgression de toutes les autres lois de l'Église et l'oubli de tous les autres apôtres. Quelque éloigné qu'on fût déjà, il y a cinq cents ans, de l'esprit du christianisme, l'esprit public issu et formé de cette philosophie chrétienne commandait aux hommes l'accomplissement de leurs devoirs domestiques. Le mari est aisément absolu lorsqu'il est juste et bon. La femme obéit instinctivement à ce qu'elle aime : esclave tendre et infatigable de ses enfants au berceau, comment ne serait-elle pas soumise volontairement à des conseils sages et affectueux ? Il est certain que le lien de la famille a été en se relâchant avec les époques de brillantes corruptions, et le dix-huitième siècle a porté une atteinte mortelle à la dignité du lien conjugal.

La principale raison de ce fait est l'énervement du caractère viril déjà préparé sous les règnes précédents, et consommé sous le long et paisible règne de Louis XV. Jusque-là le système de guerres continuelles qui opposait des obstacles matériels au développement de l'esprit humain, a tenu la généralité des deux sexes dans une ignorance à peu près égale. La marche de la science et de la philosophie n'est pas suspendue, mais quelques élus seulement peuvent s'arracher aux préoccupations politiques, s'isoler et cultiver le champ sublime sur des hauteurs inaccessibles à la foule. Les agitations sociales, ici les croisades, plus loin les guerres de schisme, emportent l'homme loin de ses pénates, et laissent à la tête de la famille la femme investie d'une autorité non contestée; si ses attributions sont considérables, si son rôle est important dans la société, l'instruction qu'elle peut avoir acquise est d'un avantage réel pour la fortune et la dignité de son époux.

Bruyamment occupé au dehors, il aime dans ses heures de loisir et de calme à trouver ses affaires bien gouvernées et ses enfants bien élevés. Le pauvre voit régner sous son humble toit l'économie, sa seule richesse, et sourit au gouvernement humble et laborieux de sa compagne. Ainsi, là où la femme remplit ses vrais devoirs, l'homme, loin d'y apporter obstacle et de se livrer à cette basse jalousie d'autorité domestique qu'engendre l'oisiveté, applaudit aux travaux de son associée, ministre solidaire de ses véritables intérêts.

Mais la guerre est suspendue. La tolérance étouffe heureusement les guerres de religion. La lumière se répand sur les masses. Le despotisme à son déclin jette une dernière clarté sur le monde étonné de se sentir si enchaîné et si libre à la fois. La fermentation des esprits apporte dans les idées un désordre effrayant. L'impunité du vice entraîne ceux-ci, le progrès de la raison attire ceux-là. Chacun obéit à ses instincts et à ses sympathies, car jusque-là il a fallu étouffer instincts et sympathies pour défendre l'existence matérielle que l'industrie commence à affranchir des luttes sociales. Une crise providentielle terrible et magnifique va entraîner l'humanité dans une nouvelle phase de vie. Les croyances religieuses cherchent à se dégager de leurs langes, le sentiment de l'indépendance bouillonne dans toutes les veines, le règne de la vérité s'annonce à l'horizon. Mais dans son empressement, la société, arrachée à son repos et à ses songes de ténèbres, se précipite dans des voies encore sombres, et son salut se prépare au sein d'une déplorable confusion. La lutte du passé et de l'avenir s'engage sur tous les points. L'homme ne doit conquérir son domaine qu'au prix de son sang et de ses sueurs. Les institutions sont ébranlées, les mœurs se corrompent odieusement. Le volcan verse par ses mille cratères la fange immonde et la lave brûlante qui vont labourer la terre et féconder son sein glacé. Combien d'années de crimes et d'héroïsme, d'abjection et de grandeur, jointes aux années déjà écoulées depuis que le volcan est en fusion, faudrait-il encore subir avant d'atteindre au résultat de tant de fatigues et d'efforts ? Nous ne le savons pas, mais nous voyons que l'œuvre marche et que rien ne l'entrave. Espérons, et pour nous aider au courage, tâchons de comprendre et de constater l'état des mœurs depuis que cette révolution est en travail.

FIN.

LES MISSISSIPIENS.

PROVERBE.

PERSONNAGES.

LA MARQUISE DE PUYMONFORT.
JULIE, sa fille.
LE DUC, ami de la maison.
SAMUEL BOURSET, fait comte de Puymonfort par son mariage avec Julie.
LÉONCE, chevalier de Puymonfort, cousin de Julie.
DESCHAMPS, vieux valet de chambre de la marquise.

Chez la marquise de Puymonfort. — Un petit hôtel au Marais.

PROLOGUE.
1703.

SCÈNE PREMIÈRE.
LE DUC, DESCHAMPS.

LE DUC *entre en belle toilette du matin.*
Eh bien ! Deschamps, on est déjà parti pour l'église ?
DESCHAMPS.
Ah ! monsieur le duc ! votre présence eût été bien nécessaire. Au moment de monter en voiture, made-

moiselle s'est trouvée mal. Il a fallu la rapporter dans son appartement, où madame la marquise a eu toutes les peines du monde à la faire revenir. Madame la marquise s'inquiétait beaucoup de ne pas voir arriver monsieur le duc ; elle me disait : Deschamps, aussitôt que monsieur le duc sera au salon, faites-le monter ici. Et puis elle ajoutait, comme se parlant à elle même : Ah ! mon Dieu ! il n'y a que lui qui ait un peu de tête ici ! Enfin, mademoiselle a repris courage, et elle s'est laissé emmener ; mais madame la marquise m'a ordonné, en partant, de prier monsieur le duc d'aller la rejoindre à l'église...

LE DUC, *s'asseyant.*

C'est ça ?... je vais aller m'enrhumer dans vos diables d'églises ! (*Se parlant à lui-même en se frottant les jambes.*) La chère marquise croit que j'ai toujours vingt ans... C'est bien assez qu'il faille avaler la messe du roi quand on va faire sa cour... Oh ! pardi, j'ai de la dévotion par-dessus les yeux !

DESCHAMPS.

Monsieur le duc aura la bonté de dire à madame la marquise que j'ai obéi à ses ordres, car elle me gronderait beaucoup si j'y manquais.

LE DUC.

Te gronder, toi, Deschamps ? est-ce qu'on se fâche avec un vieux serviteur comme toi ?

DESCHAMPS.

Eh ! eh ! quelquefois, monsieur le duc, depuis la mort de monsieur le marquis !

LE DUC.

Eh ! eh ! monsieur Deschamps, vous persiflez, je crois !... Il y a long-temps que je ne t'ai rien donné... Tiens, vieux coquin !

SCÈNE II.

LE DUC, *seul.*

Ces canailles-là se mêlent d'avoir de l'esprit! Ah çà, pourvu que la petite n'ait pas fait quelque nouvelle sottise avec sa belle passion... Baste! elle se consolera comme se consolent toutes les femmes à présent, avec des parures, de beaux équipages et un grand train de vie... Autrefois les femmes valaient mieux; c'est un fait, elles nous aimaient quelquefois pour nous-mêmes; pas souvent, mais enfin ça se voyait : tandis qu'aujourd'hui il n'y a pas un regard qu'il ne faille payer au poids de l'or... La Maintenon, et avec elle la dévotion, a introduit cet usage... Aussi il fait cher vivre à présent... Mais qu'y faire?... Il faut bien marcher avec son siècle.

SCÈNE III.

LE CHEVALIER, LE DUC.

(*Le chevalier, pâle et dans un grand désordre, quoique mis avec une certaine recherche, entre avec agitation, et, sans faire attention au duc qui est enfoncé dans un fauteuil, jette brusquement son chapeau sur la table.*)

LE DUC, *tressaillant.*

Eh! doucement donc, mon cher! vous avez des façons... (*Se retournant vers le chevalier.*) Ah! comment, diable! c'est toi, mon pauvre chevalier? Je ne m'y attendais guère.

LE CHEVALIER.

Et cela vous paraît bien ridicule, monsieur duc?

LE DUC.

Passablement, à ne te rien cacher. Que diable viens-tu faire ici, mon cher?

LE CHEVALIER.

Je voulais la voir encore une fois, lui dire adieu, ou du moins rencontrer son regard avant que cet horrible sacrifice fût accompli.

LE DUC, *tranquillement*.

En ce cas tu viens trop tard, car déjà le sacrement est entre vous. Tiens, écoute ces cloches; c'est le *Sanctus* qui sonne à la paroisse. La messe touche à sa fin, le mariage est consacré. (*En chantant.*) *Allez-vous-en, gens de la noce.*

LE CHEVALIER.

Avec quelle horrible tranquillité vous m'enfoncez ce poignard dans le cœur!... Ah! je vous ai cru mon ami, celui de Julie du moins, et vous voyez notre désespoir avec une indifférence!...

LE DUC.

Votre désespoir! dis le tien, pauvre fou, puisque tu es assez naïf pour prendre la chose au sérieux; mais, quant à celui de Julie, elle épouse Samuel Bourset. C'est ce que j'y vois de plus clair.

LE CHEVALIER.

Et qui donc a fait ce mariage infâme? car enfin, je le sais, et désormais votre feinte pitié ne me trompera plus; c'est vous qui l'avez conseillé, et vous l'avez mené à bout avec une persévérance, avec une perfidie...

LE DUC, *haussant les épaules*.

Chevalier, tu perds la mémoire. Tu es fort troublé, c'est ton excuse. Mais essaie un peu de rappeler tes esprits. Lorsqu'il y a huit jours tu vins me trouver et me dire : La succession de mon père est liquidée; il s'y trouve plus de dettes que d'argent ; je suis un homme ruiné...

LE CHEVALIER.

Ah! je vous ouvris mon cœur avec un abandon!...

LE DUC.

As-tu donc sujet de t'en repentir? Quels conseils me demandas-tu? Des conseils pour être heureux ou des conseils pour être sage?

LE CHEVALIER.

Je vous demandai de me tracer mon devoir; vous l'avez fait, j'en conviens; mais...

LE DUC.

Mais j'aurais dû y joindre un miracle, n'est-ce pas, et trouver le moyen de te conserver honnête homme en te faisant faire une mauvaise action? Je ne suis pas si habile.

LE CHEVALIER.

Je sais que, perdu sans ressource, je ne pouvais plus aspirer à la main d'une fille bien née sans fortune elle-même.

LE DUC.

Quand la faim et la soif se marient, comme on dit, ils ont pour enfants la misère et la honte.

LE CHEVALIER, *vivement*.

Non, monsieur le duc, la misère n'est pas la sœur de la honte.

LE DUC.

Eh bien! mettons qu'elle est sa cousine germaine. Je ne te dis pas cela pour te blesser, chevalier. Tu es jeune, tu as du courage, de l'esprit, du génie... Tu feras ce que tu as projeté. Tu iras dans l'Inde ou dans le Nouveau-Monde refaire ta fortune ou mourir. C'est le devoir d'un homme de ta naissance. Mais tu m'avoueras qu'en épousant ta cousine tu ne prenais pas le chemin de réparer tes désastres. Jeunes tous deux et amoureux en diable, vous eussiez eu une nombreuse famille...

LE CHEVALIER.

Ah! quelles images d'un bonheur pur vous me mettez cruellement sous les yeux! Et maintenant il faut qu'elle passe du sanctuaire où je la plaçais dans mes rêves aux bras d'un ignoble traitant, d'un juif, d'un Samuel Bourset! Oh! non, ce n'est pas la misère qui est la sœur de la honte, monsieur le duc, c'est la richesse acquise au prix de l'amour et de la pudeur.

LE DUC.

Parlons-nous philosophie ; j'en suis et je te donne raison. Mais si nous vivons dans un monde positif, et je crois que nous ne pouvons en sortir décemment ; quoi que nous fassions, il nous faut suivre l'opinion, accepter ce qu'elle encourage et nous garder de ce qu'elle proscrit. Tu te croyais passablement fortuné et tu allais épouser ta cousine. Un beau matin tu te trouves sur le pavé ; il faut que tu t'en ailles, et de plus il faut que ta cousine se marie. Je sais bien que dans le premier moment tu t'es flatté qu'elle attendrait ton retour des Grandes-Indes. Il a fallu te le laisser croire pour te donner du courage.

LE CHEVALIER.

Eh! ne pouviez-vous me le laisser croire du moins jusqu'à mon départ!... Quelques jours encore, et je serais parti plein d'avenir, plein d'illusions ; tandis que maintenant je n'ai plus qu'à me brûler la cervelle.

LE DUC.

Fi donc! c'est du plus mauvais goût. Mon perruquier en a fait autant la semaine dernière pour la femme de mon valet de chambre. Tu n'en feras rien, mon cher ; un gentilhomme ne doit pas finir comme un pleutre. Et quant au reproche que tu me fais de ne t'avoir pas embarqué avec tes illusions en pacotille, j'ai à te répondre que, si on t'avait laissé l'ombre d'une espérance, tu ne serais jamais parti. Tel est l'homme, surtout quand il est amoureux et qu'il a dix-huit ans.

LE CHEVALIER.

Ah! que vous étiez tous pressés de me voir partir!... Eh bien! si je devais subir ce dernier supplice, fallait-il donc mêler le ridicule à l'odieux, et, sous mes yeux, la livrer à un homme de cette espèce?

LE DUC.

Mon cher ami, cet homme a des millions, et la semaine dernière sa majesté a promené elle-même dans ses jardins de Marly, de l'air le plus gracieux qu'on lui ait vu depuis vingt ans, et en disant les plus aimables choses qu'elle ait dites de sa vie, maître Samuel Bernard le financier, l'oncle du Samuel Bourset que nous épousons aujourd'hui. Maître Bernard paye les dettes du roi : cela vaut bien deux heures d'affabilité ; car ce ne sont pas de petites dettes ! mais aussi ce n'est pas un petit monsieur que celui que Louis XIV caresse de la sorte !

LE CHEVALIER.

Et vous aussi, vous contemplez tranquillement de pareilles choses?

LE DUC.

Moi? je sais qu'en penser aussi bien que toi. Mais à nous deux nous ne changerons pas le monde. La cour et la ville se modèlent l'une sur l'autre; le roi est ruiné et nous le sommes. Il est magnifique et veut que nous le soyons; il s'endette et nous nous endettons, il flatte la finance et nous tirons le chapeau après lui. Ainsi, ta cousine fait aujourd'hui un excellent mariage, et, à l'heure qu'il est, plus de deux mille nobles familles qui ne savent plus à quel clou se pendre, bien loin de mépriser le sang d'Israël, eussent bien voulu attirer vers elles ce filon d'or.

LE CHEVALIER.

Julie est assez belle, assez charmante, d'une famille assez illustre, pour qu'un homme riche et bien né eût recherché sa main.

LE DUC.

Non, pas dans le temps où nous sommes. Et d'ailleurs, chevalier, puisque tu me forces à te le dire, Julie était compromise plus que tu ne le penses par la violence de ton amour. L'attrait d'un grand nom a pu seul déterminer un traitant à passer par-dessus certaines craintes... qui sont un préjugé sans doute, mais un préjugé moins facile à vaincre chez nous autres que chez les gens du commun.

LE CHEVALIER.

Ah ! elle est pure comme la vertu elle-même !... J'en atteste...

LE DUC.

Je ne demande pas cela ; ça ne regarde personne, la voilà mariée...

LE CHEVALIER.

Si cet homme a de pareilles craintes, il n'en est que plus vil de les braver.

LE DUC.

Cet homme quitte aujourd'hui son fâcheux nom de Samuel Bourset pour celui de Bourset de Puymonfort. Sa femme le rebaptise par contrat de mariage ; qui sait ? le roi l'anoblira peut-être. C'est comme cela que les grandes familles se conservent ; c'est l'usage maintenant, il n'y a rien à dire. Les hommes de finance y tiennent beaucoup. S'ils ne changeaient de nom, ils n'arriveraient pas aux emplois, et il faut bien qu'ils y arrivent. Dans vingt ans d'ici ils y seront tous. Heureusement je n'y serai plus... Et toi qui vas en Amérique, je t'en félicite; je voudrais être assez jeune pour t'accompagner.

LE CHEVALIER.

Eh bien! votre froide sévérité sur les choses et sur les hommes de ce temps me gagne et me fortifie... Oui, je partirai, mais sans l'avoir vue... Je veux qu'elle sache que je la méprise trop pour lui dire adieu.

LE DUC, *l'observant.*

Est-ce que, par hasard, elle comptait te revoir?

LE CHEVALIER.

Croyez-vous que je serais venu ici de moi-même? Non, je n'aurais jamais remis les pieds dans cette maison; mais elle l'a voulu... Tenez, voici le billet que j'ai reçu ce matin...

LE DUC, *à part, le parcourant.*

Ah! c'est donc pour cela qu'elle a fait promettre à sa mère de ne pas la conduire directement de l'église à la maison du banquier, mais de la ramener ici pour quelques instants!... (*Lisant.*) *J'ai arraché à maman la promesse que nous nous verrions un instant en sa présence.* (*Haut.*) Mais non pas en la présence du mari, je pense?... (*Avec une mordante ironie.*) Bonne mère! je la reconnais bien là! (*Regardant le chevalier, qui est fort ému.*) Et tu comptes accepter ce rendez-vous?

LE CHEVALIER.

Non pas! Vous me rappelez à moi-même... je pars à l'instant!... (*Il fait quelques pas, regarde autour de lui et fond en larmes.*) Ah! ce pauvre vieux petit salon où j'ai passé la moitié de ma vie, innocent et pur, auprès d'elle!... heureux comme jamais ne l'a été le roi de France au milieu des pompes de Versailles!... je ne le verrai plus... Je vais vivre sur une terre étrangère, où pas une main amie ne serrera la mienne, où pas un cœur ne comprendra ma souffrance.

LE DUC.

Pauvre chevalier!.... il me fait vraiment pitié.... Voyons, modère-toi un peu, que diable! Veux-tu m'écouter un instant et suivre mes conseils?

LE CHEVALIER.

Parlez! Je suis privé de force et dépourvu de raison à l'heure qu'il est.

LE DUC.

A ta place, voici ce que je ferais : je ne partirais pas; du moins je ne partirais que l'année prochaine.

LE CHEVALIER.

Et à quoi bon prolonger d'une année ce supplice, trop long déjà d'une heure?

LE DUC.

Qu'il est simple! Mais où donc as-tu été élevé, mon pauvre garçon? Comment! tu ne me comprends pas? Voilà le mariage conclu à ne plus s'en dédire; ta présence ne peut plus l'embrouiller... Maintenant tu aimes, tu es aimé... Tu me regardes avec de grands yeux! Que diable! je ne peux pas parler plus clairement, ce me semble!

LE CHEVALIER.

Que me dites-vous? Troubler son repos? ternir sa réputation?...

LE DUC.

C'est ce que tu fais depuis huit jours avec tes emportements. Calme-toi, sois modeste dans ton bonheur; tout ira bien, car c'est ainsi que va le monde.

LE CHEVALIER.

Puis-je vivre ainsi, sans fortune et sans état ?

LE DUC.

A quoi bon faire fortune si tu n'épouses pas? Pourvu que tu aies une position dans le monde.... d'ici à un an je te ferai avoir une compagnie de quelque chose.

LE CHEVALIER.

Croyez-vous donc que dans un an je pourrai quitter Julie plus aisément qu'aujourd'hui ?

LE DUC.

Oh! bien certainement je le crois. Il est même possible que dans ce temps-là vous soyez aussi charmés de vous quitter que vous en êtes désolés aujourd'hui.

LE CHEVALIER.

Mais Julie oubliera-t-elle ainsi ses devoirs? car enfin son mari... sa mère...

LE DUC.

Sa mère est la meilleure femme du monde. Je la connais, moi. Je la connais même beaucoup, entre nous soit dit, et je te réponds qu'au lendemain du mariage ses idées sur la morale ne seront plus celles de la veille.

LE CHEVALIER.

Oh! comme vous parlez de ma tante! moi qui l'ai vénérée jusqu'ici comme une mère !... Je crois rêver.

LE DUC.

Relis donc le billet; tu verras que la marquise ne veut pas que sa fille meure de chagrin. Quant au mari, dans cette classe-là ils sont tous aveugles de naissance. Et puis, quand il se douterait de quelque chose, est-ce qu'un homme comme ça oserait faire du bruit? Je voudrais bien voir !

LE CHEVALIER.

Mon Dieu!... préservez ma raison!... Mais, monsieur le duc, vous l'oubliez donc? ce misérable est son maître désormais... Partagerai-je ce trésor précieux et sans tache avec le vil traitant qui l'a acheté?...

LE DUC.

Bah! tu songes à tout! Ventregois! j'étais plus amoureux que cela à ton âge.

LE CHEVALIER.

C'est parce que j'aime que cette idée m'est insupportable, odieuse!... Oh! jamais... jamais!...

LE DUC.

Eh bien! mon Dieu, si ce n'est que cela, ne sais-tu pas que les femmes ont mille ruses pour retarder, pour ajourner indéfiniment le bonheur d'un mari? Allons, Julie est une femme d'esprit... tu lui en donneras plus encore.

LE CHEVALIER.

Ah! ne vous faites pas un jeu de mon délire! Je ne suis qu'un pauvre enfant sans expérience, mais éperdument amoureux... Ne m'ôtez pas le courage, car vous ne pouvez plus me donner le bonheur.

LE DUC.

Voici la voiture de la mariée dans la cour... Mais il me semble que le mari est avec elle! Va-t'en.

LE CHEVALIER, *égaré*.

Fuir devant lui?... N'ai-je pas le droit, comme cousin de Julie, de venir faire mon compliment ici, chez ma tante? Soyez tranquille, je suis calme, je suis glacé...

LE DUC.

Et tu dis cela du ton d'un homme qu'on va mener

aux Petites-Maisons!... Allons, songe que le mari ne sait rien, et ton désordre lui apprendrait tout... Viens avec moi. Je ne te quitte pas d'un instant.

(*Il l'entraîne par une petite porte conduisant aux appartements intérieurs.*)

SCÈNE IV.

JULIE, *en costume de mariée des plus magnifiques;* LA MARQUISE, *fort parée;* SAMUEL BOURSET, *en habit écrasé de broderies. Julie, chancelante et pâle, est soutenue d'un côté par sa mère, de l'autre par son mari. Ils l'approchent d'un fauteuil où elle se laisse tomber.*

LA MARQUISE.

Eh bien! ma fille, n'êtes-vous pas mieux?

JULIE, *d'une voix éteinte.*

Non, ma mère.

SAMUEL, *lui tapant dans les mains.*

Ma chère demoiselle, reprenez courage.

(*Julie retire ses mains avec horreur.*)

LA MARQUISE.

Allons, monsieur, laissez-nous un peu ensemble... Vous voyez que ma fille est malade.

SAMUEL.

Je vous aiderai à la soigner.

LA MARQUISE.

Eh! cela ne vous regarde pas.

SAMUEL.

Si fait.

JULIE.

Monsieur!... je voudrais être seule avec ma mère.

SAMUEL.

Je ne m'éloignerai pas dans l'état où je vous vois.

LA MARQUISE.

Mais vous êtes nécessaire chez vous. Tout notre monde y arrive en ce moment, et il n'y a personne pour recevoir. Voulez-vous qu'on trouve chez vous *visage de bois* un jour de noce?

SAMUEL.

Oh! mes gens sont là, j'en ai beaucoup et des mieux stylés.

LA MARQUISE.

C'est peut-être l'usage dans votre monde que les valets remplacent le maître; mais, dans le nôtre, cela ne se fait pas, mon cher.

SAMUEL.

En ce cas, madame la marquise, vous aurez la bonté de remonter dans ma voiture et d'aller faire les honneurs de mon hôtel, car pour moi je reste auprès de ma femme.

LA MARQUISE.

De votre femme!... Eh! vous êtes bien pressé de lui donner ce nom.

JULIE.

Ma mère, ne me quittez pas!

SAMUEL.

Je vous en supplie, n'ayez pas peur de moi, madame... madame Bourset!...

LA MARQUISE.

Elle s'appelle de Puymonfort, monsieur! et elle vous a épousé à condition de ne pas perdre son nom.

SAMUEL.

Ah! ce n'est pas comme moi, qui l'ai épousée à condition de perdre le mien.

LA MARQUISE.

On le sait bien... Allons! voilà ma fille qui s'évanouit... Allez donc appeler sa femme de chambre.

SAMUEL.

Je sonnerai, ce sera plus tôt fait.

JULIE, *bas à la marquise.*

Ah! ma mère, quel supplice!

LA MARQUISE, *de même.*

Le duc!... nous voilà sauvées.

SCÈNE V.

LE DUC, LA MARQUISE, JULIE, SAMUEL.

LE DUC.

Quoi! monsieur, Julie en cet état? Et vous êtes ici, monsieur de Puymonfort?

SAMUEL, *à part.*

A la bonne heure, voilà un homme qui ne craint pas de s'écorcher la langue... (*Haut.*) Eh bien! monsieur le duc, n'est-ce pas ma place?

LE DUC.

Pas encore, mon cher ami. Vous tourmentez la pudeur de votre femme... Allons! un homme comme vous sait son monde! Laissez cette enfant avec sa mère. Elles ont à se dire des choses que vous n'êtes pas censé deviner.

(*Il passe son bras familièrement sous celui de Samuel et l'emmène.*)

SAMUEL, *à part.*

Celui-là me flatte... hem! je ne m'en vas pas pour long-temps. (*Ils sortent.*)

SCÈNE VI.

JULIE, LA MARQUISE, *puis* LE CHEVALIER.

JULIE.

Ah! j'en mourrai... Cet homme me fait horreur!

LA MARQUISE.

Il t'aime beaucoup, mon enfant, et son empressement le rend indiscret. Il faudra lui apprendre à vivre, et ce sera un excellent mari.

JULIE, *pleurant.*

Et Léonce!...

(*Le chevalier sort du cabinet et se jette à ses pieds.*)

LA MARQUISE.

Mes enfants, mes enfants! ayez du courage!

LE CHEVALIER.

Vous ne voulez pas qu'elle meure? Vous ne la livrerez pas à ce rustre! Ah! Julie, je le tuerai plutôt!

LA MARQUISE.

Eh! pour Dieu, ne parlez pas si haut, M. Bourset est ici près... J'entends sa voix.

(*Elle court fermer la grande porte du salon en dedans.*)

JULIE.

Léonce, il faut nous séparer à jamais!

LE CHEVALIER.

Est-ce vous qui l'ordonnez?... Non, Julie, ce n'est pas toi!

(*Il l'entoure de ses bras.*)

JULIE.

Mon Dieu!

(*On entend tousser.*)

LA MARQUISE.

Ah ! c'est la grosse toux de ce Bourset ! Sauvez-vous, Léonce ! (*Le chevalier se relève et veut tirer son épée.*) Y songes-tu, malheureux enfant? Veux-tu donc perdre ma fille ? Et vite ! et vite !

(*Elle le pousse vers une des petites portes de dégagement. Bourset tousse encore.*)

LE CHEVALIER, *exaspéré*.

Julie !

JULIE, *hors d'elle-même*.

Ne crains rien, Léonce ! Cache-toi, nous nous reverrons bientôt. Ma mère, je le veux, je veux lui dire adieu, une dernière fois, devant vous.

LE CHEVALIER.

Mais cet homme !...

JULIE.

Ne crains rien, jamais, jamais !
(*Elle se lève et le pousse aussi vers la porte.*)

LE CHEVALIER.

Nous nous reverrons ? Oh ! dis-le-moi, ou je brave tout. Je ne puis te quitter ainsi !

JULIE.

Oui, nous nous reverrons ; la conduite de cet homme me pousse à bout.

(*Bourset rentre par une autre porte de dégagement, pendant que Julie et la marquise entraînent le chevalier par la porte opposée et lui tournent le dos.*)

LA MARQUISE, *à sa fille.*

Je vais le cacher dans ma chambre, car je suis sûre que Bourset nous espionne.

(*Elle sort avec le chevalier.*)

JULIE, *leur parlant encore sur le seuil de la porte de gauche.*)

Et revenez vite près de moi, ma mère, car il va venir m'obséder de sa présence.

(*Elle se retourne, trouve Samuel debout devant elle et reste muette d'effroi. Aussitôt Samuel, qui a déjà eu soin de refermer la porte par laquelle il vient d'entrer, va à celle par où vient de sortir le chevalier, et la referme aussi; puis il met tranquillement les deux clefs dans sa poche. Julie s'élance vers la grande porte pour s'enfuir et la trouve fermée.*)

SAMUEL.

Oh! cette clef-là, votre mère l'a dans sa poche.

JULIE.

Quelle est cette inconvenante plaisanterie? Je veux être seule avec ma mère, je vous l'ai déjà dit, monsieur. (*Elle veut s'approcher d'une sonnette, Samuel lui barre le chemin, la salue et lui offre une chaise.*)

SAMUEL.

Je suis charmé que vous vous portiez mieux. Comme vous vous êtes promptement remise sur pied! C'est merveille de voir comme les couleurs vous sont vite revenues.

JULIE.

Laissez-moi.

SAMUEL.

Là, là, je ne vous regarde seulement pas. Quelle mouche vous pique?

JULIE.

Mais pourquoi m'enfermez-vous ainsi? Nous n'avons rien à nous dire.

SAMUEL.

Si fait, si fait, nous avons à causer.

JULIE.

Je n'y suis nullement disposée.

SAMUEL.

Je suis sûr que vous l'êtes, au contraire, et que le nom seul de la personne dont j'ai à vous entretenir va vous donner de l'attention.

JULIE.

Que voulez-vous dire?

SAMUEL, *lui offrant toujours la chaise.*

Non; dites tout de suite, je ne m'asseyerai pas.

SAMUEL, *s'asseyant.*

A votre aise! quant à moi, j'ai tant couru ces jours-ci pour vos cadeaux de noces que je n'en puis plus.

JULIE, *à part.*

Oh! quel supplice!...

SAMUEL.

Vous avez un parent qui vous intéresse?

JULIE, *troublée.*

J'en ai plusieurs; ma famille est nombreuse, et, quoique pauvre, elle est encore puissante, monsieur.

SAMUEL.

Je le sais, c'est à cause de cela que j'ai voulu en faire partie; ainsi donc vous avez, c'est-à-dire *nous avons* un cousin.

JULIE, *tremblante.*

Eh bien! que vous importe?

SAMUEL.

Il m'importe beaucoup, parce que premièrement il est mon parent, et qu'en second lieu il est mon débiteur.

JULIE.

Votre débiteur?

SAMUEL *tire des papiers de sa poche et les déroule lentement.*

Il a eu le malheur d'emprunter, du vivant de M. le baron de Puymonfort, son père, qui ne lui donnait pas beaucoup d'argent (et pour cause), la somme de quatre cents et *tant* de louis à un capitaliste de mes amis, lequel m'a cédé sa créance pour se libérer envers moi d'une somme égale...

JULIE.

Abrégeons, monsieur. Si c'est pour me parler d'affaires que vous me retenez ici contre ma volonté, le procédé est au moins bizarre; et si le chevalier de Puymonfort, mon cousin, est votre débiteur, il s'acquittera envers vous : cela ne me regarde pas. Laissez-moi sortir.

SAMUEL.

Un petit moment, un petit moment! ceci vous regarde plus que vous ne pensez. Le chevalier est insolvable.

JULIE.

Ma famille se cotisera pour ne rien vous devoir.

SAMUEL.

Ah! bien oui! votre famille!... Si entre vous tous vous aviez pu réunir cinq cents louis, vous ne m'auriez pas épousé.

JULIE, *outrée.*

C'est possible! Après?

SAMUEL.

Après!... comme j'ai droit à être payé, j'ai pris des sûretés, et voici une lettre de cachet que le ministre de sa majesté, plein de bontés pour moi, a bien voulu me délivrer contre ce bon chevalier.

JULIE.

Quoi ! vous n'avez pas reculé devant une pareille violence ? vous, à la veille de votre mariage, vous avez sollicité une lettre de cachet contre un des membres de la famille où vous alliez entrer ?

SAMUEL.

Et je m'en servirai le jour même de mon mariage, si la famille dans laquelle j'ai l'honneur d'être admis ne fait pas ma volonté.

JULIE.

Votre volonté !... oh ! il est facile de vous contenter. Le chevalier a des protecteurs aussi, monsieur ! le duc, notre ami intime, ne souffrira pas... vous serez payé.

SAMUEL.

Et si je ne veux pas l'être ?

JULIE.

Mais que voulez-vous donc ?

SAMUEL.

Si je veux faire mettre tout bonnement le chevalier à la Bastille ? Une lettre de cachet n'est pas toujours un mandat de prise de corps pour dettes, c'est aussi parfois un ordre absolu motivé par le bon plaisir de qui le donne, et exécuté selon le bon plaisir de qui s'en sert, eh ! eh !

JULIE.

Si votre bon plaisir est de vous déshonorer...

SAMUEL.

Oui-dà, madame ma femme ! Ici les rieurs seraient de mon côté. Diantre !... un mari qui, le jour de ses noces, fait embastiller l'amant de sa femme, ce n'est pas si bête, eh ! eh !

JULIE.

Ah! vous m'outragez, monsieur! et votre brutalité m'autorise à rompre dès à présent avec vous. Je suis encore chez moi, sortez d'ici! laissez-moi! jamais je n'aurai rien de commun avec un homme tel que vous!
(*On essaie d'ouvrir la porte par laquelle sont sortis la marquise et le chevalier. Julie veut se lever.*)

SAMUEL, *la retenant.*

Un petit moment, s'il vous plaît. Le chevalier est dans la maison... Oh! je la connais, la maison : ici, un cabinet qui n'a qu'une porte donnant dans la chambre de votre mère; et puis, la chambre de votre mère, où est maintenant le chevalier, laquelle chambre a une sortie sur le vestibule, dont j'ai aussi la clef dans ma poche. J'ai beaucoup de clefs! Et une autre sortie sur le petit escalier, au bas duquel il y a quatre laquais à à moi, postés avec des armes. Je ne voudrais pas qu'il arrivât malheur à ce pauvre chevalier... ni vous non plus?...

JULIE.

Oh! monsieur... au nom du ciel!...

SAMUEL.

N'ayez pas peur, mignonne, je ne suis pas méchant quand on ne me pousse pas à bout. Allez dire à votre maman, par le trou de la serrure, que vous voulez causer encore avec moi un petit instant.

(*Julie s'élance vers la porte, Samuel la suit et se place à côté d'elle pour entendre les paroles qu'elle échange avec sa mère.*)

LA MARQUISE, *derrière la porte, frappant avec impatience.*

Julie! Julie! êtes-vous seule?

SAMUEL, *parlant très-haut.*

Je suis avec ma femme, et je désire lui parler sans témoins. C'est son intention aussi.

LA MARQUISE, *dehors.*

Ce n'est pas vrai.

SAMUEL.

Si fait. (*A Julie.*) Dites donc, madame...

JULIE.

Ma mère, je suis à vous dans l'instant.

LA MARQUISE, *d'un ton d'étonnement, toujours dehors.*

Ah! vraiment, ma fille? (*Samuel serre avec force le bras de Julie, et la regarde fixement.*)

JULIE, *épouvantée.*

Oui, vraiment, ma mère!

LA MARQUISE, *dehors.*

J'attends!

SAMUEL, *ramenant Julie à son fauteuil, où elle tombe accablée.*

Maintenant, ma colombe, calmez-vous : il ne sera fait aucun mal à votre bon petit cousin. Je n'exigerai même pas qu'il paye ses dettes. Je lui fais grâce. Je suis généreux, moi, quand c'est mon intérêt. Mais voyez-vous, il faut qu'il parte aujourd'hui, tout de suite, et pour tout de bon.

JULIE.

Il partira, monsieur, mais je suis bien aise de vous dire que c'est la première et la dernière de vos volontés que je subirai.

SAMUEL.

Vous vous abusez, mon enfant, vous les subirez toutes; et pour commencer, ouvrez cette porte. (*Julie se lève indignée, et le toise avec hauteur.*) Si vous n'ouvrez pas cette porte, j'ouvrirai cette fenêtre, et je jetterai cette clef à mes laquais, qui sont au bas du petit escalier, afin qu'ils entrent et qu'ils se saisissent du chevalier dans la chambre de votre mère. (*Julie, terrassée, va ouvrir la porte à sa mère. Samuel la suit et la tient fascinée sous son regard. — La marquise, entrant, les regarde tour à tour d'abord avec effroi, puis avec surprise, et finit par éclater de rire.*)

JULIE, *se cachant le visage.*

O ma mère ! ne riez pas.

LA MARQUISE, *riant toujours.*

Eh bien ! eh bien ! ma pauvre enfant... Il n'y a pas de mal à cela !... (*Elle rit encore.*)

SAMUEL.

N'est-ce pas que c'est drôle ? Et le chevalier ?...
(*Il rit aux éclats.*)

LA MARQUISE, *reprenant son sérieux.*

Comment !... le chevalier ?... (*Elle regarde Samuel attentivement; puis elle part encore d'un grand éclat de rire.*) Eh bien ! le tour est parfait ! (*Elle tend la main à Samuel.*) Mon gendre, je vous rends mon estime !

JULIE.

Ah ! c'est odieux ! (*Elle pâlit et chancelle.*)

SAMUEL, *bas, en la soutenant.*

Je n'entends pas que vous vous évanouissiez, entendez-vous bien ? (*Haut.*) Ma chère marquise, je ne suis pas si mal élevé que vous pensez. Je ne veux pas enfoncer le poignard dans le cœur de ce pauvre chevalier au moment de son départ... Il est amoureux de ma cousine !... Ce n'est pas à moi de m'en étonner ; mais

Julie vient de m'ôter, par une sincère explication et d'aimables promesses, tout sujet de jalousie, et je désire qu'elle lui fasse ses adieux ici, tout de suite, sans mystère et de bonne amitié... Appelez-le, je vous prie.

LA MARQUISE.

Le voulez-vous, Julie ?

JULIE *hésite, rencontre le regard de Samuel, et dit en s'efforçant de sourire :*

Je vous en prie, maman.   (*La marquise sort.*)

SAMUEL.

Je veux qu'il reçoive son congé sur l'heure... Et croyez bien qu'il ne sera pas perdu de vue un instant jusqu'à ce qu'il ait mis le pied sur le navire qui doit l'emmener en Amérique.

JULIE, *accablée.*

Vous serez obéi !

(*On frappe. Samuel va ouvrir. Tandis que le duc entre par la grande porte, la marquise et le chevalier entrent par la petite. Le chevalier fait quelques pas avec impétuosité vers Julie ; puis, voyant Samuel, il s'arrête stupéfait et se retourne d'un air d'interrogation et de reproche vers la marquise, qui essaie de tenir son sérieux, et rit sous cape de temps en temps.*)

LE DUC.

Ah çà ! je ne conçois rien à ce qui se passe ici, et je ne sais à quoi vous pensez tous. Comprend-on un jour de noces où toute la famille attend les mariés dans une maison, tandis qu'ils s'amusent à babiller dans l'autre ?... Monsieur Puymonfort, votre majordome envoie ici message sur message pour vous dire que votre hôtel est plein de monde et qu'il ne sait où donner de la tête, et vous êtes inabordable...

SAMUEL.

Ma mère est là, qui ne s'en tirera pas mal... C'est une femme qui n'est pas sotte.

LA MARQUISE, *à part.*

Et qui a une jolie tournure! (*Elle se contient un instant, puis éclate de rire.*)

LE CHEVALIER, *avec amertume.*

Vous êtes fort gaie, ma tante!

(*La marquise passe auprès du duc et lui parle bas.*

LE CHEVALIER, *bas à Julie.*

Que se passe-t-il, Julie? Mon Dieu!

JULIE, *bas.*

Vous devez partir à l'instant même, et ne me revoir jamais.

SAMUEL, *passant entre eux.*

Monsieur le chevalier, je suis tout à vous. Ma femme vient de m'ouvrir son cœur, et de me dire que vous désiriez prendre congé d'elle. Je suis heureux de trouver cette occasion pour vous offrir mes petits services... Vous partez? Une de mes voitures et plusieurs de mes gens sont à votre disposition... Vous êtes gêné d'argent? m'a-t-on dit. Mes correspondants ont déjà reçu avis de tenir des fonds à votre ordre dans toutes les villes où vous voudrez séjourner, tant en France qu'à l'étranger.

LE CHEVALIER, *avec hauteur.*

C'est trop de grâces... Je n'en ai que faire.

SAMUEL, *lui offrant un portefeuille.*

Vous voulez de l'argent comptant ?

(*Le chevalier jette le portefeuille à terre avec un mouvement de fureur.*)

SAMUEL *le ramasse tranquillement, l'ouvre et en tire un papier qu'il lui présente.*

Puisque vous ne voulez rien me devoir, reprenez donc ce petit effet au porteur de quatre cent vingt-cinq louis qui a été passé à mon ordre par Isaac Schmidt, échéable au 15 octobre 1703, c'est-à-dire après-demain.

LE CHEVALIER, *le repoussant avec indignation.*

J'acquitterai cette dette, monsieur, n'en doutez pas.

SAMUEL, *remettant le papier dans sa poche.*

A votre aise !... Maintenant, je vous présente le bonjour, et vous souhaite un bon voyage. Ma femme vous en souhaite autant et vous fait ici ses adieux.

(*Il s'éloigne d'un pas, mais sans les perdre de vue.*)

LE CHEVALIER, *à Julie.*

Ainsi vous trahissez jusqu'au secret, vous effacez jusqu'au souvenir de notre amour !

JULIE.

Partez ! il le faut.

LE CHEVALIER.

Oh ! malédiction sur vous !

(*Il veut se retirer par la petite porte.*)

SAMUEL, *se rapprochant.*

Pas par ici, les portes sont closes. Si vous voulez donner le bras à ma femme jusqu'à la voiture, vous sortirez par la grande porte.

(*Le chevalier jette à Julie un regard d'indignation, à Samuel un regard de mépris, et s'élance dehors avec impétuosité.*)

SAMUEL, *bas, prenant le bras de Julie.*

Allons ! ferme sur les jambes ! marchons !

JULIE.

Et la lettre de cachet ! ne la déchirez-vous pas ?

SAMUEL.

Nous verrons cela demain.

LA MARQUISE, *moitié triste, moitié gaie, prenant le bras du duc et les suivant.*

N'est-ce pas incroyable ?... Comment ce Bourset a-t-il pu s'emparer si vite de sa confiance ?

LE DUC.

Ce n'est pas malhabile de la part de Julie. Le chevalier, furieux et passionné, eût pu la compromettre par ses clameurs involontaires. Elle lui ferme la bouche en prenant son mari pour rempart; c'était le meilleur parti.

LA MARQUISE.

Pauvre chevalier !

LE DUC.

Pauvre Bourset, peut-être !

FIN DU PROLOGUE.

LES MISSISSIPIENS.

PERSONNAGES.

LA MARQUISE.
LE DUC.
JULIE.
SAMUEL BOURSET, devenu comte de Puymonfort.
LOUISE, fille de Samuel et de Julie.
GEORGE FREEMAN, voyageur américain.
LUCETTE, fille du jardinier, sœur de lait de Louise.
LE DUC DE LA F...
LE COMTE DE HORN.
LE DUC DE M...
LE COMTE DE ***
LE MARQUIS ***
Plusieurs autres personnages de qualité.

ACTE PREMIER.

(La maison de campagne de Samuel Bourset, à quelques lieues de Paris. — Dans les jardins, une tente décorée pour la fête.)

SCÈNE PREMIÈRE.

LA MARQUISE, LE DUC.

LA MARQUISE.

Eh! voyez, mon cher duc, comme ceci est galant! quelle riche décoration! partout le chiffre de Julie enlacé par des fleurs à celui de mon gendre, des guirlandes, des écussons, des draperies! Sur ces gradins en amphithéâtre se placera l'orchestre. Ma fille et son mari seront sur cette belle estrade. C'est ici qu'ils couronneront la rosière. Et, avec cela, un temps magnifique. Oh! toute la cour y sera! Je parierais gros que le régent lui-même,... ou tout au moins une des princesses ses filles, y viendra.

LE DUC.

Eh! pourquoi pas? Votre gendre est fort bien en cour à l'heure qu'il est, et pour cause!... Pour qui ce fauteuil de velours à crépines d'or?

LA MARQUISE.

Et pour quel autre que le bienfaiteur, le sauveur, le prestidigitateur écossais Law? C'est aujourd'hui l'homme de la France. Et quelle fête un peu belle pourrait se passer de sa présence?

LE DUC.

Quelle fortune un peu solide pourrait se passer de son appui?

LA MARQUISE.

Cela, nous l'avons.

LE DUC.

En êtes-vous bien sûre?

LA MARQUISE.

C'est à charge de revanche : car certainement Law n'a pas moins besoin de nos fonds que nous de son crédit.

LE DUC.

L'un me paraît plus certain que l'autre... Enfin! ça commence magnifiquement, et je souhaite que ça finisse de même... Eh bien! marquise, qui nous eût prédit, le 13 octobre 1703, que nous célébrerions aussi gaiement et avec autant d'éclat, en l'an de grâce 1719, l'anniversaire du mariage de Julie? Ce mariage ne s'annonçait pourtant pas sous d'heureux auspices; tout était larmes et désespoir, gémissements et syncopes, quand nous conduisions la victime à l'autel. Le soleil même ne brillait pas comme aujourd'hui, ce qui n'empêchait pas que mes jambes ne me fissent moins mal... Ah! j'étais encore jeune alors.

LA MARQUISE.

Vous le serez toujours.

LE DUC.

C'est pour que je vous en dise autant, railleuse!

LA MARQUISE.

Non-seulement cela, mais je prétends ne jamais mourir.

LE DUC.

Je crois bien! qui est-ce qui meurt?

LA MARQUISE.

Ah! ce pauvre chevalier pourtant!... Savez-vous que, depuis cinq ans, je n'ai pas passé un seul anniversaire de ce singulier mariage sans penser à lui?

LE DUC.

Femme sensible! vous avez pensé à lui *à tout le moins une fois l'an?*

LA MARQUISE.

Et je n'ai jamais passé un anniversaire du jour où j'ai appris sa mort sans faire dire une messe pour le repos de son âme.

LE DUC.

Bonne tante! cela fait cinq messes! Et Julie, combien de pensées a-t-elle eues pour lui? combien de messes a-t-elle fait dire?

LA MARQUISE.

Julie! elle a donné le jour à cinq enfants.

C'est beaucoup trop! (*Prenant du tabac.*) Heureusement il y en a quatre de morts.

LA MARQUISE.

Pauvres enfants! Tenez, duc, Julie est un modèle d'amour conjugal; mais il semble que cela l'ait empêchée de bien connaître l'amour maternel. Moi, je pleure encore mon neveu...

LE DUC.

Quand vous y pensez?

LA MARQUISE, *babillant toujours sans faire attention aux sarcasmes du duc.*

Et elle, il semble qu'elle ait oublié les siens comme s'ils n'avaient jamais existé. Vraiment elle n'aime au monde que M. Bourset.

LE DUC, *ironiquement.*

Ah! c'est bien naturel!

LA MARQUISE.

N'en riez pas; c'est incroyable comme cet homme-là s'est décrassé depuis son mariage.

LE DUC.

Je crois bien, il a usé beaucoup de savon!

LA MARQUISE.

De savonnette à vilain, vous voulez dire? car le voilà comte décidément. Samuel Bourset, comte de Puymonfort! Quel drôle de temps que celui-ci! Enfin, c'est un homme qui a du savoir-faire que mon gendre, n'en dites pas de mal!

LE DUC.

Je n'en dis pas de mal, chère marquise; c'est un homme habile et probe en même temps. Sa réputation est bien établie, et votre fille a fait sagement de l'épouser, quoiqu'il ne soit pas aimable.

LA MARQUISE.

Oh! c'est que Julie est sage, trop sage peut-être!

LE DUC.

Plus sage que vous ne l'étiez à son âge, *mon cœur!*

LA MARQUISE, *ironiquement.*

Et plus que vous ne souhaiteriez.

LE DUC.

Vous plaît-il de vous faire comprendre?

LA MARQUISE.

Ah! vous comprenez de reste, perfide! (*Riant.*) Vieux enfant, je sais de vos folies! Julie m'a tout conté.

LE DUC.

Eh bien! ça n'a pas dû lui coûter beaucoup de peine.

LA MARQUISE.

Elle en riait aux larmes, et moi aussi. Ah çà! vous êtes donc devenu tout à fait fou de vouloir en conter à ma fille?

LE DUC.

Votre fille est une coquette.

LA MARQUISE.

Et vous un fat. (*Elle rit.*)

LE DUC.

Ah! vous voilà jalouse? il est temps de vous y prendre.

LA MARQUISE.

Vous savez bien que je ne l'ai jamais été, j'aurais eu trop à faire avec vous!

LE DUC.

Cela vous eût donné la peine d'aimer.

LA MARQUISE.

Ah! c'est joli ce que vous dites là! Mais ce n'est pas

vrai. Rappelez-vous que quand je fus ruinée par les sottises de mon mari, jeune encore et faite pour briller, je me retirai du monde sans dépit et sans tristesse, et que j'allai passer les longues années du veuvage dans mon petit hôtel du Marais, bien pauvre, bien oubliée, excepté de vous, *mon bon!* et toujours aussi gaie, aussi heureuse qu'au temps de ma splendeur. Pourtant Julie s'ennuyait là bien mortellement, enviait toutes les jeunes filles qui faisaient de grands mariages, et, tout en se croyant éprise de son cousin, s'inquiétait souvent de son peu de fortune. Enfin, la meilleure preuve qu'elle est plus calculatrice que moi, c'est qu'au lieu de se trouver malheureuse avec ce Samuel, dont la seule vue m'eût fait mourir de dégoût il y a quarante ans, elle fait bon ménage avec lui, s'attife du matin au soir, embellit au lieu de vieillir, et n'a point d'amants!

LE DUC.

Le fait est que, pour ma part, je l'ai trouvée d'une rigueur!...

LA MARQUISE.

Ah! si c'était la seule preuve!

LE DUC.

Eh! vous n'eussiez pas dit cela il y a quarante ans!

LA MARQUISE.

Oh! c'est qu'alors vous étiez charmant!

LE DUC, *lui baisant la main.*

Et vous adorable! (*lui offrant du tabac*) il y a quarante ans!

LA MARQUISE, *prenant du tabac avec beaucoup de grâce et de propreté.*

Tâchez de ne pas séduire ma fille, entendez-vous, vieux libertin?

LE DUC.

Je tâcherai, au contraire! Pourtant je crains d'avoir aujourd'hui un rival redoutable dans la personne du philosophe.

LA MARQUISE.

Quel philosophe ?

LE DUC.

Vous savez bien que c'est aujourd'hui que le fameux George Freeman fait son entrée ici ?

LA MARQUISE.

Qu'est-ce donc que ce fameux George Freeman? Est-ce encore un de ces grands hommes du jour dont personne n'a jamais entendu parler? Je ne suis pas initiée à sa célébrité.

LE DUC.

Eh bien! vous ne serez pas fâchée de l'être. Ce n'est pas un charlatan comme tous vos *Mississipiens*.

LA MARQUISE.

Qu'appelez-vous *Mississipiens?* J'entends parler de cela depuis quelques jours sans y rien comprendre.

LE DUC.

Ah çà! vous ne savez donc rien au monde? Vous savez au moins que votre gendre est un des principaux agents de la grande affaire du Mississipi ?

LA MARQUISE.

Je sais fort bien qu'il est dans la nouvelle société en commandite qui se charge de fouiller dans le Mississipi et d'en retirer de l'or en barres; mais je n'avais jamais ouï dire auparavant que l'or se trouvât de la sorte, et qu'il n'y eût qu'à se baisser pour en prendre.

LE DUC.

Il paraît cependant que nous allons en avoir à jeter par les fenêtres. Il y a, dit-on, des mines d'or à la

Louisiane. On ne les a pas encore trouvées, mais Law assure qu'on les trouvera ; et, en attendant, on en met le produit en actions, et on spécule sur les profits de l'affaire pour payer les dépenses.

LA MARQUISE.

Et si on ne trouve rien ?

LE DUC.

Les actionnaires seront ruinés, et on tâchera d'inventer quelque autre chose pour les consoler.

LA MARQUISE.

Mais Bourset ne donne pas dans ces folies?

LE DUC.

Il y donne si bien qu'il a pris pour un million d'actions.

LA MARQUISE.

En ce cas l'affaire n'est pas si mauvaise que vous croyez. Law est-il vraiment là-dedans ?

LE DUC.

C'est lui qui a imaginé cela pour faciliter l'émission de son papier-monnaie.

LA MARQUISE.

Mais, mon Dieu ! il nous ruinera avec de pareilles bourdes !

LE DUC.

Voilà les femmes ! il y a un instant vous étiez aussi sûre de lui que de votre existence ; et au premier mot que je vous dis en l'air, moi qui ne connais goutte à ces sortes d'entreprises (qui diable y comprendrait ?), vous voilà épouvantée et prête à accuser Law lui-même de mauvaise foi.

LA MARQUISE.

Mais que dites-vous ?

LE DUC.

Je dis que, s'il n'y a pas de mines, peu importe, car Law trouvera la pierre philosophale. N'est-ce pas un magicien, un prestidigitateur, un dieu? Je ne raille pas; c'est un habile homme, qui a fait des miracles et qui en fera encore.

LA MARQUISE.

Et ce George Free... Free... Comment l'appelez-vous?

LE DUC.

Freeman; ce qui veut dire *homme libre.*

LA MARQUISE.

Eh bien! qu'est-ce que c'est que ça?

LE DUC.

Un homme libre? ah! c'est un animal bien étrange, et tel qu'il ne s'en est jamais vu dans ce pays-ci. L'individu en question est une sorte de quaker habillé de brun à l'américaine, allant à pied, parlant peu et bien, ne disant et ne faisant jamais rien d'inutile, si ce n'est de prêcher la réforme à des fous et la probité à des fripons. Homme distingué d'ailleurs, doué d'un langage élevé, d'un grand sens à beaucoup d'égards, et, je le crois, un galant homme en tout point; mais fort original, rêvant et publiant sur la liberté les choses du monde les plus extraordinaires. Et puis le bon d'Aguesseau l'a pris en grande considération, parce qu'il est fortement opposé au système de Law. Mais cela ne choque personne; d'Argenson le tolère, Law le réfute, le régent s'en amuse. Enfin, il plaît à tout le monde, et vous le verrez aujourd'hui.

LA MARQUISE.

Ah! j'en suis fort curieuse maintenant. J'aurais été

fâchée de mourir sans avoir vu un homme sérieux dans ma vie. Et, dites-moi, est-il jeune? est-il beau?

LE DUC.

Il ne montre guère plus d'une trentaine d'années, peut-être en a-t-il trente-cinq; mais il est fort bien, et Julie, qui est diablement curieuse de le voir, a envoyé coucher sa fille, sous prétexte de rhume, quoique la petite ne tousse pas plus que moi.

LA MARQUISE.

Que dites-vous là? Vous êtes un méchant!

LE DUC.

Que voulez-vous! On a beau être jeune et belle, on n'aime pas à avoir une fille de quinze ans à ses côtés!...

LA MARQUISE.

Allons! vous avez du dépit contre Julie, ce n'est pas bien! (*Ils sortent en causant.*)

SCÈNE II.

GEORGE FREEMAN. *Costume philosophique, cheveux noirs séparés sur le front et peignés naturellement, habit brun uni sans broderie, épée à poignée d'acier; une simplicité dans les manières qui contraste avec le ton du jour; figure pâle et mélancolique.*

C'est donc ici!... Partout de l'ostentation et de la prodigalité, jusque dans cette décoration d'un jour! C'est ici que je la reverrai! Me reconnaîtra-t-elle?... Et moi, moi! la reconnaîtrai-je? Mon cœur est accablé de tristesse, mais il n'est pas agité. Il me semble que l'être que j'ai aimé n'existe plus, de même que l'être que j'ai été s'est effacé comme un rêve dans le passé !

(*Il s'assied sur les gradins de l'orchestre.*)

SCÈNE III.

LOUISE, LUCETTE. *Louise est habillée en villageoise comme Lucette; elles entrent sans voir George.*

LUCETTE.

Comme vous trottez vite dans ces habillements-là ! Convenez, mam'selle, qu'on est bien mieux à l'aise que dans vos belles robes de damas, et qu'on se sent toute dégagée pour courir. Mais comme vous êtes *brave* là-dessous ! ça vous va comme des plumes à un oiseau, on dirait que vous n'avez jamais été autrement !

LOUISE.

N'est-ce pas qu'il est impossible de me reconnaître ?

LUCETTE.

Je ne vous reconnais pas moi-même. Qui êtes-vous donc, *jeunesse ?* Je ne vous connais point ; vous n'êtes donc pas d'ici ?

LOUISE, *l'imitant.*

J'suis d'la Bourgogne, dame ! j'mappelle... attendez ! j'm'appelle... Jacqueline.

LUCETTE.

Oh ! comme vous dites bien ça ! Vrai, d'honneur ! votre maman vous parlerait qu'elle ne vous reconnaîtrait point !

LOUISE, *tressaillant.*

Maman ! ah ! ne m'en parle pas ! Quand j'y pense, la peur me prend, et toute ma gaieté s'en va.

GEORGE, *à part.*

C'est singulier! quelle est donc cette jeune fille?
(*Il l'examine avec attention.*)

N'ayez point peur, mam'selle; elle vous croit bien enfermée dans votre chambre. Est-ce qu'elle pourrait s'imaginer que j'ai été querir l'échelle avec quoi mon père taille ses espaliers? Et puis y aura tant de monde! dame! nous n'irons pas nous mettre au premier rang. Nous nous cacherons comme ça dans la foule du monde; ou bien, tenez, nous monterons là-haut, tout en haut des échafauds, derrière la musique. C'est là que j'étais l'an dernier. C'est la meilleure place, et personne ne vous ira chercher par là. Tenez! venez voir comme on y est bien perché!

(*Louise veut suivre Lucette, qui grimpe sur les échafauds, mais elles se trouvent face à face avec George et s'arrêtent.*)

LUCETTE.

Ah! mon Dieu! mam'selle, v'là un homme qui nous regarde drôlement.

LOUISE.

Voyons s'il nous connaît. Bonjour, mon brave homme, que demandez-vous?

GEORGE.

Vous ne m'offensez pas en me prenant pour un artisan, j'en ai presque l'habit; mais moi, je vous offenserais sans doute en vous prenant pour une villageoise?

LOUISE.

Oh! mon Dieu, pas du tout. Je voudrais bien l'être toujours. Mais, puisque vous voyez que je suis déguisée, ne me trahissez pas, je vous en prie.

GEORGE.

Il me serait bien difficile de vous trahir, puisque je ne vous connais pas.

LUCETTE.

Ah! monsieur, c'est égal. Vous pourriez quelque jour voir mademoiselle Louise de Puymonfort, la fille à M. le comte Bourset, et dire comme ça devant madame ou devant monsieur : « Tiens! voilà cette petite paysanne que j'ai vue à la fête!... » Il ne faudra rien dire, entendez-vous, monsieur? Ça nous ferait de fâcheuses affaires, dà.

GEORGE, *regardant Louise fixement.*

Ainsi, vous êtes leur fille?

LOUISE, *bas à Lucette.*

Comme il me regarde!

LUCETTE.

Dame! c'est bien le cas de dire : il vous regarde comme queuque-z'un qui ne vous a jamais vue.

GEORGE, *à part.*

Comment faire connaissance avec elle? La gronder. C'est un moyen... avec les enfants. (*Haut à Lucette.*) Si c'est vous qui avez conseillé à mademoiselle de Puymonfort de désobéir à sa mère, et de se mêler à la foule qui va venir ici, sans autre mentor que vous, vous avez commis une grande faute; et vous mériteriez que je vous fisse renvoyer pour ce fait-là, comme une petite soubrette de mauvaise tête et de mauvais conseil que vous êtes.

LUCETTE, *toute fâchée.*

Eh! voyez-vous comme me traite ce monsieur-là! Vrai, que je ne le connais ni d'Ève ni d'Adam, et qu'il n'est jamais venu au château. On voit ben que vous n'êtes point fréquentier de la maison; car vous sauriez que je ne suis point fille de chambre, mais que je suis Lucette, la fille au jardinier, la petite-fille au vieux Deschamps, à qui M. le duc fait une pension, et la sœur de lait à mam'selle Louise, qui pis est; et si vous dites du mal de moi, on ne vous croira point.

LOUISE, *souriant.*

Mais si tu prends soin de l'informer de tout ce qui nous concerne, il n'aura pas grand'peine à nous trahir. Allons, tais-toi! (*A George.*) Monsieur, excusez-la, et quoi qu'il arrive, que vous connaissiez ou non mes parents, ne la faites pas gronder : c'est moi qui mérite tout le blâme, et je vous remercie de la leçon que vous venez de me donner.

GEORGE, *lui prenant la main avec vivacité.*

Ah! croyez, mademoiselle, que j'ai quelque droit à vous avertir et à vous protéger... (*Se contenant*), car mes intentions sont bonnes, et vous m'inspirez autant d'intérêt que de respect.

LOUISE, *tristement.*

C'est donc la première fois de ma vie que j'inspire ces sentiments-là!... Je vous en remercie.

GEORGE, *ému.*

Que dites-vous?... N'avez-vous pas une mère?

(*Louise baisse la tête.*)

LUCETTE.

Oh! si celle-là aime ses enfants, j'irai le dire à Rome. Elle aime son mari, voilà tout ce qu'elle aime; et elle a raison, car c'est un brave et digne homme qui veut le bien à tout le monde. Mais elle a tort de haïr sa fille... car enfin mam'selle Louise est bonne... y n'y a rien de bon au monde comme mam'selle Louise. Vous voyez bien, monsieur? vous lui faites des remontrances, et elle vous remercie. Quand on prend les gens par la douceur, à la bonne heure! mais quand on les déteste sans qu'ils sachent seulement pourquoi......

LOUISE, *qui a essayé en vain plusieurs fois de faire taire Lucette, l'interrompt enfin en lui mettant la main sur la bouche.*

Taisez-vous, Lucette. Oh! fi! ce que vous dites-là est affreux.

GEORGE, *à Louise, d'un ton affectueux.*

Vous avez raison ; ne laissez jamais parler ainsi devant vous de votre mère, cela doit vous faire bien du mal!

LOUISE.

Vous n'avez rien entendu, monsieur; d'ailleurs elle a menti.

GEORGE.

Ne craignez rien de moi; mais craignez que votre présence à la fête sous ce déguisement n'inspire à tout le monde les mêmes idées qu'à cette jeune folle ; car espérer qu'on ne vous reconnaîtra pas est un rêve d'enfant : il suffira d'une seule personne...

LOUISE.

Eh bien! vous avez raison : je n'avais songé, en écoutant le conseil de Lucette, qu'au danger d'être grondée, punie, et celui-là je le bravais ; mais celui de faire penser mal de maman, vous m'y faites songer, et je m'en vais... Adieu, monsieur!

LUCETTE, *avec un gros soupir.*

Adieu, monsieur!

GEORGE.

Vous teniez donc bien toutes les deux à voir cette fête? ne devez-vous pas être rassasiées de ces sortes de spectacles, au milieu du luxe qui règne autour de vous?

LUCETTE.

Oh bien, oui! nous n'en jouissons guère! Dès qu'on s'amuse, on nous renvoie; dès que nous avons envie de nous amuser, on nous enferme.

LOUISE.

N'écoutez pas ce qu'elle dit, et ne croyez pas que j'aie aucun regret à ces plaisirs. J'en suis dégoûtée sans les avoir connus, car je sais ce qu'ils coûtent de fatigues à ceux qui les préparent; mais j'avais une idée aujourd'hui, une idée sérieuse, je vous assure, en venant ici.

GEORGE.

Dites-la-moi.

LUCETTE, *à part*.

Oh! qu'il est sans façons! il fait comme ça le vertueux, mais je suis sûre que c'est un *Tartufle;* ça m'a tout l'air d'un prêtre déguisé!

LOUISE, *après avoir hésité un instant*.

Je veux bien vous la dire; pourquoi pas? je voulais voir une personne!...

GEORGE, *souriant*.

Ah! c'est différent. (*A part*.) Je commence à comprendre.

LUCETTE.

Bah! ça n'est pas du tout comme vous vous imaginez; nous voulions voir... comment s'appelle-t-il donc, mam'selle, celui que nous voulions voir?

LOUISE, *à George*.

Peut-être le connaissez-vous: le philosophe, l'Américain,... celui qui a fait du bien à la Louisiane, et qui a publié des écrits contre l'esclavage?... Moi, j'en ai lu un de ces écrits, et c'est la seule fois que j'aie lu quelque chose de sérieux. Pourtant je l'ai compris ; du moins, il me semble ; car j'ai pensé, pour la première fois, qu'il y avait bien des misères dans ce monde, des infortunes dignes de pitié et des richesses dignes de mépris. Je ne savais pas ces choses-là ; eh bien ! c'est le livre de George Freeman qui me les a apprises.

GEORGE.

George Freeman ?

LOUISE.

Ah ! vous le connaissez ? que vous êtes heureux !

LUCETTE.

Vous lui direz bien des choses de not' part. Moi aussi, j'en ai lu de son livre, car je sais lire ; c'est mam'selle Louise qui m'a enseigné, et j'ai compris deux ou trois lignes par-ci par-là, qui sont, ma fine, bien tapées.

GEORGE, *à Louise.*

Eh bien ! puisque vous ressentez quelque sympathie pour ce George Freeman, si vous voulez bien le permettre, je vous le présenterai quelque jour devant vos parents.

LOUISE.

Il n'y faut pas songer ; maman ne veut pas qu'on me voie, encore moins lui qu'un autre.

GEORGE.

Et pourquoi donc ?

LOUISE, *ingénument.*

Ah ! je ne sais pas !

LUCETTE, *passant de l'autre côté de George, et lui parlant bas.*

Parce qu'on dit comme ça qu'il est bel homme, et que madame a peur qu'il ne s'amourache de sa fille, au lieu de s'amouracher d'elle.

LOUISE.

Allons ! n'y pensons plus ! vous lui direz seulement qu'il y a une petite fille qui... Non ! ne lui dites rien, que lui importe ?

GEORGE, *ému.*

Dites toujours, je ne le lui redirai pas.

LOUISE.

Eh bien ! je voulais dire qu'il y a une petite fille qui peut-être ira passer le reste de ses jours dans un couvent, car tous les autres hommes lui paraissent fous ou méchants. Adieu, monsieur !

GEORGE, *ému.*

Un mot encore ! un instant ! personne ne vient !

LUCETTE.

Si fait, voilà justement M. le comte dans la grande allée avec du monde ! Eh vite ! mam'selle Louise, par ici !...

LOUISE.

Par ici ! il en vient encore.

LUCETTE.

En ce cas, par là ! sous l'estrade ! Tenez, c'est creux, sous ce rideau !

LOUISE, *revenant sur ses pas.*

O mon Dieu ! maman ! Ah ! je suis perdue si elle me voit ! (*Elle se cache sous l'estrade avec Lucette.*)

GEORGE.

Comme elle la craint ! Oh ! la peur règne donc toujours ici !... Que vois-je ?... (*Il hésite un instant, puis fait un effort et se décide à passer auprès de Julie, qui ne fait pas attention à lui. Il disparaît parmi les arbres.*)

SCÈNE IV.

JULIE, *toujours belle et parée, suivie de plusieurs dames.*

UNE DAME.

Voyez, madame la comtesse, il ne tiendrait qu'à vous ! Si vous aviez la bonté de dire seulement quelques mots pour moi à M. de Puymonfort...

JULIE.

Pardon, madame la marquise; mais en vérité vous auriez en moi un faible avocat. Mon mari ne me permet pas de lui parler d'affaires.

UNE AUTRE DAME.

Madame de Puymonfort plaisante. On sait que son mari est à ses pieds, et le moyen d'en douter, quand on la voit !

UNE AUTRE.

Ah ! duchesse ! nous ne savons que trop qu'il l'adore, car il est invulnérable à toutes nos attaques ; et si, nous autres femmes, nous venons solliciter madame, ce qui n'est pas dans l'ordre, à coup sûr, c'est en désespoir de cause. N'est-ce pas, madame la présidente ?

LA PRÉSIDENTE.

Aussi madame abuse de sa supériorité et nous traite en vaincues.

JULIE.

Oh ! mesdames, vous m'accablez de vos épigrammes. Mais que puis-je faire ? Mon mari m'avait fait cadeau de quelques-unes de ces actions pour ma toilette, je vous les ai sacrifiées ; à présent, je n'ai plus rien, adressez-vous à lui. Tenez, le voici !

(*Samuel Bourset s'approche, suivi du duc et de plusieurs gentilshommes.*)

TOUTES LES DAMES, *s'élançant vers lui.*

Ah ! monsieur de Puymonfort !...

(*Elles lui parlent toutes à la fois.*)

SCÈNE V.

BOURSET, *avec le duc, les précédents.*

Pardon ! mille pardons, mesdames ! Je suis désolé, mais je ne puis pas vous entendre toutes à la fois. (*Aux autres personnages.*) Je ne puis absolument plus rien pour vous, messieurs. J'ai renoncé à tous mes bénéfices dans cette affaire pour vous être agréable. Si vous voulez vous adresser à M. Law, peut-être sera-t-il plus heureux. Je viens de voir passer sa voiture.

TOUS ENSEMBLE.

Ah ! M. Law !

JULIE.

Je vais le recevoir. (*Elle s'éloigne ; tout le monde la suit, excepté le duc et Samuel Bourset.*)

LE DUC.

Vous n'allez pas au-devant du contrôleur-général ?

BOURSET.

Il n'arrivera que dans deux heures ; c'est moi qui ai imaginé cet expédient pour me délivrer de leurs importunités.

LE DUC.

Ah ! quelle rage les possède ! Savez-vous, mon cher comte...

BOURSET.

Ah! monsieur le duc, de grâce, appelez-moi Bourset dans l'intimité. Si j'ai acquis un titre, c'est, vous le savez, par amour pour Julie, afin qu'elle n'eût pas à rougir de notre union; mais au fond, moi, je ne rougis pas de mon nom, je l'ai porté quarante ans avec honneur.

LE DUC.

Aussi vous a-t-il porté bonheur de son côté, mon cher Bourset!

BOURSET.

Et j'espère qu'il m'en portera encore plus par la suite. Cette affaire de la Louisiane s'annonce sous des auspices magnifiques.

LE DUC.

Êtes-vous bien sûr de celle-là?

BOURSET.

J'y ai mis tout ce que je possède.

LE DUC.

En vérité?

BOURSET.

Et j'y aurais mis la France tout entière, si la France m'eût appartenu.

LE DUC.

Peste! mais on dit que le régent la jette en effet dans ce gouffre.

BOURSET.

Dites plutôt, monsieur le duc, que la France s'y jette d'elle-même et y entraîne le régent.

LE DUC.

Et, en votre âme et conscience, Bourset, vous ne pensez pas que la France et le régent fassent de compagnie la plus grande sottise du monde?

BOURSET.

Pourquoi essaierais-je de vous démontrer le contraire, mon cher duc? Vous me paraissez incrédule ; mais c'est le propre des grandes vérités de pouvoir être repoussées sans périr et de triompher malgré tout.

LE DUC.

Je ne suis pas incrédule, mon cher; je suis curieux, incertain.

BOURSET.

Mais vous n'êtes pas séduit ! Vous êtes sans ambition, vous, monsieur le duc. Vous avez une moquerie spirituelle et philosophique pour cette soif de l'or dont les autres grands seigneurs se laissent voir indécemment dévorés !...

LE DUC.

Si vous parlez vous-même en philosophe, Bourset, dites-moi donc pourquoi vous êtes dans les affaires ?

BOURSET.

J'y suis pour le salut et l'honneur de la France, monsieur le duc. Le régent est un grand prince, qui veut préserver la nation d'une ruine imminente, et l'état de la tache ineffaçable d'une banqueroute. Il y parviendra, n'en doutez pas, car il a confié le sort de la France à la science d'hommes habiles, à Law, à d'Argenson ; et ceux-ci ont appelé à leur aide les ressources et le dévouement des hommes riches, Samuel Bernard, Samuel Bourset et d'autres encore.

LE DUC.

C'est un beau mouvement de votre part; mais il est peut-être plus généreux que sage... et ceux que vous entraînez dans cette affaire, plus cupides que généreux, seront sans doute fort dégrisés s'ils en retirent de l'honneur au lieu d'argent.

BOURSET.

Ils ont une garantie, monsieur le duc : c'est l'honneur et l'argent de ces mêmes banquiers qui font appel à leur confiance.

LE DUC.

Mais enfin, mon ami, si vous êtes ruinés vous-mêmes?...

BOURSET.

Si nous y perdons la fortune et l'honneur, monsieur le duc, il ne nous restera que la vie, et le peuple en fureur nous la prendra en revanche de ses déceptions. Quant à moi, je suis prêt, et je vous l'ai dit déjà souvent, un semblable martyre vaut bien tous ceux qu'on a affrontés et subis jusqu'ici pour des querelles de religion.

LE DUC, *ému.*

C'est beau, c'est très-beau, ce que vous dites là, mon pauvre Bourset, et j'ai parfois envie de me risquer aussi, le diable m'emporte !

BOURSET.

Vous, monsieur le duc? je ne vous le conseille pas.

LE DUC.

Et pourquoi ?

BOURSET.

A votre âge on a besoin de repos, on a suffisamment rempli sa tâche en ce monde.

LE DUC.

Eh! vous me faites bien vieux! je ne me sens pas encore cacochyme.

BOURSET.

Oh! je le sais; mais je veux dire que vous avez servi l'état d'une manière assez brillante dans les guerres du feu roi pour avoir droit à une vieillesse tranquille. Vous irez loin si vous vous conservez calme et dispos; mais craignez les émotions du grand jeu des spéculations; elles vous vieilliraient plus que les années.

LE DUC.

Vous raillez; je suis de force à supporter toute sorte d'émotions. Vous croyez l'affaire sûre ?

BOURSET.

Bah! il vaut mieux de petites affaires sans soucis que de grandes avec des craintes. Tenez-vous tranquille.

LE DUC.

Plus vous voulez me décourager, plus j'ai envie de tenter le sort.

BOURSET, *à part.*

Hem! je le sais bien. (*Haut.*) Mais quel besoin avez-vous de cela? vous êtes riche?

LE DUC.

Eh bien! non, je vous le confie, Bourset, je suis ruiné. J'ai fait quelques folies, j'ai été tantôt dupe de mes mauvaises passions, tantôt de mon bon cœur; bref, il ne me reste pas plus de deux millions à l'heure qu'il est, et j'ai envie de vous en confier un pour voir si je le doublerai.

BOURSET.

Ah! vous ne le doublerez pas avant six mois, je vous le déclare.

LE DUC.

Pas avant six mois! mais si ce n'était même que dans un an, ce serait magnifique.

BOURSET.

Oh! dans un an, ce serait misérable. Si vous vous donnez la peine d'attendre tout ce temps, il vous faudra tripler tout au moins.

LE DUC.

Comme il y va! Voyons, Bourset, vous êtes mon ami avant tout, n'est-ce pas? Que me conseillez-vous?

BOURSET.

De vivre de peu et avec économie : c'est encore le plus sûr moyen d'être heureux.

LE DUC.

Allons, je vois que vous n'avez pas envie de m'obliger. Vous n'avez plus d'actions pour moi?

BOURSET.

Il est vrai, j'en ai réservé pour quinze cent mille francs au duc de la F...

LE DUC.

Vous m'en céderez pour un million. Le duc a déjà gagné immensément, et ce n'est pas juste. Allons, traitez-moi en ami.

BOURSET.

Je ne puis. Jusqu'ici je me suis imposé la loi de ne délivrer d'actions à mes amis qu'en leur donnant une caution sur ma propre fortune, et je n'ai plus un coin de propriété au soleil qui soit libre d'hypothèque.

LE DUC.

Et le duc vous confie ses fonds sans hypothèque, lui si âpre au gain, si méfiant au jeu?

BOURSET.

Il connaît les affaires, lui; il sait qu'il joue à coup sûr.

LE DUC.

Eh bien! laissez-moi faire le coup à sa place.

BOURSET.

Non, ne le faites pas. Si les choses n'allaient pas tout d'abord à votre gré, vous me feriez des reproches, et des reproches de votre part me seraient trop sensibles.

Il n'est rien de plus sérieux au monde que de faire des affaires avec des gens qui ne les comprennent pas, qui pour un rien prennent l'alarme, croyant tout perdu, et vous font tout manquer au plus beau moment.

LE DUC.

Mais enfin je ne suis pas si borné qu'avec un peu d'étude et d'attention je ne puisse comprendre les affaires aussi, moi! que diable! Je ne vois pas que la F... soit un homme si habile. D'où cela lui serait-il venu? Voyons, Bourset, cédez-moi son action, ou je vous jure que j'y verrai de votre part une mauvaise volonté, mortelle à notre amitié.

BOURSET.

Si vous le prenez ainsi, je cède; mais je voudrais vous donner une hypothèque, et en vérité... je ne sais plus... (*Il rêve.*)

LE DUC, *à part*.

Ah! je sais bien celle que je demanderais si sa femme était moins bégueule!

BOURSET, *comme frappé d'une idée subite*.

Tenez, monsieur le duc, il me vient une idée qui vous paraîtra singulière au premier abord, mais qui m'est suggérée par un fait récent dont vous avez certainement connaissance. Je veux parler du traité conclu dernièrement entre le marquis d'Oyse, âgé de trente-trois ans, et la fille d'André le capitaliste, âgée de trois ans, à condition que le mariage aurait lieu lorsqu'elle en aurait douze.

LE DUC.

C'est un des traits les plus caractéristiques du temps bizarre où nous vivons. Mais qu'en voulez-vous conclure?

BOURSET.

Qu'un père qui s'est engagé à vendre sa fille d'avance à un noble pour des titres, et un noble qui s'est engagé à vendre l'appui de son nom à un traitant pour de l'argent, font tous deux un assez vulgaire échange. Mais qu'un père qui, pour caution, offrirait la main de sa fille à un ami dans un engagement d'honneur, et un ami qui l'accepterait avec la pensée que le bonheur domestique vaut bien un ou deux millions, feraient une affaire assez neuve, assez piquante, que les sots railleraien peut-être, mais que les bons esprits appelleraient chevaleresque. Que vous en semble?

LE DUC.

Parbleu! l'idée est étrange, ingénieuse, gracieuse au dernier point. (*A part.*) Où diable ce Bourset prend-il tout l'esprit qu'il a? Mais si c'était un piége? Je prendrai mes sûretés. (*Haut.*) Bourset, vous êtes un homme admirable en expédients; et le vôtre me plaît. Vous aurez mon million, et dans un an j'aurai fait fortune ou j'épouserai votre fille.

BOURSET.

Oui, si je ne puis vous restituer votre million?

LE DUC.

Bien entendu! Mais je crois que je vais désirer de le perdre. Nous allons stipuler ces conditions et passer un acte en bonne forme.

BOURSET, *le regardant fixement.*

Le prenez-vous au sérieux?

LE DUC.

Foi de gentilhomme!

BOURSET.

Et moi aussi, foi d'honnête homme. L'acte sera passé; quand voulez-vous? La semaine prochaine?

LE DUC.

Ce soir!

BOURSET.

Vous êtes bien pressé. Mais, mon ami, vos fonds ne sont pas en valeur monnayée?

LE DUC.

Si fait, pardieu! en bons et beaux louis d'or et écus d'argent, chez mon notaire.

BOURSET, *avec affectation.*

Tant pis! Cette vieille monnaie est frappée de discrédit.

LE DUC.

Vous serez bien libre de la convertir en papier, puisque vous aimez mieux votre papier-monnaie.

BOURSET.

Mais vous y perdrez, je vous en avertis.

LE DUC.

Comment! je vous donnerai du métal pour du chiffon, et il faudra encore que je donne du retour?

BOURSET.

Très-certainement! Où en serions-nous, si le papier n'avait pas cette énorme valeur à la fois fictive et réelle?

LE DUC.

C'est merveilleux! Allons, faites!... Voulez-vous que j'opère l'échange, et que je vous paye vos actions en papier?

BOURSET, *avec vivacité.*

Non pas, vraiment! (*Se reprenant.*) Vous y perdriez trop; je me charge de négocier cet échange à moindre préjudice pour vous. Monsieur le duc, nous reparlerons de cette affaire.

LE DUC.

Elle est décidée, j'espère?

BOURSET.

Je n'ai qu'une parole... Mais nous sommes interrompus.

LE DUC.

J'entends, vous voulez en parler à Julie... Je vous laisse ensemble, et je vais en parler à la marquise. Elle va être, pardieu! bien étonnée! (*A part, en s'éloignant.*) C'est un homme à spéculer sur ses propres entrailles; et sa fille, belle et jeune, doit représenter pour lui une garantie propre à amorcer de plus jeunes que moi. S'il me l'offre, à moi, c'est que l'affaire est bonne.

SCÈNE VI.

BOURSET, JULIE.

JULIE.

Je n'ai rien fait de bon; malgré toute leur avidité, ces femmes sont de fer quand on en vient à négocier. J'espérais tripler la valeur de nos actions, j'ai à peine doublé.

BOURSET.

C'est que vous êtes une sotte. Les femmes ne savent rien faire. Moi, je viens de décupler.

JULIE.

Comment cela?

BOURSET.

Je tiens un actionnaire qui vaut cent pour cent.

JULIE.

Et qui donc?

BOURSET.

Ça ne vous regarde pas... Écoutez seulement ce que j'ai à vous dire... Mais où est votre fille?

JULIE.

Elle est malade.

BOURSET.

Ce n'est pas vrai. Est-elle habillée?

JULIE.

Je vous assure qu'elle est fort enrhumée : le docteur lui a prescrit de garder la chambre.

BOURSET.

Le docteur est un âne. J'entends qu'à l'instant même Louise soit mise en liberté, parée de sa plus belle robe, bien coiffée, bien jolie, bien gaie; qu'elle voie la fête et qu'elle soit vue de tous; qu'elle plaise, qu'elle brille, car il faut que ce soir vingt hommes, et des plus huppés, soient amoureux d'elle et me la demandent en mariage.

JULIE, *effrayée*.

Mais, monsieur, Louise est trop jeune pour que vous songiez à l'établir.

BOURSET.

Vous vous trompez, elle a quinze ans.

JULIE.

Plus vous la produirez, moins elle plaira. Elle est fort niaise, manque absolument d'usage, et jase avec tout le monde sans discernement.

BOURSET.

Si cela est, c'est votre faute, et je veux qu'à partir d'aujourd'hui elle soit sous la direction de sa grand' mère, qui est une femme d'esprit et saura la former.

JULIE.

Craignez qu'elle n'en sache trop.

BOURSET.

Voilà comme les filles bien nées parlent de leurs

mères ; il n'est pas étonnant qu'elles traitent si mal leurs filles.

JULIE.

Vraiment, monsieur, vous êtes avec moi d'une amertume singulière, et vous reprenez vos anciennes façons bien à propos pour me faire souvenir de l'horreur avec laquelle j'ai contracté un lien indissoluble avec vous, il y a aujourd'hui seize ans.

BOURSET.

Je vous dis, madame, aujourd'hui comme il y a seize ans, que je veux être obéi, et que je ne vous conseille pas de résister à mes volontés : voici mon compliment. Maintenant allez chercher votre fille.

JULIE, *à part.*

Oh ! je me vengerai quelque jour !
(*Elle veut s'éloigner. Une troupe de jeunes filles, vêtues de blanc et portant des bouquets, arrivent deux par deux et lui barrent le passage. La plus jeune s'approche et commence à lui débiter son compliment.*)

« Monsieur le comte et madame la comtesse, permettez-nous de vous exprimer en cet heureux jour la joie que nous éprouvons de vous voir donner plus que jamais l'exemple de l'union et des vertus conjugales qui...

JULIE, *prenant le bouquet.*

C'est bien, c'est bien, mon enfant, on ne vous en demande pas davantage ; c'est très-bien, je vous remercie.

LA PETITE FILLE, *continuant.*

» C'est toujours avec un nouveau plaisir, madame la comtesse et monsieur le comte, que nous fêtons l'anniversaire du jour trois fois heureux qui a uni pour la vie vos tendres cœurs ; car...

BOURSET, *avec emportement.*

C'est assez! quand on vous dit que c'est assez! Gardez cela pour quand il y aura du monde; vous venez trop tôt.

(*Il s'éloigne d'un côté, Julie de l'autre; les petites filles, déconcertées, se retirent en désordre.*)

SCÈNE VII.

LOUISE, LUCETTE.

LOUISE, *pâle et tremblante.*

Lucette, va un peu voir s'il ne vient personne par la petite allée, afin que je me sauve par là.

LUCETTE.

J'y vas, mam'selle. Ah! Dieu de Dieu! comme vous allez t'être heureuse d'épouser M. le duc!

(*Elle s'éloigne.*)

LOUISE.

(*George sort des bosquets et la contemple.*)

O mon père! ô ma mère! je me plaisais encore à douter de mon isolement en ce monde; à présent, je ne le puis plus... Haïe, méprisée, livrée comme une vile marchandise dont on trafique... Oh! mieux vaudrait être morte!

(*Elle s'assied sur les gradins, et cache son visage entre ses mains pour pleurer.*

GEORGE, *à part, la regardant.*

O corruption, ô âme dépravée! femme sans entrailles et sans cœur! et toi, Samuel, Schylock moderne, il ne te reste plus qu'à tuer tes victimes pour vendre plus aisément leur chair et leur sang! (*Regardant Louise.*) Malheureuse, innocente créature, que puis-je faire pour toi? Ma protection ne pourra que te nuire. (*A Louise, qui se lève avec impétuosité. Il l'arrête.*) Où courez-vous ainsi? Calmez-vous, votre désespoir va vous trahir.

LOUISE.

Oh! vous êtes là? Laissez-moi, ne vous occupez plus de moi. Je n'ai plus rien à ménager, car bientôt je n'aurai plus rien à craindre : je vais me tuer.

GEORGE.

Vous tuer! Vous êtes donc sans foi et sans Dieu, vous aussi?

LOUISE.

Dieu m'abandonne, je vois que personne ne m'aime, que je n'ai personne à qui me fier! (*A George, qui la retient.*) Laissez-moi, vous dis-je; demain matin ils me retrouveront dans la pièce d'eau sous leurs fenêtres; je ne souffrirai plus... et alors ils me regretteront peut-être; ce sera la première fois qu'ils m'auront aimée!

GEORGE.

O jeune fille! ne te laisse pas briser par la perversité d'autrui et par ta propre douleur. Il est temps encore de te soustraire à l'horrible contagion qui bientôt peut-être te flétrirait aussi. Il le faut, et je crois qu'ici la main de Dieu me pousse et me trace mon devoir. J'aurai le courage de le remplir, quelque soupçon, quelque blâme qu'il en puisse retomber sur moi par la suite..... Écoutez, Louise, voulez-vous avoir confiance en moi? Voulez-vous suivre mon conseil?

LOUISE.

Et que feriez-vous à ma place?

GEORGE.

Je fuirais cette maison à l'instant même, et j'irais me cacher dans un couvent.

LOUISE.

Me faire religieuse? oh! j'y ai souvent songé, j'y songe tous les jours.

GEORGE.

Non pas vous engager par des vœux téméraires, insensés; mais vous placer, pour quelques années du moins, sous l'égide de personnes sages, et vous dérober à d'odieuses persécutions, à l'abri d'un asile inviolable.

LOUISE, *vivement.*

Je le veux! Mais m'accueillera-t-on? Voudra-t-on me protéger? A quel titre implorerai-je l'appui des amitiés étrangères?

GEORGE.

Fiez-vous à moi. Consentez à passer pour ma sœur ou pour ma fille, et ne vous inquiétez pas du reste. Je vous verrai souvent; je veillerai sur vous.

LOUISE.

Vous!... Mais je ne vous connais pas!

GEORGE.

Vous me connaissez, et vous devez croire en moi : je suis George Freeman.

LOUISE.

George Freeman! ô mon sauveur! protégez-moi! (*Elle va pour s'élancer dans ses bras, puis s'arrête tout à coup.*)

GEORGE.

Hâtons-nous, mon enfant; si vous voulez fuir, il n'y a pas un instant à perdre.

LOUISE, *passant son bras sous le bras de George.*

Partons. O ma mère! pourquoi ne m'aimez-vous pas?

GEORGE, *à part.*

O Julie! Julie!... (*Ils fuient.*)

LUCETTE, *rentrant tout essoufflée.*

Mam'selle! mam'selle!... vous pouvez venir, il n'y a personne; ils sont tous à la messe... Tiens... où est-elle donc passée?... Et ce monsieur? Ah! voilà une jolie affaire! ils sont allés à la messe sans moi. Oh! je les rattraperai bien.

(*Elle se met à courir dans la direction contraire à celle qu'ont prise George et Louise.*)

Un cortége rustique, la musique en tête, traverse le jardin et se dirige vers le château. Des jeunes filles vêtues de blanc et voilées, postulantes rosières, marchent en tête avec leurs mères. Des paysans portant des bouquets ferment la marche en criant :

Vive monsieur le comte! vive madame la comtesse!

FIN DU PREMIER ACTE.

ACTE SECOND.

Un riche appartement à Paris, à l'hôtel Bourset. — Un salon donnant sur un jardin de plain-pied.

SCÈNE PREMIÈRE.

LA MARQUISE, JULIE, *en grande toilette de bal toutes deux.*

LA MARQUISE.

Ah! ma fille, vous voilà mise comme un ange et belle à ravir.

JULIE.

Croyez-vous, maman? Il fallait bien faire un peu de toilette. Le bal de notre vieux ami sera, dit-on, d'un grand luxe.

LA MARQUISE.

Ce pauvre duc, il fait des folies pour vous, ma chère! Savez-vous que ce n'est pas bien de tourner la tête à un homme de cet âge-là? Il peut en mourir.

JULIE.

Allons donc, maman, vous raillez; vous savez bien que ce n'est pas de moi qu'il est amoureux.

LA MARQUISE.

De moi, peut-être? il y a long-temps que je ne fais plus de passion, mon enfant, pas même celle-là. Mais, puisque tu me persifles, je veux te tourmenter un peu à mon tour. Depuis quelque temps tu vas si souvent dans certaines maisons, et si rarement dans les autres, qu'il y a, ce me semble, quelque chose là-dessous. George Freeman ne vous est pas indifférent, Julie!

JULIE.

Cet homme-là? quel original!

LA MARQUISE.

C'est ce que disent toutes les femmes, et toutes en raffolent.

JULIE.

Vous croyez?

LA MARQUISE.

Oh! je m'y connais.

JULIE.

Il est certain qu'on lui fait mille agaceries. Qu'a donc cet Américain de si séduisant?

LA MARQUISE.

De beaux yeux, de belles paroles, des façons fort étranges, et, par-dessus tout, la réputation d'être invulnérable aux traits de l'amour.

JULIE.

Quelle prétention! je ne crois guère à cette vertu-là.

LA MARQUISE.

Il me semble, en effet, qu'il ne vous serait pas difficile de la faire broncher.

JULIE.

Je ne m'en mêle pas.

LA MARQUISE.

Coquette, vous vous laissez adorer! Je l'ai bien observé, moi. Il ne s'approche de vous qu'avec une émotion... et vous ne faites pas un mouvement qu'il ne vous suive des yeux. Au reste, tout le monde l'a remarqué aussi bien que moi.

JULIE.

Oui, plusieurs personnes me l'ont dit; mais c'est une plaisanterie. Et puis, d'ailleurs, que m'importe?

LA MARQUISE.

Cela fait toujours plaisir. Un homme devant qui ont échoué les coquetteries de toutes les femmes à la mode, devant qui les plus orgueilleuses se font mignonnes, attentives et raisonnables, et que les gens les plus sérieux et le plus haut placés écoutent avec intérêt, avec respect même; un homme sans naissance, sans fortune, qui fait plus d'effet par son mérite que les plus grands seigneurs par leurs titres, et les plus riches traitants par leur luxe..... oh! un tel homme est une conquête difficile, glorieuse, et vous n'y êtes pas indifférente, Julie.

JULIE.

Ah! je vous assure que je le suis parfaitement.

LA MARQUISE.

Point! Orgueil ou sympathie, vous êtes émue aussi lorsque vous le voyez.

JULIE.

Il est vrai, quelquefois; mais vous en savez bien la raison.

LA MARQUISE.

Sa ressemblance avec feu le chevalier? Il est certain qu'elle me frappe maintenant plus qu'elle n'avait fait d'abord; mais que vous importe? Entre nous, Julie, tu ne l'as guère regretté, ton pauvre cousin Léonce, et s'il n'était mort à propos pour se rendre intéressant...

JULIE.

Brisons là, ma mère; quoi que vous en disiez, ce sujet m'est pénible.

LA MARQUISE.

Eh bien ! parlons d'autre chose. As-tu des nouvelles de Louise ?

JULIE.

Ce sujet m'est plus pénible encore que l'autre.

LA MARQUISE.

Oui, mais il y a cette différence que tu as bien fait dans un sens d'oublier le chevalier, et que tu ferais mal de toutes les façons d'oublier ta fille.

JULIE.

Ma fille ! qui peut croire que je l'oublie ? Elle m'a écrit ce matin encore.

LA MARQUISE.

Ah ! et te dit-elle enfin où elle est ?

JULIE.

Pas plus qu'à l'ordinaire. Elle se dit toujours retirée dans un couvent. Elle me recommande de ne pas être inquiète à son sujet ; mais elle déclare, avec cette petite obstination fâcheuse que vous lui connaissez, qu'elle ne veut ni sortir de sa retraite, ni me la faire connaître.

LA MARQUISE.

Pauvre Louise ! Tout cela est bien étrange ! Qui peut donc lui avoir suggéré une pareille détermination ? Depuis plus d'un an, elle est perdue pour nous, et rien n'a pu nous mettre sur ses traces. Elle se trouvait donc bien malheureuse ici !...

JULIE.

Je ne sais pourquoi vous insistez sur ce sujet si

cruellement, ma mère; pensez-vous donc que mon cœur n'en soit pas déchiré?

(*Elle se jette sur un fauteuil avec une sorte d'irritation nerveuse, et, au bout d'un instant, elle rajuste sa coiffure en se penchant vers une glace. La marquise l'observe et soupire.*)

SCÈNE II.

LES PRÉCÉDENTES, BOURSET.

JULIE.

Eh bien! monsieur, nous sommes prêtes, vous le voyez, et il est dix heures. Partons-nous?

BOURSET.

Pas encore; j'attends quelqu'un pour compléter l'éclat de notre entrée chez le duc.

LA MARQUISE.

Qui donc?

BOURSET.

Devinez!

LA MARQUISE.

George Freeman, peut-être?

BOURSET, *haussant les épaules.*

Celui-là, je ne m'en occupe guère.

JULIE, *à sa mère, et regardant son mari.*

Il a un sourire étrange.

LA MARQUISE, *bas à Julie.*

Bon Dieu! Léonce lui serait-il apparu? Nous en parlions tout à l'heure, et on dit que, quand on parle des morts oubliés, cela les fait revenir.

JULIE, *bas.*

Oh! maman, quelle triste gaieté vous avez ce soir!

BOURSET.

Je vois bien que vous ne devineriez jamais. Mais tenez... une voiture s'arrête dans la cour : c'est notre revenant... Eh bien! vous pâlissez toutes deux?

L MARQUISE.

Mon Dieu! qu'as-tu donc?

JULIE, *à part, regardant Bourset qui se frotte les mains.*

C'est quelque chose de fâcheux pour moi, il est trop gai.

SCÈNE III.

LES PRÉCÉDENTS, LOUISE, *en costume de novice bénédictine.*

JULIE.

Ma fille!

LA MARQUISE, *s'élançant vers Louise, et l'embrassant avec transport.*

Ah! quelle charmante surprise! ma pauvre enfant!

LOUISE, *tombant aux pieds de sa mère.*

Ah! maman, vous n'êtes donc pas malade? Dieu soit béni! on m'avait trompée.

JULIE.

Il a donc fallu vous tromper pour vous ramener vers moi, Louise?

BOURSET.

Tu me le pardonnes, ma Louison? Tu n'es pas fâchée de voir que ta mère se porte bien?

LOUISE, *embrassant son père.*

Oh! mon papa, vous voyez que j'en suis bien heureuse. Maman, embrassez-moi aussi.

JULIE.

Vous m'avez fait bien du mal, ma fille!

BOURSET.

Point de reproches, s'il vous plaît; ce jour est un jour de bonheur. Louise a eu tort de nous quitter. J'ai fini par découvrir sa retraite, et, grâce à une ruse innocente, je vous la ramène. Elle doit être pardonnée le jour où elle rentre sous le toit paternel.

LA MARQUISE.

Mon Dieu! que je suis heureuse de la revoir, cette méchante enfant! Ah! tu ne nous quitteras plus, j'espère! Vilaine, est-ce que nous pouvons vivre sans toi?

LOUISE.

Chère bonne maman! il faudra pourtant que je rentre ce soir : la règle de mon couvent le prescrit.

LA MARQUISE.

Comment! la règle de ton couvent? Est-ce que tu t'es faite religieuse, petite mauvaise tête? Heureusement je vois que tu as un voile blanc... Voyez comme elle est jolie en novice! Tout lui sied, c'est juste comme moi quand j'avais son âge.

LOUISE.

Je ne suis encore que postulante, bonne maman.

LA MARQUISE.

Qu'est-ce que c'est que cela, postulante au noviciat? Mais tu es donc folle, jolie comme tu l'es, de songer à prendre le voile? Nous ne le souffrirons jamais.

BOURSET.

Nous causerons de tout cela plus tard, s'il vous plaît,

mesdames. Ce n'est pas le moment; il faut maintenant aller au bal, Louise; j'exige que vous veniez avec nous, mon enfant.

LOUISE.

Moi, mon père! Oh! mais c'est impossible!...

JULIE.

Au bal dans ce costume? mais cela aurait l'air d'une mascarade!

BOURSET.

Aussi je lui ai fait préparer depuis ce matin, par la meilleure tailleuse de la cour, la plus jolie parure de bal qui se puisse imaginer. Allez dans votre chambre, Louise, et faites-vous arranger. Hâtez-vous, nous vous attendrons.

LOUISE.

Mon père, je vous en supplie, n'exigez pas que j'aille au bal; je n'ai jamais vu le monde et je n'ai pas envie de le voir... J'y serais si gauche... si contrainte... Maman, priez mon papa de me laisser vous attendre. Je veillerai dans votre chambre, afin de vous embrasser quand vous rentrerez, et au jour je retournerai au couvent pour l'heure de la prière.

JULIE, *à Bourset.*

En effet, pourquoi contrarier ses idées religieuses! Commencerez-vous, pour la réconcilier avec la maison paternelle, par la contrarier mortellement?

BOURSET *lui jette un regard sévère et se tourne vers sa fille.*

Louise, je vous ai promis de vous écouter et de faire droit à toute chose raisonnable de votre part; mais il me semble que vous devez commencer par condescendre aux désirs de votre père, surtout quand il exige de vous une chose de peu d'importance. Allez, mon enfant ; si vous voulez me trouver indulgent, soyez soumise.

LOUISE, *abattue.*

J'obéis, mon père!

(*Bourset l'embrasse au front.*)

LA MARQUISE.

Je vais l'aider à sa toilette, et je suis sûre qu'en se voyant bien belle elle prendra son parti devant le miroir.

(*Elles sortent.*)

JULIE, *à Bourset.*

Je crois que vous prenez un mauvais moyen...

BOURSET, *sèchement.*

Je sais ce que je fais, madame, et ne veux point ici de résistance à ma volonté. — Allons! ne boudez pas ; voici le collier de diamants que vous désiriez tant! (*Il tire un petit écrin de sa poche et le lui présente.*) Mistress Law n'en aura pas un plus beau ce soir... Mais ne le vendez pas, entendez-vous? l'argent devient rare et dangereux. Les diamants sont des valeurs qu'aucun arrêt de confiscation ne peut atteindre.

JULIE.

Que vous êtes aimable d'avoir pensé à ce collier ! Mais que parlez-vous d'arrêt?

BOURSET.

D'un arrêt qui sera publié demain matin et qui fera mordre les doigts à bien des gens. Le régent et d'Argenson ont imaginé, pour discréditer entièrement les valeurs monnayées et pour brusquer l'émission du papier-monnaie, dont on commence à se dégoûter d'une manière effrayante, de faire défense à qui que ce soit de garder entre ses mains une somme d'or ou d'argent excédant cinq cents livres, sous peine de la Bastille.

JULIE.

Cela est bon à savoir. Que ferez-vous de vos quatre-vingt mille livres que vous avez reçues tantôt?

BOURSET.

Je les ai déjà échangées contre du papier.

JULIE.

Vous avez fait là une grande sottise. Comment, avec votre habileté, ne voyez-vous pas que ce papier est une grande friponnerie, et va nous ruiner tous? Personne n'en veut déjà plus, l'ignorez-vous?

BOURSET.

Julie! vous vous êtes embarquée sur une mer orageuse le jour où vous avez épousé Samuel et sa fortune. Si c'est une bonne affaire que vous avez faite, il faut en profiter; si c'est une sottise, il faut la boire.

(*Il sort.*)

SCÈNE IV.

JULIE, *seule*.

Oh! je l'ai bu tous les jours de la vie, ce calice amer! et ce bonheur, que par une odieuse ironie le monde feint de m'envier, est un poison qui me dévore! O tortures de l'orgueil brisé! O soif de vengeance qu'une lâche terreur enchaîne! je finirai par t'assouvir! C'est trop souffrir, c'est trop sacrifier à la fausse gloire d'un semblant de bonheur et de vertu! Je veux une fois dans ma vie connaître l'ivresse des passions, et me venger, dans l'ombre et le mystère, des outrages que je reçois dans le secret de ma vie domestique. George! tu m'aimes, je n'en puis douter! Par une intention bizarre de la destinée, tu ressembles au premier, au seul homme que j'aie osé aimer! C'est toi qui vengeras le chevalier! Puisque c'est la seule représaille que la femme puisse exercer contre la tyrannie de l'homme, j'en goûterai le plaisir terrible! George Freemann, je veux t'aimer! et il me semble que je t'aime déjà.

UN DOMESTIQUE, *annonçant.*

M. George Freeman.

JULIE, *à part.*

Ah! Dieu le veut!

SCÈNE V.

JULIE, GEORGE. *Ils se saluent avec cérémonie.*

JULIE.

Vous êtes bien rare depuis quelque temps, monsieur; mais il serait peu gracieux de vous faire des reproches quand vous nous revenez. Il faut vous savoir gré du peu que vous faites pour vos amis.

GEORGE.

Vous me parlez aujourd'hui avec beaucoup de bonté, madame.

JULIE.

Croyez qu'il m'en coûte pour être aussi bonne, car, franchement, vous ne le méritez guère. Vous avez partout la réputation d'un ingrat.

GEORGE.

Je ne sais comment je l'ai méritée; mais, puisque vous me dites des choses si obligeantes, je vous dirai avec ma franchise accoutumée que je craignais d'être importun.

JULIE.

Mon apparence est donc bien trompeuse? Moi aussi pourtant, j'ai la réputation d'être franche.

GEORGE.

Votre réputation est trop bien établie à tous égards pour que j'ose vous contredire; mais, enfin, ne m'est-il pas permis de croire qu'avec des opinions aussi différentes des vôtres sur bien des points, pour ne pas dire sur tous... je suis accueilli chez vous avec plus de politesse que de bienveillance?

JULIE.

M. de Puymonfort peut être fort poli; quant à moi, je ne pensais pas mériter ce reproche.

GEORGE.

Vous ne sauriez croire, madame, combien je suis heureux de vous trouver dans ces sentiments. Je désirais précisément avoir l'occasion de détruire les préventions que je vous supposais contre moi.

JULIE.

Des préventions! je vois que votre réputation de franchise est usurpée; vous savez trop que toutes les préventions sont en votre faveur.

GEORGE, *à part.*

Quel changement!... (*Haut.*) Je vous assure, madame, que je vous supposais quelque éloignement pour moi. Il m'a toujours semblé que ma présence vous causait une impression désagréable.

JULIE.

Désagréable!... oh! non... mais triste, je l'avoue... Une ressemblance inouïe... avec une personne qui n'est plus...

GEORGE.

Je le sais, madame.

JULIE.

Comment! vous le savez? quelqu'un vous l'a dit?

GEORGE.

D'autres personnes que vous ont remarqué cette ressemblance. Et d'ailleurs j'ai des raisons plus particulières pour savoir combien elle est fidèle.

JULIE.

O mon Dieu! auriez-vous connu?... Oui, en Amérique! cela est possible; vous avez pu rencontrer une personne... qui portait le même nom que moi.

GEORGE.

Le même nom que porte aujourd'hui M. Bourset.

JULIE, *à part, le regardant.*

Il est des instants où je crois que c'est lui-même qui me parle! (*Haut.*) Ainsi vous l'avez connu?

GEORGE.

Intimement, madame.

JULIE.

Et vous ne m'avez jamais parlé de lui!

GEORGE.

Je pensais que cela vous serait pénible.

JULIE.

Non! au contraire! j'éprouve une curiosité....

GEORGE.

Une *curiosité?*...

JULIE, *à part.*

Comme c'est là son regard! (*Haut.*) Oui, une émotion profonde... Dites-moi, je vous en prie, il a dû se plaindre de moi avec amertume?

GEORGE.

Il ne s'est jamais plaint, madame, même à son meilleur ami.

JULIE, *le regardant avec attention, et commençant à douter.*

Mais alors comment pouvez-vous savoir...

GEORGE.

Je sais seulement qu'il a horriblement souffert.

JULIE, *à part.*

Mon Dieu! comme il dit cela! si c'était lui?... (*Haut, avec une émotion jouée.*) Pauvre Léonce!

GEORGE, *ironiquement.*

Ah! vous l'avez beaucoup aimé, madame?...

JULIE, *à part.*

Quel ton étrange! ce ne peut pas être lui. (*Haut, essayant de sourire.*) Est-ce donc lui qui vous l'a confié?

GEORGE.

Il ne s'est jamais vanté, pas plus qu'il ne s'est plaint.

JULIE.

Oh! c'était un honnête homme!...

GEORGE.

Oui, madame.

JULIE.

Et une belle âme! aussi belle que son visage, qui ressemblait tant au vôtre!

GEORGE.

Le mien doit vous sembler une bien pâle et bien déplaisante copie, madame.

JULIE, *à part.*

Il en est jaloux! ce n'est pas lui. (*Haut.*) Le vôtre est cent fois plus mâle, plus noble et plus expressif.

GEORGE.

Vous me raillez! Il est impossible qu'un premier amour soit effacé à ce point; quiconque aurait la prétention de vous le faire oublier serait bien présomptueux!

JULIE, *avec coquetterie.*

Vous croyez?...

GEORGE.

Et quiconque en aurait le désir serait bien malheureux!

JULIE, *encore plus coquette.*

En êtes-vous bien sûr?

GEORGE, *ému malgré lui, et avec une amertume qu'il ne peut contenir.*

Le chevalier à pu l'être autrefois, mais ce fut une assurance bien ridicule de sa part, n'est-ce pas, madame?

JULIE, *à part et bouleversée.*

Du dépit? Ah! grand Dieu! c'est bien lui! (*Haut et se remettant tout de suite.*) Je vois que vous méprisez beaucoup les femmes, monsieur Freeman!

GEORGE, *se reprenant.*

Si j'avais eu quelque raison pour le faire, vous m'eussiez converti, madame.

JULIE, *à part.*

Ah! tu crains de te trahir, à présent! C'est déjà fait, va!

GEORGE.

Vous aurais-je offensée? J'ai eu tort de vous parler du chevalier; je m'étais promis de ne jamais le faire.

JULIE.

Pourquoi donc? C'est un homme dont le souvenir me sera toujours cher, monsieur. Si je lui ai fait du mal en épousant M. Bourset, j'ai expié cet acte de soumission envers mes parents par de longs regrets et des larmes bien amères. Si je me suis attachée à mon mari, c'est par devoir, non par inclination; mais je suis restée fidèle à la mémoire du chevalier, car je n'ai point eu d'amants. Le monde le sait !

GEORGE, *à part*.

Le monde le dit !

JULIE, *à part*.

Lui inspirer du respect, c'est le plus sûr à présent.

GEORGE, *à part*.

Après tout, elle dit peut-être la vérité. (*Haut.*) Si le chevalier revenait à la vie, il serait touché de vous entendre parler ainsi, madame.

JULIE.

Si le chevalier revenait à la vie, monsieur, je ne pourrais plus prétendre à son amour, et je ne le voudrais pas, car le devoir a pour les âmes élevées d'austères consolations; mais je me flatte que le chevalier m'estimerait et serait mon meilleur ami.

GEORGE, *ému*.

Je crois aussi que cela serait si vous le vouliez, madame.

JULIE.

Puisque le sort a tranché le fil de sa vie, je désire du moins que son ami reporte sur moi un peu de cette honnête affection que j'eusse voulu lui faire connaître.

GEORGE.

Oh! madame, je vous prends au mot avec reconnaissance.

(*Il lui baise la main, puis se promène avec quelque agitation.*)

JULIE, *à part.*

Oh! je te tiens maintenant, et tu m'aimeras toujours, mais, comme par le passé, en pure perte; car un tel lien serait dangereux désormais. La colère et la jalousie se déchaîneraient à la moindre familiarité.

GEORGE, *à part, se promenant dans le salon.*

Oui, je crois qu'elle a conservé des sentiments élevés et que je puis lui parler. Le moment est venu. (*Il se rapproche.*) Madame, puisque vous me traitez avec une si généreuse confiance, j'oserai m'enhardir jusqu'à remettre en vos mains un secret où ma conscience est intéressée et mon honneur engagé.

JULIE.

Parlez, monsieur George, parlez-moi comme à une sœur. (*A part.*) Où veut-il en venir à présent?

GEORGE.

Je veux vous parler de votre fille. Elle n'est point auprès de vous. Le bruit court dans le monde qu'elle s'est retirée au couvent par vocation religieuse. Vous-même vous le croyez peut-être?...

JULIE, *pâlissant.*

A cet égard, monsieur George, je n'ai de comptes à rendre qu'à Dieu, ce me semble!

GEORGE.

Aussi Dieu vous demandera un compte sévère! permettez à un frère de vous le rappeler.

JULIE, *à part.*

Peut-on rien voir de plus pédant! (*Haut.*) Mon cher monsieur Freeman, j'espère que Dieu trouvera mon cœur pur. Voyons, que vouliez-vous dire?

GEORGE.

Si vous vous blessez au premier mot!...

JULIE.

Non, je sais que vous êtes philosophe et que vous n'agissez comme personne. Dites toujours.

GEORGE.

Vous ignorez où est votre fille... et je présume que vous désirez vivement le savoir.

JULIE, *vivement.*

Le savez-vous donc, vous?

GEORGE.

Oui, et je vous l'apprendrai, quand vous m'aurez promis de veiller sur elle avec un peu plus de sollicitude et d'énergie que vous n'avez fait jusqu'ici.

JULIE.

C'est elle qui s'est plainte de moi à vous?

GEORGE.

Non, c'est moi qui ai observé.

JULIE.

Mais cela est fort singulier! Il y a précisément un an que ma fille est au couvent, et je ne crois pas que vous l'ayez jamais vue auparavant.

GEORGE.

Je l'ai vue il y a un an précisément... un jour que je venais pour me présenter dans votre maison.

JULIE.

Le jour où elle a disparu, peut-être!... C'est vous qui l'avez enlevée?... Oh! elle avait la tête montée pour vous avant de vous avoir vu, je le sais! Avouez donc tout, vous l'avez séduite, dites, monsieur, dites!

GEORGE.

Séduite! oh! madame! vous ne m'en croyez pas capable... Mais le hasard... Si vous daignez m'accorder un peu d'attention, je vous conterai tout ce qui s'est passé.

JULIE.

Ah! vous l'avez revue depuis! (*A part.*) Une intrigue où je suis affreusement jouée!...

GEORGE.

Vous êtes trop irritée contre moi dans ce moment...

JULIE, *d'un ton forcé.*

Nullement, monsieur, nullement!... Mais il me semble si étrange que, me connaissant à peine, vous soyez l'ami et le confident de ma fille!... Je suis sa mère avant tout; et, quelque légère que je semble, quelque philosophe que vous paraissiez, j'ai le droit de trouver fort suspecte une intimité mystérieuse entre ma fille et vous!

GEORGE.

Vous auriez grand tort de suspecter son innocence et ma loyauté.

JULIE.

Ah! de grands mots, je connais cela. Mais il n'est pas moins vrai, monsieur, que vous faites à mon insu la cour à ma fille. Vous plaira-t-il de me dire où vous l'avez cachée?

GEORGE.

Je venais exprès pour vous l'apprendre; mais, si vous me parlez ainsi, je ne vous dirai rien. Il me semblait que votre premier mouvement serait la joie et l'impatience de la revoir; je ne trouve en vous que froideur pour elle et méfiance envers moi. Je me retire, je vous trouverai peut-être mieux disposée un autre jour.

JULIE.

J'attendrai donc, pour vous écouter, que vous soyez mieux disposé vous-même. Peut-être sentirez-vous que le rôle que vous jouez en ce moment est indigne d'un homme aussi grave et aussi vertueux que vous avez la réputation de l'être. J'espère qu'à notre prochaine entrevue vous me déclarerez nettement vos intentions à l'égard de ma fille... afin que je voie le parti que j'ai à prendre...

(*George la salue.*)

JULIE, *à part, lui rendant son salut.*

Ah! ceci ne peut se supporter. Il feignait de m'aimer! Je me vengerai de cet outrage! J'ai été jouée indignement! (*Elle se retire dans ses appartements. George, au moment de passer dans le jardin, voit entrer Louise et s'arrête. Louise est en toilette de bal.*)

GEORGE.

Est-ce un rêve? Vous ici, Louise, et ainsi parée, quand je vous ai laissée sous le voile et derrière la grille du couvent?

LOUISE.

Oh! vous êtes bien étonné, n'est-ce pas, mon ami? Je le suis encore plus que vous, peut-être ; moi aussi, je crois rêver. Mais vous venez au bal, à ce que j'ai ouï dire ; nous pourrons peut-être nous parler.

GEORGE.

Au bal! au bal chez le duc?

LOUISE.

C'est chez le duc? je ne le savais pas. Oh ciel! je ne veux plus y aller ; on ne m'y traînera pas de force. Ah! si vous saviez comme on m'a trompée pour m'amener ici! On m'a dit que ma mère était mourante.

GEORGE, *à part.*

Ils ont quelque méchant projet. (*Haut.*) Allez au bal, Louise, je vous y suivrai ; je ne vous perdrai pas de vue, soyez tranquille.

LOUISE.

Vous êtes agité, monsieur Freeman ! que se passe-t-il donc?

GEORGE.

Je ne sais, mais je crains quelque trahison.

LOUISE.

Oh! moi, je ne crains rien, vous êtes près de moi.

GEORGE.

Fiez-vous à moi, mon enfant ; mais ne vous fiez pas trop à vous-même. Vous allez au bal ; ne craignez-vous pas que l'enivrement de ce premier triomphe que vous allez remporter ne vous réconcilie avec les projets de votre père ?

LOUISE.

O mon ami, vous ne le croyez pas ! Et d'ailleurs.... si vous le craignez... voyez, je puis m'échapper encore, retourner au couvent, et n'en plus jamais sortir.

GEORGE.

Non, Louise ; vous savez bien que je vous détourne autant que je le puis de ces idées. Il est temps que vous voyiez le monde, que vous sachiez quels sont ses avantages et ses séductions, et ce que vous devez choisir d'une vie modeste et pure ou d'une ivresse d'ambition et de vanité.

LOUISE.

Oh! mon choix sera bientôt fait. Tenez, George, ce n'est pas bien; vous êtes toujours porté à croire que les femmes sont vaines et coquettes; vous me soupçonnez moi-même, comme si vous ne me connaissiez pas, depuis un an que je vous dis toutes mes pensées. Il faut que vous ayez été bien trompé dans vos amitiés pour être si méfiant, même envers moi!

GEORGE.

Chère, excellente enfant! (*A part, avec tristesse.*) Pourquoi suis-je né quinze ans trop tôt!

LOUISE.

O ciel, mon père!... George, ayez l'air de ne me pas connaître. (*Ils s'éloignent l'un de l'autre précipitamment. Bourset entre et les observe.*)

BOURSET, *à part*.

Julie ne m'a pas trompé : ils s'entendent à merveille. (*Haut.*) Ma fille, votre mère vous demande; allez la trouver.

(*Louise va pour sortir, un domestique se présente avec un bouquet.*)

BOURSET.

Qu'est-ce que cela?

LE DOMESTIQUE.

Avec la permission de monsieur le comte, c'est un bouquet pour mademoiselle.

BOURSET.

De quelle part?

LE DOMESTIQUE.

De la part de M. le duc.

BOURSET, *lui donnant de l'argent.*

Tenez, mon ami. (*A Louise.*) Prenez ce bouquet, ma fille.

LOUISE.

Oh! mon papa, je n'aime pas les fleurs.

BOURSET.

Vous les aimez, au contraire. Prenez, vous dis-je. (*Louise obéit, regarde George, et laisse tomber le bouquet.*)

BOURSET.

Ramassez votre bouquet, ma fille.

LOUISE.

Mais, mon papa, l'odeur des fleurs me fait mal.

BOURSET.

Elle vous fera du bien aujourd'hui. Ramassez votre bouquet.

LOUISE *ramasse le bouquet.*

Oh! il est si lourd, c'est fort incommode au bal! Que peut-on faire de ce gros vilain bouquet?

BOURSET.

Emportez-le, et allez trouver votre mère.
(*Louise sort en effeuillant le bouquet.*)

SCÈNE VI.

BOURSET, GEORGE.

BOURSET.

Votre serviteur, monsieur Freeman; j'ai deux mots à vous dire, ni plus ni moins. Vous voulez épouser ma fille, cela ne se peut pas.

GEORGE.

Je ne me suis pas expliqué à cet égard, monsieur ; mais, si telle était mon intention, je crois que vous ne me la refuseriez pas.

BOURSET.

Vous vous trompez. Ma parole est irrévocable. Ma fille est promise.

GEORGE.

Je le sais, monsieur ; mais, comme vous aurez toujours un million à rendre à M. le duc de Montguay, quand le moment sera venu, vous ne serez pas obligé de lui livrer votre fille.

BOURSET, *à part*.

Est-il sorcier, ou le vieux duc tombe-t-il en enfance jusqu'à raconter ainsi nos affaires? (*Haut.*) Et d'où êtes-vous si bien informé, monsieur?

GEORGE.

Peu importe! il me suffit que ce soit la vérité. Ainsi ce ne serait pas là le prétexte plausible de votre refus.

BOURSET, *à part*.

Ce diable d'homme me déplaît. (*Haut.*) Serais-je donc obligé de motiver mon refus?

GEORGE.

Vous ne voudriez pas me faire d'insulte.

BOURSET.

Eh bien! s'il vous fallait une raison, il y en aurait une bien simple : c'est que vous n'avez pas le sou.

GEORGE, *à part*.

A la bonne heure! voici le Samuel d'autrefois! (*Haut.*) Mais, monsieur, lorsque vous donnerez votre fille à M. le duc de Montguay, vous n'aurez pas le sou vous-même, comme il vous plaît de le dire ; autrement vous rembourseriez le million, et ne donneriez pas votre fille, je le suppose, par goût, à un octogénaire. Ainsi ce n'est pas encore là la raison.

BOURSET.

Eh bien! monsieur, il y en a une autre, c'est que vous n'avez pas de nom.

GEORGE.

On peut toujours en acheter un !

BOURSET.

Comme j'ai fait, vous voulez dire ! Mais il faut avoir de l'argent pour cela, ça coûte cher !

GEORGE.

Et cela ne sert à rien.

BOURSET.

Si fait, cela sert à tout ; avec un nom on a du crédit et de la faveur : ma fille sans dot sera duchesse, et bientôt, veuve d'un octogénaire, comme vous dites, elle pourra épouser un prince.

GEORGE.

Et, pour peu qu'il ait quatre-vingt-dix ou cent ans, elle pourra en troisièmes noces épouser le roi.

BOURSET.

Vous avez de l'esprit !

GEORGE.

Et vous aussi. Mais allons au fait : vous faites un calcul que vous croyez bon, et je vais vous prouver qu'il ne vaut rien. Vous croyez que la roture s'élève en s'accrochant à la noblesse, vous vous trompez : c'est la noblesse qui s'abaisse en se rattrapant à la roture.

BOURSET.

Ah ! je sais bien que la noblesse dégringole ; mais, avant qu'elle soit par terre, nous serons tous morts.

GEORGE.

Il est possible qu'elle se soutienne jusque-là dans l'opinion ; mais, en fait d'argent et de pouvoir, elle est déjà morte. La manie qu'ont les traitants de s'anoblir n'est qu'une sotte vanité qu'ils tâchent de se dissimuler à eux-mêmes en se persuadant qu'elle aide à leur fortune. Ils se trompent ; on se moque d'eux, et voilà tout.

BOURSET, *à part.*

Voilà un original bien osé, de me parler ainsi en face !

GEORGE.

Et puis, comme la noblesse est incontestablement ruinée...

BOURSET.

Elle ne l'est pas encore, c'est moi qui vous le dis.

GEORGE.

Elle le sera dans six mois, dans six jours peut-être, grace à vous et à vos confrères, vous le savez bien. Que pourra-t-elle vous donner quand vous lui aurez tout pris ? Ses titres, ses armoiries ? Qu'en ferez-vous alors ? Vous voyez bien qu'il n'y a là que mensonge et fumée.

BOURSET.

Vous raisonnez serré, maître Freeman, et votre conclusion est que vous devez épouser ma fille par la raison que vous n'avez ni argent ni blason ! Il n'en sera pourtant rien, je vous jure.

GEORGE.

J'aurai un blason quand je voudrai, et de l'argent, à coup sûr, j'en aurai.

BOURSET.

Ouais ! seriez-vous un homme adroit ?

GEORGE.

Non, mais je suis aussi laborieux que vous, et beaucoup plus intelligent.

BOURSET.

Ah oui! vous êtes philosophe! ça vous mènera loin.

GEORGE.

Je suis cultivateur, monsieur, et négociant, et je suis en train de faire fortune.

BOURSET.

Eh bien! quand ce sera fait, vous reviendrez, et on verra.

GEORGE.

Je serai riche le jour où vous serez ruiné. Prenez garde qu'alors je ne vous en dise autant.

BOURSET, *à part.*

Quel diable d'original! c'est peut-être un habile compère. (*Haut.*) Expliquez-moi ça.

GEORGE.

Vous savez bien qu'il y a de belles et bonnes terres à la Louisiane, et vous savez bien aussi qu'il n'y a pas de mines d'or? Vous savez bien que Crouzat a cédé son privilége pour rien?

BOURSET, *effrayé.*

Monsieur, doucement, doucement! ne criez pas si haut des choses que vous ne savez pas.

GEORGE.

Oh! mon Dieu, j'étais présent à la signature de l'acte.

BOURSET, *à part.*

Aïe!

GEORGE.

Et j'ai travaillé dix ans avec Crouzat à la recherche des mines.

BOURSET, *baissant la voix et ouvrant les yeux;*

Eh bien ! ces mines ?

GEORGE.

Il n'y en a pas, vous le savez de reste...

BOURSET, *hébété.*

Qu'y a-t-il donc ?

GEORGE.

Des forêts, des troupeaux, des pâturages ; il ne manque que des bras, et c'est absolument la fable du trésor caché dans le champ du laboureur. En le cherchant, on remue la terre, on la fertilise, et c'est ainsi, et non pas autrement, qu'on s'enrichit en Amérique.

BOURSET, *tâchant de reprendre de l'assurance et d'un ton brutal.*

Vous ne savez pas ce que vous dites !

GEORGE.

Oh ! j'en fournirai la preuve à qui me la demandera.

BOURSET, *à part.*

Que la peste étouffe le philosophe ! Heureusement je le tiens par son côté faible. (*Haut.*) Vous êtes donc amoureux de ma fille ?

GEORGE.

Pourquoi me faites-vous cette question, puisque vous ne voulez pas me la donner en mariage ?

BOURSET.

C'est que vous ne me paraissez pas dépourvu de sens, et on pourrait peut-être s'entendre avec vous par la suite.

GEORGE.

Ce ne sera pas long ; car dans quelques jours le duc aura gagné les douze millions que vous lui promettez, ou perdu celui qu'il vous a confié.

BOURSET.

Il est certain que, s'il y a beaucoup de gens comme vous qui vont décrier nos affaires et nous ôter la confiance publique...

GEORGE.

Il y aura toujours des gens pour dire la vérité et des gens pour l'entendre. Ainsi jouissez vite de votre reste, vous touchez au dénoûment.

BOURSET, *à part*.

Il me donne froid, ce sauvage ! (*Haut.*) Et si je suis ruiné, puis-je refuser ma fille au duc de Montguay ?

GEORGE.

Oui.

BOURSET.

Touchez là ! Mais qui remboursera le million ?

GEORGE.

Vous et moi.

BOURSET.

Avec quoi ?

GEORGE.

Avec notre travail et notre probité.

BOURSET.

Hum !... Allons, faites la cour à ma fille, sous les yeux de sa mère, bien entendu ; mais pas un mot de ceci, et pas une démarche qui me discrédite auprès du duc.

GEORGE.

Je ne m'engage à rien de semblable.

BOURSET, *à part.*

Eh bien! ni moi non plus, car je ne suis pas encore ruiné! (*Haut.*) Nous reparlerons de cette affaire, et, en attendant, partons pour le bal; il est temps.

GEORGE.

Avec ces dames?

BOURSET.

Vous irez dans ma voiture; elles iront dans la leur : nous froisserions leurs atours. Venez-vous?

GEORGE.

Soit! (*A part.*) Je ne te lâcherai pas.

BOURSET, *de même.*

Je saurai bien te tenir! (*Ils sortent.*)

SCÈNE VII.

JULIE, LOUISE, *regardant à la fenêtre.*

LOUISE.

Partons-nous, maman? voilà la voiture de papa qui s'en va, la nôtre attend.

JULIE.

Un instant, ma fille, j'ai quelques mots à vous dire.

LOUISE.

Oh! j'écoute, maman.

JULIE.

Parlez-moi avec franchise, mon enfant, ouvrez-moi votre cœur comme à votre meilleure amie.

LOUISE, *avec effusion.*

Oh! oui, ma chère maman.

JULIE.

Vous connaissez George Freeman?

LOUISE.

Un peu... maman...

JULIE.

Dites toute la vérité : votre mère veut votre bonheur, mon enfant. George m'a demandé votre main. (*Louise tressaille*), et j'ai promis de la lui accorder si je puis m'assurer que son affection pour vous est sincère.

LOUISE, *émue*.

Oh! s'il vous l'a dit, maman, j'en suis bien sûre.

JULIE.

Mais comment le savez-vous? Il vous l'a donc dit?

LOUISE.

Jamais, maman.

JULIE.

Louise, vous me trompez; vous ne m'aimez donc pas?

LOUISE.

Oh! ma bonne mère, aimez-moi, car je ne demande qu'à vous chérir de toute mon âme.

JULIE, *la caressant*.

Eh bien! ma fille, il t'a parlé d'amour?

LOUISE.

Eh bien! maman, je vous le jure, il ne m'en a jamais dit un mot.

JULIE.

Mais il t'a parlé de mariage, au moins?

LOUISE.

Pas davantage. Il me disait toujours qu'il avait horreur du mariage, au contraire, et qu'il ne connaissait pas de lien plus avili par l'ambition et la cupidité.

JULIE, *à part*.

Ceci est pour moi. (*Haut.*) Et lorsqu'il t'a enlevée, où t'a-t-il conduite?

LOUISE.

Oh! il ne m'a pas enlevée; c'est moi qui voulais me tuer.

JULIE.

Par amour pour lui?

LOUISE.

Je ne le connaissais seulement pas! Mais c'est que je m'imaginais!... oh! pardonnez-moi, maman, j'avais bien tort; car vous êtes si bonne pour moi!... je m'imaginais que vous ne m'aimiez pas.

JULIE.

Et lui, il t'a persuadé qu'il t'aimait?

LOUISE.

Oh! maman! si vous ne me disiez pas qu'il vous a demandé ma main, je ne le croirais pas, car il m'a toujours traitée comme un enfant. Au couvent, il passait pour mon oncle, et il venait me voir seulement une fois par semaine à la grille du parloir. Et puis peu à peu, je ne sais comment, il est venu plus souvent, et il restait plus long-temps, mais toujours en présence de la tourière; et il me parlait avec une bonté, mais aussi avec une sévérité qui me tenait dans la crainte; de sorte que je ne sais pas encore s'il m'aime, ou s'il a eu pitié de moi.

JULIE.

Et si tu le crains, tu ne l'aimes pas, toi!

LOUISE.

Oh! je l'aime plus que je ne le crains, maman!

JULIE.

Et tu consentirais à l'épouser?

LOUISE.

Oh! oui, si vous y consentiez!

JULIE.

Et t'a-t-il écrit quelquefois?

LOUISE.

Oui, maman, quelquefois. Tenez, j'ai encore là une lettre que j'ai reçue hier, il ne croyait pas me voir aujourd'hui. Voulez-vous que je vous la montre?

JULIE.

Sans doute.

LOUISE.

La voici.

JULIE, *parcourant la lettre.*

Il vous appelle sa fille! Il vous tutoie!... Il me semble que c'est le langage de la passion, si ce n'est celui de la folie.

LOUISE.

Mon Dieu! maman, vous me faites trembler! Qu'y a-t-il donc dans cette lettre? Est-ce que je ne l'aurais pas comprise?

JULIE.

La lettre est fort tendre, à coup sûr; mais si je t'en montrais une de cette même écriture et de ce même style, plus tendre encore, adressée à une autre femme que toi?

LOUISE, *pâlissant.*

Oh! mon Dieu! je dirais que je me suis trompée, qu'il ne m'aime pas.

JULIE.

Cependant il te demande en mariage! Comment expliquer ceci? Tiens... regarde! (*Elle tire une lettre de sa poche.*)

LOUISE, *toute tremblante, ouvre la lettre convulsivement et lit :*

« Votre indifférence me tuera... Vous ne m'aimez pas. Vous croyez que j'en aime une autre... » (*Sa voix est étouffée.*)

JULIE *prend la lettre et la continue.*

« Mais c'est vous seule, c'est vous pour qui je veux vivre et mourir... »

LOUISE, *tombant dans un fauteuil.*

Assez !... maman, assez !...

JULIE, *à part, remettant la lettre dans sa poche.*

Tu ne te doutais pas, pauvre chevalier, en m'écrivant ce billet dans toute la candeur de tes dix-sept ans, qu'il me servirait dix-sept ans plus tard à déjouer tes perfidies... Allons, le coup est porté ! (*A Louise.*) Eh bien ! Louise, avez-vous donc si peu de dignité que vous pleuriez un homme qui vous trompe ? Allons, remets-toi, oublie-le, et allons au bal.

LOUISE.

Au bal ? Le revoir ? oh ! jamais ! je mourrais de honte !... Partons, maman, partons !

JULIE.

Où veux-tu donc aller ?

LOUISE.

Au couvent, au couvent pour jamais !

JULIE.

Pour qu'il aille encore t'égarer par de nouveaux artifices ?

LOUISE.

Dans un autre couvent, où il ne pourra ni me découvrir ni m'approcher.

JULIE.

Ce serait peut-être là le meilleur parti à prendre si tu t'en sentais le courage.

LOUISE.

Oh! oui, maman, j'aurai du courage, je vous en réponds! Ah! mon voile, ma robe de novice! Rendez-moi tout cela, maman, afin que je m'en aille bien vite!

JULIE.

Je vais te les chercher. La voiture nous attend, nous pouvons aller à Chelles.

LOUISE.

Où vous voudrez, maman, pourvu que ce soit bien loin de lui. (*Julie sort.*)

LOUISE, *seule, arrachant les fleurs de ses cheveux.*

Oh! cette parure maudite que je portais déjà avec orgueil en songeant qu'elle m'embellirait à ses yeux!... il ne l'avait pas seulement remarquée... Il était mécontent, inquiet de me voir aller au bal. Sans doute, celle qu'il aime doit s'y trouver, et ma présence les eût gênés... Mais, après tout, il ne m'a jamais rien promis. (*Se laissant tomber sur un fauteuil, les cheveux épars et ses parures gisant à terre.*) Quel rêve ai-je donc fait? Insensée que je suis! Ah! je l'aimais, moi, et j'aurais su me faire religieuse, et vivre à jamais retirée du monde, cloîtrée, oubliée de tous, pourvu qu'une heure, un instant, qu'une fois dans l'année il fût venu me dire au travers de la grille : « Mon enfant, je veille sur vous. » Mais à présent je ne peux pas, je ne veux pas le revoir... Et mes jours se consumeront dans l'ennui mortel de la solitude, dans l'horreur de l'abandon... car personne ne m'aime, moi! personne ne m'a jamais aimée. Que cette idée fait de mal... elle donne la mort... Oui, je me sens mourir!.. Maman!.. J'étouffe!... Ah! (*Elle veut se lever, chancelle et retombe évanouie sur le fauteuil.*)

JULIE *rentre avec le voile et la robe de novice.*

Allons, Louise, du courage... Eh bien! Elle ne répond pas... Louise... vous souffrez donc beaucoup? Comme elle est froide!... Oh! je lui ai fait bien du mal... Oui, cela fait bien du mal, un premier amour brisé!... On en rit, on dit que ce sont des larmes d'enfant... On croit que le luxe, la parure, l'enivrement de l'orgueil, vous consoleront en un jour... On le croit soi-même... Et cela n'est pas vrai, on souffre longtemps... On souffre toujours!... On n'aime plus, mais on a honte de soi-même, et à chaque déception, à chaque douleur qu'on rencontre dans la vie, on se dit : C'est ma faute, j'aurais pu être heureuse... Je ne l'ai pas voulu... j'ai manqué de courage... J'ai eu peur de la misère!... Louise!... Louise!... ma fille, ah!... je l'ai tuée... J'ai tué ma fille! (*Elle la saisit dans ses bras et tâche de la ranimer. Louise revient à elle-même, la regarde d'abord sans la reconnaître, puis se jette dans ses bras et fond en larmes.*)

JULIE, *pleurant.*

Ma fille, vous êtes bien mal.

LOUISE.

Partons, maman.

JULIE.

Non, mon enfant, vous ne le pouvez pas... Je serais trop inquiète de me séparer ainsi de vous; venez, vous allez vous reposer sur mon lit.

LOUISE.

Eh bien! maman, comme vous voudrez. Allez au bal, j'attendrai votre retour.

JULIE.

Non, je ne vous quitterai pas. Jamais, jamais, je ne te quitterai plus...

LOUISE.

Oh! que vous êtes bonne pour moi, maman! vous m'aimez, vous? (*Elle se jette à son cou.*)

JULIE.

Et si je vous aime, Louise, vous vous consolerez, n'est-ce pas?

LOUISE.

Oh! maman, je l'aurais haï, mais je l'aimerai pour m'avoir rapprochée de vous aujourd'hui! Ah! j'étais bien ingrate de douter de votre cœur! il sera mon refuge dans l'avenir.

JULIE, *à part.*

Et le tien sera mon refuge aussi contre le passé. (*Haut.*) Viens dans ma chambre; tu dormiras, je veillerai près de toi. (*A part et soutenant sa fille dans ses bras.*) Mon Dieu! voici pourtant une idée de bonheur; pourquoi ne l'avais-je pas encore comprise?

FIN DU SECOND ACTE.

ACTE TROISIÈME.

(*A l'hôtel Bourset. — L'appartement de Samuel Bourset.*)

SCÈNE PREMIÈRE.

LE DUC, BOURSET.

BOURSET.

Levé avant midi, monsieur le duc? Après la fatigue de votre bal? Vraiment, vous êtes de fer. Vous rajeunissez tous les jours!

LE DUC.

Le duc de La F... est venu m'éveiller ce matin avec une nouvelle qui m'a ôté l'envie de me rendormir, je vous assure.

BOURSET.

Parbleu! la belle fête que vous nous avez donnée cette nuit! Je suis sûr qu'il ne sera bruit d'autre chose ce soir à la cour et à la ville.

LE DUC.

Il s'agit bien de mon bal! Parlez-moi donc de ce qui occupe tout le monde et de ce qui m'inquiète en particulier. Que dites-vous de l'arrêt?

BOURSET.

Celui de ce matin? C'est un arrêt comme tant d'autres.

LE DUC.

C'est un arrêt comme il ne s'en est jamais vu ! un arrêt à nous ruiner tous ! une exaction, une infamie !

BOURSET.

Bah ! voilà comme vous êtes tous, avec vos méfiances et votre ignorance des affaires ! Est-ce qu'il est exécutable, cet arrêt ? Et d'ailleurs, est-ce qu'il concerne les partisans du système ?

LE DUC.

Partisans ou récalcitrants, il frappe tout le monde. On parle déjà d'arrestations, de visites domiciliaires, de Bastille, de procès, de potence, que sais-je ? Pour nous faire donner notre argent plus vite, et Dieu sait que pourtant nous allions assez vite comme cela ! voilà qu'on imagine de nous le prendre de force ! Merci Dieu ! défense à quiconque veut avoir des valeurs monnayées, de garder chez soi plus de cinq cents livres ! et le reste de notre fortune, on nous le restitue en papier !

BOURSET.

Eh bien ! que vous faut-il donc ? Le papier vaut dix fois l'argent, et vous n'êtes pas content ?

LE DUC.

Voilà un joli arrangement ! L'état déclare que le papier décuple mes rentes, et mon tapissier, mon maître d'hôtel, mon cordonnier, mon valet de chambre, me déclarent qu'ils ne recevront plus aucun payement effectué dans cette belle monnaie. Nous habillera-t-on avec du papier, maintenant ? Nous chaussera-t-on avec, ou nous en fera-t-on manger ? Qu'est-ce qu'une valeur fictive qu'on nous force à recevoir, et qu'on ne nous permet pas d'échanger ? Si ce papier est meilleur que l'argent, qu'on nous le reprenne quand nous n'en voulons plus, et qu'on nous rende ce vil métal dont nous voulons bien nous contenter. Que diable! ceci est une plaisanterie de fort mauvais goût, monsieur Bourset! jamais on n'a imaginé de dépouiller les gens pour les empêcher de se ruiner.

BOURSET.

Vous m'affligez, monsieur le duc; vrai! vous me faites de la peine.

LE DUC.

Pardieu! j'en suis fort marri. Mais votre système m'en fait bien davantage, à moi.

BOURSET.

Est-il possible qu'un homme de votre sens et de votre rang écoute et répète les propos de la populace ignorante et couarde?

LE DUC.

Il s'agit bien de propos! Le papier-monnaie tombe-t-il en discrédit, oui ou non? Le système de Law a-t-il perdu la confiance publique? dites! Les actions sur toutes vos belles entreprises, après avoir follement décuplé, sont-elles déjà retombées au-dessous de leur valeur première? Osez le nier! Et où s'arrêtera la baisse?

BOURSET.

Si la confiance publique est ébranlée, n'est-ce pas la faute des ambitieux et des intrigants qui excitent, à force de mensonges, de puériles frayeurs? N'est-ce pas celle des gens timides qui les écoutent? Ah! j'en étais bien sûr, que vous arriveriez à me faire des reproches. Je vous le disais bien, l'an dernier, quand vous voulûtes absolument prendre ces actions! Vous êtes tous les mêmes. Au moment de gagner la partie, on la perd;

parce que chacun, frappé de panique, retire son enjeu, et paralyse l'homme habile qui tient les cartes !

UN DOMESTIQUE.

M. le duc de La F... demande à parler à M. le comte.

BOURSET.

Faites-le entrer dans mon cabinet, mais pas par ici; par le grand salon. Je suis à ses ordres dans un instant.

(*Le domestique sort.*)

LE DUC.

Pardieu ! il est inquiet lui-même, votre duc de La F... qui s'entend si bien aux affaires ! Tout le monde l'est. Paris est consterné, et le peuple s'agite.

BOURSET.

Le peuple ! le peuple ! Si on écoutait le peuple, personne ne ferait fortune, et, pour empêcher l'état de s'acquitter envers les hautes classes, il pillerait à son profit le trésor public ! Belle autorité, ma foi, que le peuple !

LE DUC.

Le peuple a des instincts de sagesse et d'honnêteté tout aussi bien que nous; et nous, nous avons des accès d'avidité et de démence pires que les siens.

LE DOMESTIQUE.

La voiture de M. le duc de M... entre dans la cour. Faut-il faire entrer M. le duc dans le cabinet de M. le comte ?

BOURSET.

Faites. J'y suis dans l'instant.

(*Le domestique sort.*)

LE DUC.

Voilà M.... aussi qui prend l'alarme. Mon cher Samuel, vous en aurez gros sur les bras aujourd'hui; chacun est mécontent.

BOURSET.

Est-ce donc ma faute si l'on a rendu cet arrêt? C'est une imagination de M. le ministre des finances ; mais le parlement y fera opposition, et dans peu de jours il sera révoqué.

LE DUC.

Il faut bien l'espérer. La peste soit du d'Argenson avec ses coups d'état !

LE DOMESTIQUE.

M. le comte de Horn, M. le comte de... et M. le marquis de...

BOURSET.

Toujours dans mon cabinet. Introduisez là tous ceux qui viendront. (*Le domestique sort.*)

LE DUC, *voulant sortir.*

Allons, venez ! voyons ce qu'ils disent, et ce que vous allez leur répondre.

BOURSET.

Un instant, monsieur le duc; je vois bien que tous mes actionnaires vont venir me chanter un chœur de lamentations. Laissez l'assemblée se compléter, et vous verrez comme je répondrai.

LE DUC.

Ils vont tous vous redemander leur argent. Et qu'est-il devenu ?

BOURSET.

Ce que vous avez voulu qu'il devînt, du papier !

LE DUC.

Belle denrée! Je voudrais qu'on en servît aux soupers du régent.

BOURSET.

Et si je ne l'avais converti suivant vos désirs, où en seriez-vous aujourd'hui?

LE DUC.

Ma foi, nous le cacherions dans nos caves; et vous auriez dû le cacher dans les vôtres, afin de pouvoir nous le restituer en cas d'alarme.

BOURSET.

Oui, pour qu'il fût saisi chez moi et confisqué sans retour! Oh! les choses vont mieux comme elles vont! Dans un mois, la confiance renaîtra, les actions remonteront, et vous rirez bien de ce que vous me dites aujourd'hui. Allons donc! monsieur le duc; il faut se conduire ici comme un général à la veille d'une bataille.

(*Le domestique, puis George.*)

LE DOMESTIQUE.

Plus de vingt personnes demandent monsieur le comte et attendent dans son cabinet.

BOURSET, *apercevant George.*

C'est bien, j'y vais.

(*Il veut sortir.*)

GEORGE, *l'arrêtant.*

Permettez, monsieur de Puymonfort; j'ai deux mots à vous dire.

BOURSET.

Pardon, monsieur Freeman, je n'ai pas le temps.

GEORGE.

J'insiste, monsieur. Ce que j'ai à vous dire vous intéresse plus que moi, et monsieur le duc ne sera pas fâché de l'entendre.

LE DUC.

Est-ce relatif à l'arrêt? Je ne m'intéresse pas à autre chose aujourd'hui.

BOURSET, *au duc.*

Cet homme est un intrigant ou un fou. Ne l'écoutez pas.

LE DUC.

Ce n'est ni l'un ni l'autre; je l'écouterai, moi. Parlez, monsieur Freeman.

GEORGE.

Ce que je vous avais dit, monsieur de Puymonfort, j'en étais trop bien instruit pour l'avancer à la légère. Aujourd'hui le fait est avéré, et le grand leurre est anéanti. Il n'y a pas de mines d'or à la Louisiane; il n'y en a jamais eu, il n'y en aura jamais.

LE DUC.

J'en étais sûr!

BOURSET, *à George.*

Monsieur, on sait de quelle coterie vous êtes l'agent. Vous allez souvent à Sceaux, et vous êtes l'ami des frères Pâris. Mais je vous avertis que personne ici ne conspire contre le régent, et que vous ne ferez point de dupes.

GEORGE.

Je ne conspire contre personne, je ne conspire pas surtout contre la fortune publique.

LE DUC.

Comment! monsieur Freeman, vous croyez que M. Bourset...

GEORGE.

Je n'accuse personne, et il me siérait fort mal de me venger des imputations de M. Bourset. J'admets sa bonne foi, et je vous déclare qu'il peut être dans une voie d'erreur et d'enivrement dont il sera victime lui-même.

LE DUC.

Écoutez-le, monsieur Bourset; M. Freeman parle en galant homme.

BOURSET.

Écoutez-moi un moment, monsieur le duc, deux mots éclaireront la question. Monsieur fait la cour à ma fille; je l'ai soustraite à ses poursuites, je lui ai refusé sa main, et, par vengeance, il veut flétrir mon honneur et ruiner mon crédit. Expliquez-vous avec lui maintenant, vous, monsieur le duc, à qui ma fille est promise.

LE DUC.

Ah! pardieu! ce serait trop fort qu'on voulût m'enlever à la fois la main de Louise et mon million, s'il est vrai qu'il repose sur la confiance que votre nom inspire. Optez, monsieur Freeman; laissez-moi l'un ou l'autre, s'il vous plaît.

GEORGE, *à Bourset, avec indignation.*

Vous venez de dire une parole bien imprudente, monsieur Bourset. C'est insensé ce que vous venez de faire! Rien n'enchaînera plus mon indignation. Venez, monsieur le duc, venez entendre la vérité, je la dirai devant tous.

(*Il veut sortir, le duc le suit.*)

BOURSET, *se plaçant devant eux.*

C'est à vous d'opter, monsieur le duc. Cet homme, avec de faux renseignements et des preuves absurdes, que, dans le premier mouvement de frayeur, chacun acceptera sans examen, va ruiner mon crédit et vous faire perdre, par conséquent, les fonds que vous avez mis dans l'entreprise. Voyez si vous voulez lui céder la main de ma fille : j'y consens, moi; car ma ruine va entraîner celle de bien des honnêtes gens, et je saurai sacrifier mes sympathies à leurs intérêts. Voyez ; s'il parle et si on l'écoute, je ne réponds plus de rien.

LE DUC.

Monsieur Bourset, me croyez-vous lâche, ou me savez-vous homme d'honneur? Si la vérité n'intéressait que moi, je pourrais refuser de l'entendre ; mais je ne suis pas seul en cause ici, et, si monsieur doit faire quelque révélation qui soit utile aux autres, j'aime mieux perdre mon argent que ma propre estime. (*A Freeman.*) Venez, monsieur !

BOURSET, *bas à Freeman.*

Eh bien! vous, monsieur, songez que vous allez décider de votre sort. Gardez le silence, et vous pourrez prétendre à ma fille.

FREEMAN *le regarde avec mépris, et se retournant vers le duc.*

Allons, monsieur.

(*Ils entrent tous trois dans le cabinet.*)

SCÈNE II.

JULIE et LOUISE, *en habits du matin.*

LOUISE.

Mon Dieu! maman, que se passe-t-il donc ? Que de voitures sont entrées dans la cour aujourd'hui! Je n'ai pu réussir à approcher de mon père pour lui dire bonjour.

JULIE.

Ton père a une existence bien malheureuse, mon enfant! Il travaille à l'œuvre funeste de la richesse.

LOUISE.

N'est-ce pas, maman, que vous regrettez souvent le temps où, comme moi, vous ne souhaitiez qu'un sort modeste et l'affection de ceux qui vous étaient chers?

JULIE.

O ma fille!

LOUISE, *regardant à une fenêtre.*

Comme le peuple est agité aujourd'hui! Voyez donc, maman, tous les travaux semblent interrompus; on se groupe, on se parle avec inquiétude... Le peuple est bien à plaindre, n'est-ce pas, maman?

JULIE.

Qu'en sais-tu, mon enfant?

LOUISE.

Oh! j'y pense souvent, et je prie Dieu tous les jours pour que cela change et qu'il n'y ait plus de pauvres.

SCÈNE III.

LES PRÉCÉDENTS, BOURSET.

BOURSET, *fort ému, sur le seuil de son cabinet, et parlant à ceux qui y sont.*

Écoutez-le donc, messieurs, je lui cède la place : il me siérait mal de disputer avec l'ignorance et la mauvaise foi. Il me répugnerait d'avoir à défendre mon honneur contre la calomnie et la vengeance. Je laisse à vos consciences le soin de me justifier et à la sienne la tâche de le punir.

(*Il laisse retomber les battants de la porte et revient pâle et tremblant tomber sur une chaise, sans voir sa femme et sa fille.*

LOUISE, *courant vers lui.*

Qu'est-ce donc? Mon papa semble près de s'évanouir. Oh! mon Dieu! maman, voyez comme il est pâle! Mon père, répondez-moi!... Vous souffrez?...

JULIE, *s'approchant de Bourset plus lentement.*

Quel malheur vient donc de vous frapper, monsieur?

BOURSET, *éperdu.*

Laissez-moi!... Ah!... c'est vous!... Julie!... Louise.... donnez-moi de l'eau!... Là!... là!... (*Il montre une table.*)

(*Louise lui apporte précipitamment un verre d'eau.*)

BOURSET, *après avoir bu.*

Oui... je suis mieux... c'est cela... Écoute, Louise.... Non! écoutez, vous... Julie... Freeman est là-dedans... il parle!...

JULIE.

Eh bien!... que dit-il donc?

BOURSET.

Il nous perd, il nous ruine, il nous déshonore!...

LOUISE.

Lui! oh! c'est impossible, mon père : vous ne le connaissez pas.

BOURSET, *avec âcreté.*

Il t'aime, ou plutôt il veut t'épouser parce que tu es riche et parce qu'il est ambitieux, et parce qu'il est pauvre; et moi, je lui ai résisté, parce que je veux ton bonheur et ta considération... Et maintenant il se venge, il me traîne à terre, il me calomnie...

LOUISE.

Oh! maman!... dites à mon père qu'il se trompe... Cela n'est pas!...

JULIE.

Oh! Léonce pousserait-il la haine et la vengeance à ce point?

BOURSET.

Léonce? Qui est Léonce?...

JULIE.

Rien!... un souvenir... une distraction! Mais ne peut-on enchaîner sa langue? Rentrez, défendez-vous. Pourquoi abandonnez-vous la lutte? Allons, ne faiblissez pas... parlez à votre tour.

BOURSET.

Non... la colère... l'indignation me suffoquent... Julie, appelez-le, arrachez-le comme vous pourrez à cet auditoire imbécile qu'il captive. Louise... sur un prétexte quelconque, entrez là... montrez-vous! D'un mot, d'un regard, vous pourrez l'enchaîner, vous!... Allez... l'honneur de votre père est en péril!... Ayez un peu de courage... Vous êtes deux femmes, vous pouvez beaucoup...

JULIE, *arrêtant Louise qui obéit instinctivement et toute tremblante.*

Restez là, ma fille! et vous, monsieur, rougissez de vouloir exposer votre enfant à la malignité des hommes pour sauver de vils intérêts.

BOURSET.

Oh! maudites soyez-vous, femmes sans cœur qui savez vous enorgueillir et vous parer de nos triomphes, et qui ne savez pas nous aider et nous plaindre dans nos revers!... (*Il se lève et va avec agitation écouter à la porte du cabinet.*) Il ne m'accuse pas encore... non!... Mais il dévoile le secret de l'affaire! Oh! qui peut l'avoir si bien informé?... On l'interrompt!... C'est le comte de Horn... Celui-là me défend! Oh! ils ne perdront pas dans un instant l'estime que depuis vingt ans de travail et de persévérance j'ai su leur inspirer!... Ah! maintenant des preuves!... oui, des preuves! Est-ce qu'il en a?... S'il en avait!... des preuves fabriquées!... des pièces apocryphes!... Ah! comme ils lui répondent mal... que ce comte de Horn est borné! qu'ils sont tous lâches et crédules!... Oui, l'acte de vente du privilége de Bourset pour cinq cents écus... pas davantage! Je le sais bien! qu'est-ce que cela prouve? Ils veulent le voir... Ils le commentent... Que disent-ils? des injures... contre moi... Mais on me défend... on me défend avec chaleur!... Qui donc me défend si bien?...

LOUISE, *écoutant aussi.*

C'est la voix de George Freeman, mon père!... Oh! c'est bien lui qui vous défend! — Il dit que vous avez été le premier trompé... que vous serez la première victime de vos bonnes intentions!...

BOURSET.

Ah! il dit toujours qu'il le suppose!... il ne dit pas qu'il en est sûr!

LOUISE.

On l'écoute, mon père!... Personne ne le contredit. Ah! on vous connaît bien, allez! et j'étais bien sûre que George ferait triompher la vérité. Oh! c'est un noble cœur!

LE DUC *rentre.*

Eh bien! mon pauvre Bourset, nous voilà ruinés, et vous comme les autres! Nous avons fait là une grande équipée, et vous avez été diablement fou; nous aussi! Allons, je ne vous fais pas de reproches; vous ne le vouliez pas, je m'en souviens. C'est moi qui me suis jeté là-dedans tête baissée!

BOURSET, *reprenant son arrogance.*

Ainsi donc, monsieur le duc, vous croyez aux hâbleries de cet homme-là?

LE DUC.

Cet homme-là, Bourset! c'est un homme que je respecte, et que vous devriez remercier à genoux; car un autre à sa place vous eût peut-être fort mal arrangé, et, si vous n'aviez pas affaire à des gens d'honneur, vous auriez un mauvais parti à l'heure qu'il est. Savez-vous bien qu'on ne perd pas des millions de capitaux et des milliards d'espérances sans un peu d'humeur? Moi-même j'ai été ému tantôt; mais, puisque c'est fait, j'en prends mon parti; j'ai un si doux sujet de consolation devant les yeux! (*Il regarde Louise, qui fait un mouvement d'effroi. — (A George qui rentre, lui montrant Louise.*) Merci, monsieur, vous m'avez fait plus riche que je ne l'ai été de ma vie.

GEORGE.

Oh! ce n'est pas encore décidé, ne vous réjouissez pas trop vite, monsieur le duc; je connais vos conventions avec M. Bourset. Il a bien un million à vous rendre, même avec les intérêts.

LE DUC.

Je ne le désire plus pour moi, et ne l'espère pas pour lui, pauvre Bourset!

BOURSET, *à Freeman.*

Vous m'avez ruiné, monsieur, ne me raillez pas.

GEORGE.

Je ne vous ai pas déshonoré, monsieur, et vous ne me remerciez pas.

BOURSET.

N'est-ce pas le déshonneur que la banqueroute? et comment puis-je l'éviter à présent?

GEORGE.

Je vous en évite une plus grande et plus funeste à vos actionnaires.

BOURSET.

Que ce soit plus ou moins, la tache est la même sur ma famille.

GEORGE.

Mais vous ne pensez qu'à vous, monsieur; vous comptez donc pour rien ceux qui avaient remis leur sort entre vos mains? Sans moi, vous alliez les amener à de nouveaux sacrifices, espérant par là conjurer un naufrage qui n'eût été que plus prompt et plus terrible.

BOURSET, *à part*.

Oh! scélérat d'honnête homme!

LE DUC.

Allons, Bourset, consolez-vous, mon ami. On sait que vous êtes pur dans cette affaire, et vous ne recevrez guère de reproches. Les gens comme il faut ont cela d'agréable, qu'ils savent se ruiner au jeu sans jurer comme des Suisses au corps-de-garde. Quant à moi, je n'aurai que des bénédictions à vous adresser, puisque je gagne à tout ceci mille fois plus que je n'ai perdu.

(*Il regarde Louise.*)

GEORGE, *brusquement*.

Vous ne perdez rien, et vous ne gagnez rien; votre situation n'a pas changé; votre million va vous être rendu.

BOURSET, *avec une tristesse impudente*.

Et où le prendrai-je?

GEORGE, *lui montrant un panneau de boiserie*.

Ici.

BOURSET, *effaré, en bégayant.*

Que... que voulez-vous dire ?

GEORGE.

La vérité... c'est mon entreprise, à moi !... Vous avez des valeurs considérables en or et en argent cachées dans l'épaisseur de ce mur.

LE DUC.

Ah !

JULIE, *à part, regardant Bourset.*

Oh ! le misérable ! (*A sa fille.*) Venez, Louise.... Ce sont là des affaires que vous ne comprendriez pas.

(*Elle l'emmène.*)

BOURSET, *essayant de se remettre.*

C'est une infâme imposture, quelque propos de valet. Si cela était, comment le sauriez-vous ?

GEORGE.

Voulez-vous que je vous le dise? (*Il l'emmène à l'écart et lui parle à voix basse.*) Cette nuit, comptant retrouver votre femme et votre fille au bal, j'y étais allé avec vous ; mais, ne les voyant point arriver, et ne vous en voyant point inquiet, j'ai craint quelque attentat à l'indépendance et à la dignité de celle que j'ai prise sous ma protection envers et contre vous ! Je suis revenu ici sans être aperçu. Oui, monsieur, j'y suis revenu, je m'y suis introduit en même temps que vous, comme vous rentriez, un peu avant le jour. Je me suis glissé dans l'ombre sur vos pas, je me suis assuré de la présence de Louise dans la maison, et, comme je traversais cette pièce pour me retirer, je vous ai vu, là, comptant et recomptant des sommes qui suffiront bien, et au delà, pour vous acquitter envers les actionnaires qui sont ici réunis ; car vous saviez l'arrêt d'avance, comme vous saviez, il y a un an, le discrédit où tomberait le papier aujourd'hui. Or, vous n'aviez pas été assez fou pour vous dessaisir des espèces qu'on vous a confiées, et vous ne vous en êtes rapporté qu'à vous-même du soin de les tenir cachées. Pourtant on fait des imprudences malgré tous les calculs. Vous croyiez cette porte fermée, et elle ne l'était pas; vous aviez regardé autour de la chambre, et vous aviez oublié de soulever ce rideau derrière lequel je me tenais... Allons! exécutez-vous de bonne grâce... ou bien moi-même je vais faire jouer le ressort caché dans cette boiserie, et déployer à tous les regards l'aspect splendide de vos coffres-forts!

BOURSET, *pâle et consterné.*

Je... payerai ce que je dois au duc, soyez tranquille. Mais si... si je vous donne ma fille... vous ne... direz pas aux autres que... que j'ai... de l'argent... caché?...

GEORGE.

Je ne pense pas que mon devoir m'entraîne à cette rigueur. J'ai dû empêcher le nouveau mal que vous alliez commettre, mais il ne m'appartient pas de réparer celui qui est fait. Je ne suis ni magistrat ni recors. C'est aux parties intéressées de se faire rendre justice si elles le veulent, et à la police de vous y contraindre si elle le peut. Moi, je n'ai plus qu'à me taire, ma tâche est remplie.

BOURSET.

C'est bien... monsieur, vous en serez récompensé. (*Au duc, qui examine la boiserie.*) M. Freeman avait été induit en erreur, monsieur le duc. Je viens de lui prouver que je n'ai point d'argent caché.

GEORGE.

Non, sans doute, celui que vous avez, vous ne le cachez pas. Allez le chercher (*Bas à Bourset*), car vous en avez ailleurs encore.

BOURSET, *terrassé.*

J'y vais. (*Il sort.*)

LE DUC.

Vous me rendez là un méchant service, monsieur le justicier, monsieur le philosophe! je ne veux point de restitution; je préfère la main de Louise.

GEORGE.

Vous n'êtes pas libre d'opter, monsieur le duc; vous êtes forcé d'accepter la restitution. Ce sont les termes de l'acte que vous avez passé. Quant au service que je vous rends, il est très-grand. Je vous fais restituer une aisance dont, à votre âge, il eût été difficile de vous passer, et je vous préserve de la haine d'une épouse qu'à votre âge vous ne pouviez pas espérer de charmer.

LE DUC.

Vous êtes rude en paroles, monsieur le citoyen de l'Amérique; mais vous avez peut-être fort raison, car vous avez su conduire votre propre barque.

GEORGE.

Attendez la fin pour me juger, monsieur le duc.

BOURSET *rentre avec un papier.*

Tenez, monsieur, voici une hypothèque de payement sur ma terre de Lagny; c'est une première et unique hypothèque, vous le voyez, et la terre vaut deux millions. Avant une heure, si vous voulez, elle sera légalisée.

LE DUC, *prenant le billet.*

Allons, me voilà remboursé malgré moi! Je vous rends les armes, maître Freeman.

BOURSET.

Maintenant, monsieur, vous avez ma parole. Je vous donne la main de ma fille.

GEORGE.

Je ne vous l'ai pas demandée, monsieur.

BOURSET.

Comment?... Est-ce que...
(*Julie rentre. George la salue, s'approche d'elle et lui prend la main.*)

GEORGE.

Ma cousine, veuillez aider M. Bourset à reconnaître le chevalier Léonce de Puymonfort, qui lui a fait rembourser depuis long-temps une petite dette de quatre cent vingt-cinq louis, et qui par conséquent ne craint plus de sa part l'effet d'une lettre de cachet.

BOURSET, *de plus en plus effrayé.*

Vous êtes un revenant!

LE DUC.

Palsambleu! mon pauvre chevalier, je ne m'attendais pas à te rencontrer un jour sur mon chemin en fait de mariage, lorsque, il y a dix-sept ans, je fis manquer le tien... Au diable la rivalité! je t'ai toujours aimé, je t'ai regretté absent, je t'ai pleuré mort, et je te revois avec une vraie joie. Il faut que je t'embrasse.

(*Il l'embrasse.*)

BOURSET.

Permettez, monsieur mon cousin, qu'oubliant le passé et me confiant dans l'avenir, je vous embrasse aussi.
(*George, qui a reçu assez froidement l'accolade du duc, recule devant celle de Bourset.*)

BOURSET.

Ma femme, embrasse aussi ton cousin. A présent, il n'y a plus de rancune possible.

JULIE, *tendant la main à George.*

Tout cela n'est pas nécessaire, monsieur ; il y a longtemps que j'avais reconnu Léonce.

BOURSET, *inquiet.*

Et maintenant, monsieur le chevalier, vous voulez être mon gendre... Mais la chose n'est pas impossible... Quoique proches parents... on peut obtenir des dispenses, et le nom de Puymonfort se perpétuera dans la famille, (*regardant Julie avec intention*) à moins que ma femme ne s'y oppose...

JULIE.

Vous l'espérez en vain, monsieur, vous ne l'obtiendrez pas. Je consens à ce mariage de toute mon âme.

LE CHEVALIER.

Vous, Julie ?

JULIE.

Oui, moi, qui priais hier soir M. Bourset de vous repousser, et qui aujourd'hui me repens de ce que j'ai fait hier. Votre peu de fortune me semblait un obstacle ; mais, depuis hier, j'ai fait bien des réflexions sur l'horreur des sacrifices qu'on fait à la vanité. J'ai songé à ce que souffrirait une jeune personne livrée par un contrat sordide à un homme qu'elle ne pourrait aimer. (*Avec intention.*) J'ai connu des femmes assez malheureuses pour avoir une peur insensée de la misère, et pour renoncer à une existence noble et sereine par ambition, par faiblesse ou par lâcheté. Je ne veux pas que ma fille dévore les larmes et les affronts que j'ai vu dévorer à de telles femmes ! Je veux qu'elle regarde son époux avec un doux orgueil tous les jours de sa vie, et qu'elle puisse lui dire : Mon cœur t'a choisi, et ma raison approuve le choix de mon cœur. O ma pauvre

Louise! je veux que tu n'aies point à rougir un jour du père de tes enfants!

BOURSET, *à part, la regardant.*

Voici une homélie que tu me revaudras! (*Haut.*) Ainsi, vous consentez à ce qu'ils s'épousent.

LE DUC.

Il faut bien que nous y consentions tous.

GEORGE.

Je n'y consens pas, moi. Nous sommes ici en présence quatre personnes qui nous sommes vues d'assez près autrefois pour n'avoir rien à nous dissimuler aujourd'hui. J'ai aimé Julie, je l'ai aimée passionnément; et, quoique j'aie été pour elle un frère et rien de plus (je puis l'attester devant Dieu!), je sens qu'il me serait aussi impossible d'avoir de l'amour pour sa fille que pour elle désormais. Il est des sentiments qui meurent à jamais en nous quand on les brise violemment. Il est aussi des incestes du cœur, et ceux-là ne sont pas les moins criminels peut-être. Ma pensée les a toujours repoussés sans indulgence, et le jour où, voyant Louise sacrifiée, je l'ai prise sous ma protection, c'est en faisant le serment devant Dieu de l'aimer comme si elle était ma fille, jamais autrement! Je l'ai préservée d'un mariage qui eût fait son désespoir et le vôtre; je l'ai réconciliée avec sa mère, je le vois; j'ai veillé sur elle pendant un an, et maintenant je la laisse heureuse, aimée, protégée, n'est-ce pas, Julie?

JULIE *lui presse la main avec force.*

Oh! oui, Léonce, vous m'avez rendu le cœur de ma fille, et vous avez relevé le mien du désespoir et de l'abjection.

BOURSET.

Eh bien! maintenant, que voulez-vous donc?

GEORGE, *à Julie.*

Rien que lui dire adieu !

JULIE.

La voici !

SCÈNE IV.

LES PRÉCÉDENTS, LOUISE, LA MARQUISE.

GEORGE, *s'approchant de Louise.*

Louise, vous prierez pour moi, je retourne en Amérique. Il y a long-temps que je me croyais et que je m'étais fait mort pour la France, lorsqu'une curiosité sérieuse m'y poussa de nouveau. Je m'imaginais que la société devait valoir mieux qu'au temps où je l'avais quittée ; mais je n'ai pas trouvé ce que j'espérais, et je vais revoir mes forêts tranquilles et mes patients laboureurs. Un ange m'est apparu pourtant sur cette terre ingrate. Son souvenir me suivra partout. Que le mien ne soit pas effacé en vous, mon enfant ; qu'il soit pur et serein comme ma tendresse pour vous.

(*Il l'embrasse au front et se retourne vers Julie, qui se jette dans ses bras.*)

LA MARQUISE, *à qui le duc a parlé bas.*

Oui, grand Dieu ! je m'en étais souvent doutée. Ah ! mon enfant, ne nous quitte pas au moment où nous te retrouvons.

GEORGE, *à la marquise.*

Ma tante, vous avez ri bien cruellement à mon premier départ.

LA MARQUISE.

Tu ne l'as pas oublié !

GEORGE.

Je ne m'en suis souvenu qu'ici. De loin, je l'oublierai encore. (*La marquise l'embrasse. Il salue Bourset et le duc, et sort en jetant à Julie et à Louise un dernier regard. Louise, qui s'est contenue tant qu'il a été présent, se jette, dès qu'il est sorti, dans le sein de sa mère. La marquise l'emmène.*)

SCÈNE V.

LE DUC, BOURSET, JULIE.

BOURSET, *à part.*

Amen! (*Haut.*) Madame Bourset, vous gâterez vos beaux yeux à pleurer ainsi.

JULIE.

Monsieur, je n'ai pas voulu que ma fille entendît révéler vos secrets. Mais moi, cachée ici près, j'ai tout entendu. J'ai appris des choses que je n'avais jamais soupçonnées. Je vous ai aidé jusqu'ici dans vos projets de fortune; j'ai partagé vos richesses et votre enivrement. J'ai même été vaine, ambitieuse, et j'en rougis; mais vous aviez ennobli ce vice à mes yeux en me faisant croire que nous accomplissions une grande œuvre, que notre luxe faisait prospérer la France, et que nous étions au nombre de ses bienfaiteurs. Si je restais votre dupe un jour de plus, je serais forcée de me regarder comme votre complice; car je sais que nous ne sommes plus que des spoliateurs. Souffrez que, sans manquer à mes devoirs et sans rompre le lien qui m'attache à vous, je sépare mes intérêts, mes vœux et mes habitudes des vôtres. Je serais un prétexte à votre faste et à votre ambition, et je ne veux pas l'être. Je me retire dans une petite maison de campagne avec ma fille; nous y vivrons de peu, nous y serons heureuses l'une par l'autre. Vous reprendrez tous les diamants que vous m'avez donnés; je ne veux plus rien qui me rappelle que ces misérables jouets ont ruiné plus de cent familles. Adieu, monsieur, tâchez de vous acquitter! N'ayant pas assez d'influence sur vous pour vous y amener, je n'y serai du moins pas un obstacle, et je ne rougirai devant personne.

BOURSET, *avec une rage concentrée.*

Allez, et que le ciel vous conduise! Voilà qui porte à mon honneur un dernier coup!

LE DUC.

Entre nous soit dit, vous l'avez un peu mérité, Bourset, mon ami. (*A Julie.*) Vous êtes fort émue, madame; permettez-moi de vous conduire jusqu'à votre appartement.

(*Il sort avec Julie.*)

SCÈNE VI.

BOURSET, *seul.*

Mérité, mérité! Cela est facile à dire! Que faire? Le grand coup de théâtre? Le moment est-il déjà venu et la crise décisive?.... Oui, il faut risquer le tout pour le tout!... Allons, le sort en est jeté. C'est à présent, Bourset, qu'il faut montrer si tu es un grand spéculateur ou un parfait imbécile. (*Au duc qui rentre.*) Monsieur le duc, sommes-nous enfin seuls? Veuillez fermer les portes derrière vous.

LE DUC.

Et pourquoi diable ?

BOURSET, *fermant les portes.*

Il est temps que vous me connaissiez. Vous saurez tout à l'heure jusqu'où peut aller le stoïcisme d'un homme qui se laisse accabler dans le sein même de sa famille, plutôt que de trahir les intérêts qui lui sont confiés. Tous ces messieurs sont-ils encore dans mon cabinet ?

LE DUC.

Je le présume. Après ?
(*Bourset va vers le cabinet d'un air tragique et ouvre la porte à deux battants.*)

LE DUC.

Que diable va-t-il faire ? Se brûler la cervelle devant la compagnie ? (*Il veut l'arrêter.*)

BOURSET, *d'une voix forte.*

Messieurs !... messieurs !... ayez la bonté de me suivre ici.
(*Entrent le duc de La F., le duc de M., le comte de Horn, le marquis de S., et plusieurs autres.*)

BOURSET.

Tout n'est pas perdu, comme vous le croyez. Je n'ai pu m'expliquer devant un étranger ; ma justification entraînait la révélation d'un secret qu'il eût divulgué, et qui ne doit être connu que de vous. (*On ferme les portes et les fenêtres avec soin.*) Je me suis laissé accabler, je porte tout le fardeau de l'accusation et toute l'amertume de vos doutes. J'ai dû attendre que l'ennemi fût sorti de ma maison.... Ce que j'ai souffert durant cette heure de tortures, vous l'apprécierez quand vous saurez quel homme vous avez laissé traduire devant vous comme un criminel devant un tribunal.

LE DUC.

Où diantre va-t-il en venir ? Il me fait peur ! (*Bas à Bourset.*) Bourset, mon ami, calmez-vous. Que diable! tout n'est pas perdu !

BOURSET.

Tout est sauvé, au contraire, monsieur le duc. Messieurs, étant déjà chargé de fonds immenses au moment où vous m'avez supplié et presque forcé d'accepter les vôtres, je me suis réservé de les faire valoir en temps et lieu, et jusque-là je les ai regardés comme un dépôt qui m'était confié, et que je devais garder dans mes mains, sauf à tirer les intérêts légaux de ma poche, si je ne trouvais pas un placement sûr et avantageux pour vous. Plus tard, initié au projet de loi qui vous frappe aujourd'hui d'inquiétude et de déplaisir, après avoir vainement combattu cet arrêt, j'ai résolu de vous en préserver, et, loin d'échanger les valeurs que vous m'aviez remises, je les ai intégralement conservées, afin de vous les restituer le jour où la baisse apparente et nécessaire de nos actions vous ferait croire l'argent plus précieux que le papier. Ce n'est pas mon opinion, à moi, car j'ai converti tout mon or en papier. J'ai acheté des terres en or, et je les ai revendues en papier. J'ai foi au papier, messieurs; c'est ma conviction ! c'est le résultat des plus consciencieuses études et du plus sévère examen. Mais de ce que je préfère le papier, il ne résulte pas que vous ne soyez pas les maîtres de vos fonds. L'exécution de l'arrêt qui frappe d'interdiction la possession d'une certaine somme monnayée peut d'ailleurs m'atteindre aussi bien que vous, quoiqu'il y ait plus de chances contre vous que contre moi. Je vous prie donc de reprendre chacun ce qui vous appartient, et de renoncer aux bénéfices de l'affaire. J'y aurai regret pour vous ; mais je serai heureux de me débarrasser d'une aussi grande responsabilité dans un moment de crise aussi fâcheux. Un homme tel que moi ne peut se soumettre deux fois dans sa vie à l'injure du soupçon, et je sens que je n'aurais pas la force de supporter une seconde scène comme celle d'aujourd'hui.

LE DUC DE LA F...

Mais où prendriez-vous l'argent pour le rendre?

BOURSET.

Tenez, messieurs, voyez.... (*Il ouvre les panneaux de boiserie, et leur montre plusieurs rangées de coffres-forts sur des compartiments.*)

LE DUC.

En voici bien d'une autre !

BOURSET.

Allons, messieurs, parlez, j'attends votre décision. Faut-il appeler mon caissier et faire compter à chacun de vous la somme qui lui revient ? Il faudra bien que vous renonciez aux bénéfices ; car, vu l'état des choses, je ne puis rembourser que les intérêts du capital.

LE COMTE DE HORN.

Et pourquoi donc y renoncerions-nous ? qui donc a besoin de son capital ici ? Sommes-nous des gens de rien pour ne pouvoir risquer chacun une bagatelle de cinquante, cent, deux cent mille livres ? Il y a là une affaire magnifique. Moi, je ne veux pas y renoncer. Les fonds sont en sûreté chez M. Bourset de Puymonfort. Appuyé comme il l'est par le régent, et ami intime de Law, il fera révoquer l'arrêt avant qu'on ait songé à examiner sa caisse. Qui l'oserait, d'ailleurs ? Nous, nous ne passerions pas vingt-quatre heures avec des fonds sans être inquiétés. Ainsi, mon avis est que nous donnions à l'honnête et respectable M. Bourset une preuve de notre confiance en réparation de l'outrage que nous n'avons pu empêcher aujourd'hui. Qu'il garde nos fonds et qu'il les fasse valoir. Nous avons été trompés par de faux renseignements, l'affaire est meilleure que jamais. Il faudrait être lâche pour renoncer à l'avenir que l'habileté, la probité et l'immense solvabilité de M. Bourset ouvrent devant nous.

LE DUC DE LA F....

C'est mon avis.

LE MARQUIS DE S.....

Et le mien.

PLUSIEURS VOIX.

Eh oui! eh oui! c'est le nôtre à tous.

BOURSET.

Je vous remercie, messieurs, de cette preuve d'estime ; et quelque pénible, quelque dangereuse que soit la tâche que vous m'imposez, je saurai m'en rendre digne. J'en parlerai au régent dès que l'arrêt sera révoqué, et il sera tellement flatté de votre confiance au système, que vous obtiendrez de lui, je n'en doute pas, les faveurs et monopoles que vous sollicitez depuis si longtemps : vous, monsieur le duc, les sucres et cafés ; vous, monsieur le comte, le monopole des cuirs ; vous, monsieur le marquis, celui des graisses, savons et chandelles [1] ; vous, monsieur le duc, que demandez-vous?

LE DUC.

Est-ce que vous ne pourriez pas me trouver quelque chose d'un peu moins malpropre ? (*Bas à Bourset.*)

---

[1] Historique.

Moi, mon cher Bourset, je suis très-content d'être remboursé et très-dégoûté des affaires. A mon âge, vous l'avez dit, il faut du repos.

LE COMTE DE HORN, *bas à Bourset.*

Je vous ai donné un bon coup d'épaule ; vous payerez, je l'espère, ma petite dette de jeu...

BOURSET, *avec intention.*

Fût-elle de cinq mille livres, monsieur le comte...

LE COMTE DE HORN..

Elle n'est que de dix mille.

BOURSET.

Soit. (*A part.*) Mendiant ! puisses-tu être roué vif [1] !

LE DUC, *à part, pendant que Bourset reçoit les poignées de main, accolades et félicitations de tous.*

Ah çà ! ce Bourset est-il le plus rusé coquin ou le plus honnête homme que j'aie jamais connu ?

BOURSET, *traversant le salon pour donner des poignées de main de tous côtés.*

Ce pauvre chevalier m'a donné là, sans s'en douter, une heureuse idée ! Qu'il aille en Amérique à présent et qu'il en revienne encore, je le défie !

(*Tous l'embrassent.*)

[1] On sait que le comte de Horn a été roué vif pour avoir assassiné, dans la rue Quincampoix, un agioteur chargé de valeurs considérables.

FIN.

TABLE.

Préface d'Aldo le rimeur. 1
Aldo le rimeur. 3
Lettre a M. Lerminier sur son Examen critique du *Livre du Peuple*. 51
Sur la dernière publication de M. de La Mennais. . . . 71
Le poème de Myrza. 95
Une visite aux Catacombes. 129
Quelques réflexions sur J. J. Rousseau. 133
Préface des Lettres à Marcie. 153
Lettres a Marcie. 157
Les Mississipiens, proverbe. 221

FIN DE LA TABLE.

www.ingramcontent.com/pod-product-compliance
Lightning Source LLC
Chambersburg PA
CBHW060057190426
43202CB00030B/1860